Wege in eine gemeinsame Zukunft

Gesine Schwan

Wege in eine gemeinsame Zukunft

Reden

Für Birgit Maron

Gesine Schwan

28.2.2010

Bibliografische Information der Deutschen Nationalbibliothek

Die Deutsche Nationalbibliothek verzeichnet diese Publikation in der Deutschen Nationalbibliografie; detaillierte bibliografische Daten sind im Internet über http://dnb.d-nb.de abrufbar.

978-3-8012-0391-7

Copyright © 2010 by
Verlag J.H.W. Dietz Nachf. GmbH
Dreizehnmorgenweg 24, 53175 Bonn
Lektorat: Albrecht Koschützke
Umschlag: Hermann Brandner, Köln
Umschlagfoto: © Winfried Mausolf, Frankfurt/Oder
Satz: Just in Print, Bonn
Druck und Verarbeitung: fgb – freiburger graphische betriebe GmbH & Co. KG, Freiburg/Br.
Alle Rechte vorbehalten
Printed in Germany 2010

Besuchen Sie uns im Internet: *www.dietz-verlag.de*

Inhalt

Vorwort 7

Teil I
Demokratiereise durch Deutschland:
Wegmarken einer guten Gesellschaft **13**
1 Aus der Vergangenheit lernen heißt Zukunft gewinnen 15
2 Gerechtigkeit und Bildung – für eine Politik der Chancen 35
3 Wir brauchen das soziale Europa 57
4 Arbeit, Anerkennung, Zusammenhalt 71
5 Die Globalisierung gestalten und gemeinsam gewinnen 87
6 Einigkeit und Recht und Freiheit.
   Wie wir in Zukunft leben wollen 109

Teil II
Beiträge zur öffentlichen Debatte:
Freiheit in Solidarität und Gerechtigkeit **129**
1 Was hält die Gesellschaft zusammen? 131
2 Mehr Engagement für die Demokratie 139
3 Soziale Marktwirtschaft in der Globalisierung 153
4 Grundgesetz, deutsche Einheit und innere Liberalität
   Eine Erkundung nach 20 bzw. 60 Jahren 169
5 Soziale Gerechtigkeit jenseits des Nationalstaates 181

Vorwort

Wir leben in einer Zwischenzeit: Seit mehr als einem Jahr hält uns eine Krise in Atem, die viele Selbstverständlichkeiten, auch viele damit einhergehende Selbstgefälligkeiten erschüttert hat. Oberflächlich betrachtet handelt es sich um eine Finanzmarkt- oder Wirtschaftskrise. Ebenso oberflächlich betrachtet rührt sie aus dem moralischen Versagen einiger Entscheidungsträger im Bankensektor. Noch oberflächlicher betrachtet liegt sie schon wieder fast hinter uns, weil sich langsam ein Nachlassen der Rezession abzeichnet. In dieser Sicht sind die zu erwartende Erhöhung der Arbeitslosigkeit ebenso wie die nahezu unvermeidlichen Ungerechtigkeiten beim Abbau der gigantischen Schulden, die zur Bekämpfung der Krise aufgehäuft wurden, kein nennenswerter Teil der Krise. Dass Handlung und Haftung hier weit auseinanderliegen, stört nicht.

Alle drei genannten Positionen haben kein Interesse daran, die Ursachen der Krise genauer zu erkennen, um gangbare und chancenreiche Wege aus ihr heraus zu finden. Viele glauben auch gar nicht daran, dass es solche Wege gibt. Die einen halten die Krise für eine unvermeidbare Begleiterscheinung des im Prinzip bejahten oder als alternativlos betrachteten Kapitalismus. Die anderen sehen in ihr eine ebenso zwangsläufige Funktion des Kapitalismus, der sich wie ein Naturereignis gegen alle politischen Gestaltungsversuche zugunsten von Freiheit und Gerechtigkeit, zugunsten gemeinwohlorientierter Solidarität immer wieder durchsetzen werde und daher abgeschafft gehört. Aber zugunsten wovon? Darauf sind alle radikalen Systemgegner bisher die Antwort schuldig geblieben, zumal der kommunistische Gegenversuch einer Planwirtschaft aus ebenso systemischen Gründen, also nicht zufällig, gescheitert ist.

Die Reden, die in diesem Buch veröffentlicht werden, glauben an die Notwendigkeit und die Möglichkeit, sich der unterdrückenden Macht eines anonymen globalen Kapitalismus zu widersetzen und die kapitalistische Marktwirtschaft politisch zu gestalten. Denn ein ungestalteter Kapitalismus wird sich schließlich alle Menschen, auch diejenigen, die es wegen ihres Reichtums und Wohllebens anfangs nicht merken, unterwerfen: Er wird sie zu Sklaven eines blinden Systems machen, das ihnen (in ihren streng bewachten Lebenszonen) Sicherheit ohne Freiheit, Erfolg ohne anhaltende Zufriedenheit und einen Genuss bereitet, der den Keim der Depression schon in sich trägt.

Aber schon im totalitären und später autoritären Kommunismus haben sich die Menschen nicht mit ihrer Unfreiheit abgefunden. Sie haben oft unter Lebensrisiken gegen Unterdrückung protestiert und schließlich die Diktaturen bezwungen. Viele im Westen waren vom Untergang des Kommunismus überrascht. Andere haben immer auf den unstillbaren Freiheitswillen der Menschen gesetzt und waren deshalb im Jahr 1989 weniger erstaunt. Dieser untilgbare Freiheitswille – früher gegen politische Unterdrückung, heute gegen ein anonym bezwingendes globales Konkurrenzsystem – ist auch in der Gegenwart die Grundlage meines politischen Glaubens an die Machbarkeit demokratischer Politik im globalen Kapitalismus, an die Möglichkeit von Wegen in eine gemeinsame Zukunft.

Freilich handelt es sich dabei, was ich sofort zugebe, um einen Glauben: Garantien für eine gute Zukunft, die wegen unserer gegenseitigen globalen Abhängigkeit nur eine gemeinsame sein kann, gibt es nicht. Wir müssen sie wollen und dafür arbeiten.

Um taugliche Wege in eine bessere Zukunft zu finden, müssen wir tiefer als bisher gängig die Ursachen und die Dimensionen der gegenwärtigen Krise untersuchen. Es genügt nicht, sie als Finanz- oder Wirtschaftskrise abzuhaken und das System mit einigen neuen technischen Steuerungsinstrumenten leicht zu korrigieren. Wir müssen den durch die ökonomische Globalisierung und den freigesetzten Finanzmarkt beförderten kulturellen Kern der Krise erfassen, den ich in einer alle Lebensbereiche umklammernden Verabsolutierung des Konkurrenzdenkens sehe. Dieses Denken hat zu einer strukturellen Verantwortungslosigkeit geführt, zu einer systematischen und ausschließlichen Konzentration der Entscheidungsträger darauf, im jeweiligen Kontext die Besten sein zu müssen, um nicht unterzugehen. Das geschah getreu der in den 1990er Jahren von den Marktradikalen ausgegebenen Parole: »Von der Wettbewerbswirtschaft zur Wettbewerbsgesellschaft!«

Nicht nur in der Wirtschaft oder im Berufsleben, auch in der Bildungspolitik und im Bildungsalltag – dort sogar ganz besonders – entstand damit ein Klima, das Entsolidarisierung und Angst befördert und einer fruchtbaren Lernkultur den Boden entzogen hat. An die Stelle der Freude am Lernen und an der eigenverantwortlichen Leistung durch die Stärkung ihrer verschiedenen persönlichen Talente ist bei vielen jungen Menschen und in ihren Familien die Angst eingezogen, nicht mithalten zu können und dadurch ihre Zukunftsperspektiven zu verlieren. Dabei zeigen alle lernpsychologischen Erkenntnisse, dass Angst den Geist verschließt und

Lernen verhindert. Das ist nicht nur für die einzelnen Menschen ein Unglück, sondern darüber hinaus für die ganze Gesellschaft, weil auf diese Weise viele Potenziale, auch der Innovation, verloren gehen. Dabei brauchen wir sie so dringend für unsere Zukunft!

Wege *aus* der gegenwärtigen Krise zu finden, ist wichtig, aber nicht genug. Wir wollen auch wissen, wie wir *in* eine gute Gesellschaft gelangen, in eine bessere, lebenswerte Welt, die allen Menschen die Chance bietet, ihr Leben selbstbestimmt und sinnvoll zu führen. Politik, die nur das Bestehende verwalten will, die keine erstrebenswerte Zukunft zeichnet, wird die öffentliche Unterstützung verfehlen. Politik für die Mehrheit der Gesellschaft braucht Hoffnung auf die Zukunft. Keine abgehobenen Träumereien, aber von der Wirklichkeit ausgehende Grundlinien für ein gelungenes Leben, soweit Politik dafür Voraussetzungen schaffen kann.

Das vorliegende Buch versammelt in einem ersten Teil fünf Grundsatz-Reden, die ich zwischen November 2008 und Mai 2009 unter dem Leitmotiv »Demokratiereise« während meiner Kandidatur zum Amt des Bundespräsidenten gehalten habe. Hinzu kommen Beiträge, die ebenfalls im Zeichen der Kandidatur entstanden sind und die Grundsatz-Reden ergänzen. Ich habe darin Themen behandelt, die in meiner Sicht einer gründlichen und kontroversen Debatte in unserer Gesellschaft bedürfen, damit wir die aus ihnen resultierenden Herausforderungen möglichst fundiert und gemeinsam angehen können. Dabei ist meine Grundüberzeugung, dass allen Menschen ein gleiches Recht auf Freiheit zusteht, dass sie über ihr Leben selbst bestimmen wollen und dass sie bei allem Interesse an ihren eigenen Belangen auch zu Gerechtigkeit und Solidarität neigen oder zumindest bereit sind, diese als Werte anzuerkennen, wenn die politischen Rahmenbedingungen dies begünstigen. Vor allem meine ich, dass wir uns weiterhin um Fortschritt und die politischen Voraussetzungen für ein gelungenes Leben bemühen müssen, wenn wir die Bereitschaft der Menschen stärken wollen, in der demokratischen Politik mitzutun. Das ist nötig, damit unser demokratisches Gemeinwesen nicht austrocknet und schließlich einstürzt. Nicht nur der Kommunismus, auch eine verdorrte Demokratie kann implodieren.

Die hier publizierten Reden und Texte stellen dafür Entwürfe zur Diskussion. Es handelt sich jeweils um die Analyse größerer Zusammenhänge, nicht um Einzelrezepte, die man eins zu eins umsetzen könnte. Manche dieser Reden wurden an historischen Gedenktagen gehalten und nehmen darauf Bezug. Dies gilt zum Beispiel für die Münchner Rede vom

9. November 2008, die in ihrem Kern danach fragt, was wir aus der Vergangenheit lernen können, um in unserer immer vielfältigeren Gesellschaft zukunftsfähige Brücken der Verständigung und des gemeinsamen Handelns zu bauen. Ähnliches trifft auf die Rede in der Frankfurter Paulskirche zu. Dort habe ich unsere Nationalhymne daraufhin untersucht, was wir aus ihrem Text für das Zusammenleben in einer guten Gesellschaft lernen können. Denn der aus dem 19. Jahrhundert stammende Text kann uns – so meine These – vielleicht mehr als erwartet für eine gemeinsame Zukunft im 21. Jahrhundert inspirieren.

Andere Reden sind weniger an Tage und Orte gebunden. Meine Überzeugung, dass wir gegen die allgegenwärtige Wettbewerbsmanie eine Erneuerung von echter Bildung und Wissenschaft, von gemeinsamem Lernen setzen müssen, habe ich schon mehrfach kundgetan. Es geht mir bei diesem Programm der Inklusion auch nicht nur um einen kleinen Teil der Gesellschaft, sondern um alle, die ihre Talente entwickeln wollen. Damit entsteht ein wertvolles Potenzial sowohl dafür, dass Individuen Gerechtigkeit widerfährt, als auch für die verantwortliche Fortentwicklung der Gesellschaft. Ähnliches gilt übrigens für Europa. In einem sozialen Europa können die Menschen ihre kulturelle Vielfalt bewahren und sich zugleich zu Hause fühlen, wenn ihnen dort Netze einer gemeinsamen sozialen Sicherheit und Solidarität geboten werden.

Ein guter Teil meines Denkens kreiste während der Abfassung der Reden um den Begriff der Arbeit, der aus meiner Sicht eine ernst gemeinte Renaissance verdient. Denn in einer guten Gesellschaft stärken sich Arbeit, Anerkennung und sozialer Zusammenhalt gegenseitig. Gelingt es uns, diese Trias richtig zusammenzubringen, dann brauchen wir auch vor der Globalisierung keine Furcht mehr zu haben. Wir können vielmehr eine Hoffnung stiftende Perspektive für die ökonomische Globalisierung zeichnen. Wenn wir die Globalisierung gemeinsam politisch gestalten – gerichtet gegen einseitige Machtmonopole und orientiert an einem pfleglichen Umgang mit unseren natürlichen und sozialen Ressourcen –, dann bietet uns die Globalisierung ganz in der Folge der Idee des Freihandels Aussichten für die Überwindung von Armut und für ein Leben in Gerechtigkeit und Wohlstand weltweit. Das fällt uns nicht in den Schoß, das wird auch nicht schon übermorgen gelingen. Es kommt aber darauf an, im Horizont dieses Ziels Politik zu erklären, auszurichten und die Menschen dadurch zum Mitmachen einzuladen.

Und natürlich ist die Krise in allen Reden präsent, denn sie stellt eine

Zuspitzung dessen dar, was wir in der Vergangenheit durchlebt haben. Die hinter uns liegenden Jahre des Konkurrenzradikalismus haben die Idee des guten, des gelungenen Lebens verdunkelt, sie einer Fetischisierung des Marktes geopfert, damit das Zusammenleben der Menschen verarmt und den Individuen wie den Gesellschaften Teile ihres Sinns geraubt. Gegen eine geradezu manische Privatisierungsvorherrschaft gilt es, den Gemeinsamkeit stiftenden Wert öffentlicher Güter – Bildung, Familie, Gesundheit, Infrastruktur, Anerkennung von Recht und Gerechtigkeit – wieder zu entdecken und öffentlich über deren Reichweite und ebenso effektive wie transparente Realisierung zu streiten. Wir müssen uns wieder einen umfassenden Begriff von Politik aneignen.

In den Monaten meiner »Demokratiereise« bin ich auf viel Nachdenklichkeit, viel Erneuerungswillen und Begeisterungsfähigkeit gestoßen. Es gibt eine große Bereitschaft in unserem Land, sich auch schwierigen Fragen zu stellen, sich neuen Entwicklungen zu öffnen, eigene Initiativen zu entwickeln und Verantwortung zu übernehmen. Dazu müssen wir aber den Bürgerinnen und Bürgern Vertrauen entgegenbringen und sie nicht nur als *bourgeois,* denen es lediglich um ihre Partikularinteressen und um ihr privates Portemonnaie geht, ansprechen, sondern auch als *citoyens,* als »Staatsbürger«, die Verantwortung zu tragen bereit sind und für die der Begriff Gemeinwohl kein Fremd- oder Schimpfwort ist. Denn die *res publica,* das sind wir alle.

Für die vorliegenden Reden habe ich wichtige und wertvolle Unterstützung erhalten: von der Friedrich-Ebert-Stiftung, die generös den größten Teil der Demokratiereise organisiert hat, von der Heinrich-Böll-Stiftung, die die Rede über »Einigkeit und Recht und Freiheit« in der Paulskirche ermöglicht hat und von dem wunderbaren Team, das meine Kandidatur begleitet, gestaltet und viele Reden mit mir vorbesprochen hat: Sabrina Krzyszka, Anna-Katharina Meßmer, Tatjana Brode, Philipp Schwörbel, Peter Ziegler und Michael Straube.

Ganz besonders wertvolle Hilfe verdanke ich meinem langjährigen Büroleiter Thymian Bussemer, der mir in unendlich vielen Gesprächen und intellektuellen Auseinandersetzungen ein durchaus strenger und überaus vielseitiger »Sparrings-Partner« war und nicht zuletzt dank seiner Kenntnis von Medien und Kommunikation häufig die notwendigen prägnanten Formulierungen für eine breite Öffentlichkeit gefunden hat.

Es würde mich sehr freuen, wenn diese Publikation zu einer lebhaften öffentlichen Debatte beitrüge, die wir, so denke ich, dringend brauchen, wenn wir den friedlichen Austausch von Argumenten als Grundlage unseres demokratischen Zusammenlebens für eine gemeinsame Zukunft ernst nehmen wollen.

Gesine Schwan   Februar 2010

Teil I
Demokratiereise durch Deutschland:
Wegmarken einer guten Gesellschaft

1 Aus der Vergangenheit lernen heißt Zukunft gewinnen*

Der 9. November ist ein Gedenktag, der ob seiner vielfältigen Bezüge oft begangen wird. Mitunter gerinnt dabei Erinnerung zum bloßen Verweis auf die Vergangenheit. Doch was bedeutet Erinnern wirklich? Wodurch wird es gelenkt und bestimmt? Ist es das individuelle Gedächtnis des Einzelnen, das unser Bild von der Vergangenheit ausmacht? Sind es die innerhalb der Familie weitergegebenen Erinnerungen und Geschichten? Oder die Deutungen der Vergangenheit aus der Politik, dem Feuilleton und der Geschichtswissenschaft? Vor allem aber: Welche Rolle spielt die Erinnerung für das Hier und Heute, wie kann sie uns helfen, in der Gegenwart besser zu handeln, wenn wir uns die Vergangenheit vergegenwärtigen?

Ich möchte im Folgenden zeigen, dass zwischen individueller Erinnerung, professioneller Geschichtsschreibung und politischer Vergangenheitsdeutung ein Zusammenhang besteht, der es uns ermöglicht, aus der Vergangenheit zu lernen. Der uns einen Weg öffnet, wie wir trotz nicht wieder gutzumachender Schuld unsere Geschichte so nutzbar machen können, dass wir auch im Jetzt einen Gewinn aus ihr haben. Zudem will ich offen legen, warum wir unsere Identität und ihre historischen Wurzeln neu bestimmen müssen. Kurz: Ich möchte dazu anregen, aus der Vergangenheit zu lernen, um Zukunft zu gewinnen.

I. Zukunft gewinnen

Denn wir Deutsche wollen Zukunft – wie alle Menschen! Wie tief dieser Wunsch unser Leben prägt, spüren wir erschrocken, wenn wir plötzlich von einer tödlichen Krankheit erfahren, die uns nur noch wenig Lebenszeit lässt. Wir sind verzweifelt, denn wir haben keine Zukunft mehr. Aber heißt Zukunft einfach Erwartung von Lebenszeit? Verzweifeln wir nicht auch umgekehrt, etwa in einer Depression, wenn wir in der vor uns liegenden Lebenszeit keinen Sinn mehr sehen können? Wenn sie uns keine Hoffnung lässt? Braucht Zukunft Hoffnung? Worauf hoffen wir, wenn wir uns Zukunft wünschen?

Auf zwei Begriffe möchte ich hier näher eingehen, die für mein Verständnis einer positiven Zukunft zentral sind: Freiheit und Glück.

---

* Rede im Audimax der Ludwig-Maximilians-Universität München, 9. November 2008

Geglücktes Leben

Ganz allgemein hoffen wir auf ein glückliches, ein geglücktes Leben – als Einzelne wie als Nation. Was dazu gehört, ist nicht einfach zu sagen. Jedenfalls wohl, dass wir nicht hungern, dürsten oder frieren müssen, dass wir ein haltbares Dach über dem Kopf haben, dass zunächst einmal unsere wichtigsten körperlichen Bedürfnisse gestillt sind. Und je weniger selbstverständlich dies ist, desto mehr begreifen wir, dass wir uns als endliche Wesen nicht darüber erheben können. Mit wenig Fantasie können wir uns vorstellen, wie es denen geht, die Abend für Abend mit Hunger ins Bett gehen müssen. Stört uns der Gedanke an hungernde und frierende Menschen in der Zukunft, die wir uns wünschen?

Die großen Religionen sagen uns, dass er uns stören sollte, dass wir uns gerade den Leidenden zuwenden sollten: »Was immer ihr einem dieser meiner geringsten Brüder getan habt, das habt ihr mir getan«, sagt Jesus mit Blick auf das Jüngste Gericht. *(Matthäus, Endgericht, 25, 40)* Diese fundamentale Regel des Christentums, den Appell zur Nächstenliebe und zur Gerechtigkeit, gibt es vergleichbar in der jüdischen und der islamischen Tradition. Das sind normative Weisungen. Gehört zu unserem geglückten Leben, dass nicht nur wir, sondern auch die anderen Menschen glücklich leben können? Gehören Gerechtigkeit und Solidarität zwischen allen Menschen dazu? In der Gerechtigkeitsforschung und neuerdings auch in der Wirtschaftswissenschaft hat man festgestellt, dass die Mehrheit der Menschen sich nicht wohl fühlt, wenn es ihnen deutlich besser geht als anderen. Und bei Katastrophen erleben wir oft eine beeindruckende Hilfsbereitschaft. Wo Leid konkret ist, wo wir sinnlich Mitleid empfinden können, wollen wir helfen, wollen wir Gerechtigkeit. Hier findet die religiöse Norm zumindest eine Unterstützung in der Erfahrung. Wie haltbar ist sie? Wie weit reicht sie? Für den logischen nächsten Schritt, nämlich den, gerechte Verhältnisse zu schaffen, fühlen wir uns oft nicht mehr zuständig. Das überlassen wir der Politik.

Gerechtigkeit, Solidarität und Freiheit

Nicht nur die aktuelle Krise auf den Finanzmärkten, auch der Blick in die Vergangenheit lehrt uns allerdings, dass sich das Private vom Politischen, von der Ordnung der öffentlichen Angelegenheiten, nicht einfach abtrennen lässt. Er stößt uns darauf, dass krasse Ungerechtigkeiten und willkürliche Politik immer wieder das private Glück gefährden oder zerstören, oft auch Rebellionen provozieren, weil Menschen sich ihre Lebenschancen nicht rauben lassen wollen. Sozialstaatliche Interventionen versuchen, Menschen vor Armut zu bewahren und mitunter auch sie zu ihrem Glück zu zwingen. Dann greift der Staat tief ins Private ein. Spätestens beim Blick auf die Totalitarismen des vergangenen Jahrhunderts wird deutlich: Wir können die Politik nicht außer Acht lassen, wenn wir Gerechtigkeit herstellen möchten, und erst recht nicht, wenn wir in Freiheit leben wollen.

Freiheit ist, dies kann man wohl mit Fug und Recht behaupten, das größte Menschheitsthema. Den Wunsch nach Freiheit, den Willen, sich nicht machtlos der Willkür anderer auszuliefern, sondern anerkannt und respektiert zu werden, finden wir in den großen Philosophien seit der Antike. Und er hat mehr und mehr an Bedeutung gewonnen und sich durchgesetzt. *Zukunft, auf die wir hoffen, will ein Leben in Freiheit für alle! Denn Freiheit ist das Unterpfand unserer Würde!*

Freiheit und Gerechtigkeit für alle: geglücktes Leben braucht Politik

Im Alltag ist uns dies nicht immer bewusst. Wir erleben Machtmissbrauch, ärgern uns darüber, versuchen, uns zu arrangieren. Krisensituationen aber können uns drastisch mit der Herausforderung konfrontieren, um der politischen Freiheit und der Würde willen unser privates Glück, ja unser Leben aufs Spiel zu setzen. Derartiger Mut begründet historische Orte der Demokratie.

Die Münchner Universität ist ein solcher historischer Ort der Demokratie. Hier im Lichthof der Universität, wenige Meter vom Auditorium Maximum entfernt, sind Sophie und Hans Scholl am 18. Februar 1943 mit dem Mut der Verzweiflung gegen die Unmenschlichkeit der nationalsozialistischen Herrschaft aufgestanden. Ein paar hektographierte Flugblätter, versehen mit Fakten und Argumenten, sollten den Wahnsinn der NS-Herrschaft durchbrechen. Ihre Zivilcourage und ihr Mut sind uns Nachgeborenen bis heute Vorbild. Denn dass da junge Deutsche gegen Unfreiheit und Verbrechen rebellierten, dass nicht alle Landsleute im Nationalsozialismus mitgemacht haben oder auch nur mitgelaufen sind, schenkt uns Vorbilder, die wir brauchen, mit denen wir uns identifizieren, an denen wir uns in schwierigen Situationen orientieren können. Hans und Sophie Scholl sowie ihre Freunde haben alles riskiert für die Freiheit und Würde der anderen. Zu einem unerträglich hohen Preis, man wagt es gar nicht auszusprechen. Der Film über Sophie Scholl zeigt nur die aufwühlende Szene, wie ihr vor der Hinrichtung die prächtigen Haare abgeschnitten werden, doch wir alle wissen, was danach geschah. Wir wünschen uns sehr, dass ein solches Opfer in Deutschland nie mehr notwendig sein wird.

Dass es damals erbracht werden musste – coûte que coûte –, vergegenwärtigt uns das heutige Datum. Denn München ist nicht nur die Stadt von Sophie und Hans Scholl. Sie ist in den zwanziger Jahren eine Hochburg des aufkommenden Nationalsozialismus gewesen. Hier fand am 9. November 1923 der von Hitler und Ludendorff angeführte Marsch auf die Feldherrnhalle statt, Hitlers erster Versuch, sich an die Macht zu putschen. Und hier in München war es auch, wo Joseph Goebbels am Abend des 9. November 1938, heute vor siebzig Jahren, die detaillierten Befehle zur Durchführung der Reichspogromnacht erteilte, die ja in der Lesart der Nationalsozialisten ein Ausbruch »spontanen Volkszorns« war. Kontrastiert man dies mit den mutigen Handlungen der Weißen Rose, so leuchtet ihr Beispiel nur umso heller ins Heute herüber.

Wir müssen uns bewusst sein, dass derartige Opfer in vielen Teilen der Welt weiterhin jeden Tag erbracht werden müssen, weil dort Willkür und Unfreiheit herrschen. Menschen stehen gegen Unfreiheit und Ungerechtigkeit auf, weil ihnen ihr Gewissen dies abverlangt – selbst wenn sie wissen, dass dies ihren Tod bedeuten kann. Das zeigt uns, dass eine glückliche Zukunft nichts Privates und Zurückgezogenes sein kann, sondern auch das Öffentliche und Politische einschließt. Weil falsche Politik auch das kleine private Glück zerstören kann, müssen wir in unserem eigenen Interesse um Freiheit, Gerechtigkeit und Solidarität kämpfen. Aber dies sind wir auch unseren Mitmenschen schuldig, denen wir solidarisch verbunden sind. Der Philosoph Karl Jaspers nannte das unsere metaphysische Schuld. Wenn wir ein geglücktes Leben haben wollen, müssen wir diesen Kampf immer wieder führen.

Geglücktes Leben heißt sinnvolles Leben

Dies ist für uns aber nicht nur Verpflichtung, sondern auch Chance. Die Solidarität mit unseren Mitmenschen eröffnet uns die Möglichkeit, unser privates glückliches Leben eben in ein geglücktes zu verwandeln, indem wir unser Dasein aus der privaten Vereinzelung befreien und mit Sinn erfüllen. Das Wort Sinn verweist auf einen größeren Zusammenhang, in dem unser einzelnes Leben seinen Ort hat, durch den es seine Zufälligkeit verliert, seine Bestimmung erhält. Es ist schwer, sich täglich mit der eigenen Zufälligkeit und Bedeutungslosigkeit zu konfrontieren. Wenn wir sie nicht überwinden, empfinden wir leicht Leere in uns. Im Alltag schieben wir das oft weg. Wir begnügen uns mit Routineaufgaben, die uns Sinn stiften oder wenigstens ablenken sollen; darüber hinaus mit Bekanntschaften und Freundschaften, die uns etwas bedeuten. Diese sind in der Tat kostbar. Gerade gelungene menschliche Beziehungen, in denen wir uns gegenseitig halten und stärken, sind für ein geglücktes Leben ganz unerlässlich. Und doch braucht es mehr. Wir alle sehnen uns nach einem übergreifenden Sinnhorizont, in dessen Dienst Freundschaft und Liebe stehen.

Vergangenheit und Sinn

In der Vergangenheit haben Menschen Sinn ganz unterschiedlich begriffen, in den großen Mythen und Religionen zumal. Heute sind wir der Illusion beraubt, dass wir einen objektiven, allgemein verbindlichen Sinn erkennen, gar beweisen könnten. Metaphysik und Gottesbeweise sind an ihr Ende gekommen. Schon im 19. und 20. Jahrhundert sind hochfahrende Nationalismen an ihre Stelle getreten. Sie haben gezeigt, dass Menschen Sinn und Religionsersatz suchen und wohl brauchen, aber auch, welche Zerstörung ausgeht von der Anmaßung, einen objektiven, pseudoreligiösen Sinn durch Volk und Führer oder durch eine allwissende Partei-Avantgarde innerweltlich zu verkünden. Solche Hybris führt in Knechtschaft und Verbrechen. Nach den Katastrophen totalitärer Regime und Diktaturen ist uns die Freiheit noch teurer, den Sinn des eigenen Daseins selbst zu finden.

Einen solchen Moment der Bewusstwerdung von Freiheit haben wir Deutsche im November 1989 erreicht. Hierfür steht der positivste 9. November, den es in unserer Geschichte je gegeben hat. Er markiert nicht nur den Aufbruch zu einem geeinten und demokratischen Deutschland, sondern auch das Ende einer Reihe von geschichtspolitischen Vereinfachungen und Verzerrungen: die DDR als makelloser Staat der Antifaschisten, die Bundesrepublik als glückliche und geläuterte Demokratie. Diese im Kalten Krieg oft ohne jede Selbstkritik hochgehaltenen Bilder haben es uns über Jahrzehnte erschwert, uns über den historisch-politischen Ort, an dem Deutschland als Ganzes steht, einig zu werden.

Gerade die vierzig Jahre während Konkurrenz zweier deutscher Staaten mit ganz unterschiedlichen Auffassungen davon, wie Vergangenheit und Gegenwart zu interpretieren seien, zeigt: Es fällt uns schwer, unseren Platz in einem Zusammenhang als sinnstiftend zu erfahren, der uns nicht vorgegeben ist, sondern den wir selbst verantwortlich finden und begründen müssen. Der Staat kann diesen nicht vorschreiben, denn dann würden wir uns als mündige Bürger verabschieden und erneut zu Untertanen werden. Das ist das Dilemma, in das uns die Freiheit der Moderne geführt hat. Wir können ihr nicht entrinnen. Wir wollen eine freiheitliche Politik. Sie ist der Kontext unserer Zukunft mit Hoffnung, aber sie kann den Sinn für unser geglücktes Leben nur bedingt stiften. Sie muss den Bürgern den Raum lassen, ihren Sinn selbständig zu finden. Wir leben in einer pluralistischen Gesellschaft, deren Vielfalt wir anerkennen und bejahen. Allerdings kann Politik im Dienste der Freiheit die Erfahrung von Sinn begünstigen. Ich komme darauf am Ende zurück.

II. Aus der Vergangenheit lernen
Wenn wir Zukunft, also Hoffnung auf ein geglücktes sinnvolles Leben in Freiheit, Gerechtigkeit und Solidarität, *gewinnen* wollen, heißt das: Wir können sie auch verlieren. Wodurch? Zum Beispiel durch falsches Handeln in der Gegenwart, dadurch dass wir Chancen verpassen oder verbauen, dass wir Fehler wiederholen, Konflikte verschärfen, deren besseres Verständnis uns geholfen hätte, sie zu vermeiden oder ins Positive zu wenden. Kann uns die Vergangenheit helfen, solche Fehler zu vermeiden, kann sie uns Orientierung für zukunftgerichtetes Handeln geben, jenseits der fatalen Anmaßung einer gesetzlichen Notwendigkeit der Geschichte, der wir uns einzuordnen hätten und die uns deswegen gerade keine Zukunft in Freiheit ließe? Können wir also aus der Vergangenheit lernen, um Zukunft zu gewinnen?

Vergangenheit befreit uns nicht von der Notwendigkeit, unseren Lebenssinn selbständig zu finden. Sie bietet uns aber eine wahre Schatzkammer an Erfahrungen und Orientierungen, mit denen wir uns auseinandersetzen können, um Fehler zu vermeiden, um unseren je eigenen Sinn auszumachen. Sie nimmt uns umgekehrt oft, ohne dass wir es merken, gefangen, raubt uns dadurch Freiheitschancen, wenn wir sie vernachlässigen.

Vergangenheit als individuelle Erinnerung
Was ist Vergangenheit? Zunächst die Zeit, die wir in der Gegenwart hinter uns gelassen haben. Aber ist schon die letzte Minute vor dem »Jetzt« Vergangenheit? Die letzte Nacht bevor der heutige Tag begann? Rein zeitlich ja. Im Sinne einer Wirklichkeit freilich, auf die wir zurückblicken, vermuten wir einen gewissen Abstand zum »Jetzt«, auch wenn wir ihn logisch

nicht eindeutig bestimmen können. Denn wir verbinden mit »Vergangenheit« Vorstellungen über das, was gewesen ist, was wir getan haben, was andere uns getan haben, die ein Ganzes und damit einen Abstand bilden zur Gegenwart. Zugleich ragen diese Vorstellungen oft unbewusst in die Gegenwart hinein. In einem Ehestreit geht es häufig um weit zurückliegende Ereignisse, ein Geschehnis vor vielen Jahren, eine Lieblosigkeit, die im Kopf hängen geblieben ist – sie sind Vergangenheit, aber bis in die Gegenwart lebendig in unserer Erinnerung und in unserer Einstellung gegenüber dem Partner.

Vergangenheit begegnet uns also zunächst spontan in unserer Erinnerung. Sie bezieht sich auf unsere Lebenszeit, und viele wissenschaftliche Untersuchungen haben gezeigt, wie stark die Erinnerung, das heißt die Vergegenwärtigung der Vergangenheit, von unseren Wünschen und Befürchtungen in der Gegenwart geprägt ist. Wir nutzen die Vergangenheit selektiv, erinnerte Vergangenheit und erlebte Gegenwart verschränken sich. Dabei spielt *eine* Erfahrung eine herausragende Rolle: In unserer Erinnerung läuft in der Regel wie ein Film im Hintergrund die Frage mit: Wie ist es mir dabei ergangen? Habe ich gut dagestanden? Habe ich mich richtig verhalten? Diese Fragen betreffen im Kern unser Selbstbild und unser Selbstwertgefühl und wirken maßgeblich an der unbewussten Auswahl dessen mit, woran wir uns erinnern. Wir beziehen unsere Identität aus positiven Erinnerungen aus der Vergangenheit und blenden aus, was nicht zu unserem gewünschten Selbstbild passt. Denn es gehört viel Selbstüberwindung und auch Disziplin dazu, sich eine Vergangenheit ins Gedächtnis zu rufen, bei der wir schlecht dastehen, durch die unser Selbstwertgefühl bedroht wird. In der Tradition der großen Religionen heißt das Gewissensprüfung. In Abwandlung eines berühmten Goethe-Wortes könnte man formulieren: »*Sage mir, woran Du Dich erinnerst, und ich sage Dir, wer du bist.*«

Erinnerung als Grundlage persönlicher Identität

Die Gewissensprüfung ist für uns alle eine ständige Herausforderung. Nicht nur in dem Sinne, dass wir daran den Mut erkennen können, sich schwierigen Erfahrungen in der Vergangenheit zu stellen. Sondern auch, weil unsere Identität, das heißt die Selbigkeit unserer Person, in unserer Erinnerung und durch sie erst entsteht. Denn wir leben in der Annahme, ein Leben lang, trotz aller äußeren und inneren Veränderungen, dieselbe Person zu sein. Die Gegenerfahrung machen wir, wenn Menschen ihr Gedächtnis verlieren, und weder für sie noch für uns – über den sich ebenfalls wandelnden Körper hinaus – vom Gestern zum Heute noch eine Brücke führt. Das ist eine überaus unglückliche Erfahrung, die mit der Zunahme der Demenzerkrankungen in unserer Gesellschaft an Bedeutung gewinnt. Der Historiker Golo Mann hat diese Gebundenheit von Gedächtnis, Erinnerung und Identität treffend auf den Punkt gebracht: »Indem wir wissen, wo wir sind und wie wir dahin kamen, wissen wir auch wieder, *wer* wir sind. Ohne Gedächtnis wüßten wir das nicht. Ohne Erinnerung könnten, müßten wir dumpfe Angst erfahren, hätten aber keine bewußte Identität. Ohne Gedächtnis gäbe es keine Vergangenheit. Es gäbe auch keine Zukunft. […] Wir werden nie ohne Vergangenheit leben. Täten wir es, so würden wir eben nicht lange *leben,* sondern, uns selbst nicht mehr verstehend, im Dunkeln zugrunde gehen.«

Unsere verlässliche Erinnerung macht uns also zu einer mit sich selbst identischen Person und zugleich zu einem wiedererkennbaren und verlässlichen Partner für andere. Dabei kommt es weniger auf Einzelheiten des Faktischen an. Wichtiger ist die Kohärenz, ist der stimmige Zusammenhang zwischen verschiedenen Handlungen und Aussagen in Vergangenheit und Gegenwart, ist die Frage, ob ich stattdessen nach dem Motto lebe: Was geht mich mein Geschwätz von gestern an? Diese Stimmigkeit verlangt nicht, dass ich immer dasselbe sage oder denke. Täte ich dies, dann wäre ich kein lebendiger Mensch. Leben heißt Veränderung. Zum Zusammenhang und damit zur Stärkung der Identität tragen Veränderungen sogar bei, wenn sie bewusst und reflektiert geschehen und wenn sie in einen überzeugend begründeten Zusammenhang mit früheren, nun veränderten Positionen gebracht werden.

Mutige Erinnerung stärkt persönliche Identität

In diesem Fall führt zum Beispiel die Abkehr von erkannten Fehlern zu einer Stärkung der Persönlichkeit, weil wir den Mut aufgebracht haben, uns mit Falschem klarsichtig und präzise auseinanderzusetzen, was das Selbstwertgefühl hätte beeinträchtigen können. Besondere Autorität genießen bei gestrandeten Jugendlichen solche Polizisten oder Sozialarbeiter, die ihre eigenen jugendlichen Missgriffe nicht verdrängt haben, sondern in Erinnerung an sie und ihre damaligen Empfindungen, auch an das Leid, das sie ausgelöst haben mögen, Verständnis für die Fehler der Nachwachsenden und die Notwendigkeit ihrer Umkehr *zugleich* bezeugen können. Sie haben aus der Vergangenheit gelernt, das hat sie gestärkt und bietet ihnen die Chance, den Jugendlichen heute solche Stärke weiterzugeben, ihnen dabei zu helfen, ihre Fehler nicht zu wiederholen, ihre Zukunft zu gewinnen. *Je mutiger wir aus Fehlern in der Vergangenheit lernen, desto stärker werden wir, desto besser gelingt es uns, auch für andere, Zukunft zu gewinnen: »Ich sage euch: So wird im Himmel mehr Freude über einen Sünder sein, der Buße tut, als über 99 Gerechte, die der Buße nicht bedürfen.« (Lukas, Kapitel 15, Vers 7)*

Vergangenheit als soziale Erinnerung und kollektive Identität

Aber Vergangenheit begegnet uns nicht nur in der individuellen Erinnerung der eigenen Lebenszeit. Sie greift zeitlich darüber hinaus in die Geschichten, die wir schon in früher Kindheit in unserer Familie, von unseren Großeltern, in unserem Dorf oder von Freunden hören und die über Dinge handeln, die wir nicht selbst erlebt haben. Wir identifizieren uns mit diesen Geschichten, werden so Teil einer kollektiven (was nicht heißt in sich einheitlichen!) Identität, weil wir den Menschen vertrauen, die sie erzählen. Sie ranken sich oft wie Mythen fort und prägen unsere Welterfahrung früh und nachhaltig. Je unbewusster, desto nachhaltiger.

Das kann gut ausgehen, wenn die Geschichten uns eine zukunftsoffene lernbereite Haltung vermitteln, die den Grund legt für ein lebenslanges Lernen. Wenn meine Familienerinnerungen mir mitgeben, dass es sich lohnt, auf andere zuzugehen, dass Fremde nicht notwendig Feinde sind, dass ich gemeinsam mit anderen selbst gesteckte Ziele erreichen kann, dann eröffnet mir das jene Zukunft eines geglückten Lebens in Freiheit, auf die wir hoffen. Wenn ich aber mitbekomme, dass die Welt schlecht ist, dass ich immer verlieren werde, dass lernen sich nicht lohnt, dass Hass und Ehre zusammengehören oder dass Ellenbogen die einzigen Instrumente sind, mit denen ich weiterkomme, dann konditioniert mich das zur Resignation oder für einen Lebenskampf, der jedenfalls der Idee einer Zukunft in Freiheit, Gerechtigkeit und Solidarität entgegensteht. Von den noch viel komplizierteren Vergangenheitsbelastungen, die das tägliche Brot der Psychotherapie und der Psychoanalyse sind, ganz zu schweigen.

Freiheit durch kritisch bewusste Übernahme kollektiver Identität

Deutlich wird jedenfalls: Unsere persönliche Erinnerung vermengt sich oft mit den Erinnerungen unserer Nächsten und versieht uns mit einem sozial vermittelten Bild der Vergangenheit, das unsere Gegenwart prägt und Wege in die Zukunft öffnet oder verschließt. Es beeinflusst unsere Haltung gegenüber der Welt, gegenüber anderen Menschen und gegenüber uns selbst. *Zukunft in Freiheit gewinnen wir nur, wenn wir uns mit diesen Bildern der Vergangenheit auseinandersetzen, wenn wir unsere Identifizierung mit der Gemeinschaft, in der wir aufwachsen, die sie uns überliefert hat und zu der wir naturwüchsig gehören, überprüfen.* Wenn wir deren Weltbilder bewusst annehmen, sie verändern oder auch verwerfen können. Sonst traue ich mir, wenn ich in einem misstrauischen Milieu aufgewachsen bin, nichts zu und verspiele Chancen – zum Beispiel die, eine aussichtsreiche Weiterbildung aufzunehmen. Sonst gebe ich den Versuch der Verständigung mit Nachbarn oder Arbeitskollegen von vornherein auf und lasse den Konflikten ihren Lauf, die mich dann belasten. Sonst wiederhole ich die Fehler meiner Vorfahren. *Aus der Vergangenheit lernen, um Zukunft zu gewinnen, heißt, die unbewussten Bindungen und Belastungen bewusst zu machen, als frei handelnde Person damit umzugehen, die Teilhabe an der kollektiven Identität in eigener Verantwortung mitzugestalten.* Ohne Auseinandersetzung mit der Vergangenheit bleiben wir an sie gefesselt, laufen wir Gefahr, unsere Zukunft in Freiheit zu verlieren. Das ist für Deutschland, dessen Bürger zunehmend unterschiedlicher Herkunft sind, sehr wichtig. Doch heißt »Auseinandersetzung« schon lernen?

Darüber, was lernen heißt, gibt es Bibliotheken. Ich habe gelernt, wenn ich etwas kann oder weiß, was ich vorher nicht konnte oder wusste. Lernen bezieht sich also nicht nur auf Theorie, sondern auch auf Praxis. In unserem Zusammenhang kommt es entscheidend darauf an, dass Lernen nicht bewusst- oder kritikloses Nachmachen bedeutet, sondern Erwerb eines Wissens oder einer Fähigkeit, die ich mir selbständig, also mit eigenem Urteil, zu Eigen gemacht habe. Da wir Menschen ganz generell auf Entwicklung angelegt sind, da in unserer wandlungsreichen Zeit zumal immer weiteres und neues Lernen notwendig ist, gehört die Selbständigkeit der Aneignung unabdingbar zum Lernen. *Lernen heißt Fähigkeit zu Erneuerung, zur Innovation.* Sie ist die Voraussetzung dafür, unvorhersehbaren Herausforderungen gewachsen zu sein, ist die Voraussetzung für eine Zukunft in Freiheit. Das gilt auch für das Lernen aus der Vergangenheit.

Perspektivität von Geschichtsschreibung

Vergangenheit begegnet uns aber nicht nur als persönliche, sozial vermittelte Erinnerung, sondern überdies als öffentlich präsentiertes, ja inszeniertes Gedächtnis. Hier kommt die Geschichtsschreibung ins Spiel. Persönliche Erinnerung, öffentliches Gedächtnis und Geschichtsschreibung treten nicht säuberlich getrennt voneinander auf, sie beziehen sich aufeinander, beeinflussen einander, fordern einander heraus.

Katastrophen – das zeigt nicht nur die Finanzkrise des Jahres 2008, welche in uns die Bilder von 1929 heraufbeschwört – befördern offenbar das Nachdenken über die Vergangenheit. Der große antike Historiker Thukydides hat seine berühmte Schrift über den Peloponnesischen Krieg im 5. und 4. Jahrhundert vor Christus mit einer sogenannten »Archäologie« des Krieges begonnen und dabei versucht, zwischen Anlässen und tieferen Ursachen des Konflikts zwischen Athen und Sparta zu unterscheiden. Über Jahrhunderte hinweg hat er damit der historischen Ursachenforschung als Vorbild gedient. Immer gehen in solche Untersuchungen Vorannahmen über die Menschen, die Beweggründe ihres Handelns, ihrer Vorlieben, Schwächen oder Stärken ein, die die Autoren zumeist nicht thematisieren, die aber das Ergebnis ihrer Erwägungen ganz entscheidend prägen. Wenn man wie Thukydides annimmt, dass es den Menschen vornehmlich auf die Vergrößerung ihrer Macht ankommt, um sich alle potenziellen Feinde notfalls untertan zu machen, dann wird man die Ursachen vergangener Ereignisse und die Schlussfolgerungen für die Zukunft eben wesentlich als unabwendbare Machtkonflikte bestimmen und damit anders, als wenn man den Krieg, der viele Tote gekostet und großes Leid mit sich gebracht hat, auf mangelnde Verständigungsfähigkeit oder unnötige Vorurteile und Missverständnisse zurückführt.

Viel hängt also auch bei der wissenschaftlichen Geschichtsschreibung davon ab, wonach man sucht und welche ursächlichen Zusammenhänge man schon zu Beginn der Erkundung für wichtig erachtet. Das heißt nicht, dass sich die Vergangenheit durch Geschichtswissenschaft einfach zurechtbiegen ließe. Doch man muss schon genau nachsehen, welches Geschichtsbuch unter dem Einfluss welcher Deutungsschemata verfasst wurde.

Geschichtswissenschaft und öffentliches Gedächtnis

Das sieht man zum Beispiel bei Leopold von Ranke. Im 19. Jahrhundert hat Geschichtswissenschaft sich als prononciert nationale Geschichtsschreibung verstanden, die eben durch ihre Erzählung von der Nation der Deutschen diese Nation einen und stärken wollte. Im Zuge der Pluralisierung von Gesellschaft und Staat, insbesondere aber nach den großen Erschütterungen der beiden Weltkriege sind unterschiedliche, ja gegensätzliche Deutungen auf den Plan getreten. Nach den Katastrophen von Nationalsozialismus und Zweitem Weltkrieg, von Totalitarismus und

Diktaturen haben in den nachdiktatorischen demokratischen Gesellschaften heftige Auseinandersetzungen über die Deutungen der Geschichte und ihre Bedeutung für das Hier und Jetzt eingesetzt.

Spätestens in den 1980er Jahren war in der westdeutschen Geschichtswissenschaft die Vorherrschaft der nationalstaatlichen Sicht an ihr Ende gekommen. Eine dauerhafte Zwei-Staatlichkeit Deutschlands erschien auch aus historischer Perspektive zunehmend plausibel. Gleichzeitig befasste sie sich immer stärker mit vorher nicht beachteten Gruppen und Strukturen. Lutz Niethammers »oral history«, welche die einfachen Leute in langen Interviews zu Wort kommen ließ, und die groß angelegte sozialgeschichtliche Perspektive von Hans-Ulrich Wehler und Jürgen Kocka stehen paradigmatisch für diese neuen Richtungen.

Freilich geschah dies nicht widerstandslos. Der Blick zurück wurde mehr und mehr zum umkämpften Ort der Gegenwartsdeutung: Waren die Deutschen ein Volk der willigen Vollstrecker, wie Daniel Goldhagen vor zehn Jahren befand, oder ächzten sie als erste Opfer Hitlers unter der nationalsozialistischen Diktatur? Diese Deutungskämpfe waren unumgänglich und gut für die Demokratie. Noch Anfang der achtziger Jahre verfügten öffentlich-rechtliche Rundfunksender per Weisung, dass der 8. Mai 1945 im Radio nicht als »Tag der Befreiung« bezeichnet werden dürfe, was heftige geschichtspolitische Diskussionen zur Folge hatte. Bundespräsident Richard von Weizsäcker zog die Quintessenz einer jahrzehntelangen Debatte, als er in seiner Rede zum 8. Mai 1985 die kontroversen Interpretationen dieses Tages als »Zusammenbruch« einerseits und »Befreiung« anderseits zusammenführte. Dass die subjektive Erinnerung als Zusammenbruch mit der politischen Deutung als Befreiung vereinbar wurde, war jener kontroversen Diskussion in der deutschen Öffentlichkeit, dem Abstand von vierzig Jahren Lebenszeit, der die Wunden bedeckt hatte, und nicht zuletzt der Tatsache zu verdanken, dass der Bundespräsident ein ehemaliger Offizier der deutschen Wehrmacht war, der um die Leiden der deutschen Soldaten und der Zivilbevölkerung im Zweiten Weltkrieg ebenso wusste wie um den Mord an den europäischen Juden und um die Verbrechen im Osten.

III. Lernen aus der deutschen Geschichte?

Die doppelte Bestimmung des 8. Mai 1945 als Zusammenbruch und Befreiung verweist auf etwas Tieferes: die nicht festgelegte Bedeutung von Vergangenheit für die Gegenwart. Thomas Nipperdey, der an dieser Universität gelehrt hat und viel zu früh verstorben ist, hat stets Vorsicht angemahnt, wenn man Lektionen aus der Geschichte ziehen wolle. Er wehrte sich gegen eindimensionale »Vorgeschichten« zum Beispiel des Nationalsozialismus, in denen alles auf ein Ziel hinausläuft, so als ob es nicht unausgeschöpfte Alternativen, Zufälle, Uneindeutigkeiten oder einfach unglückliche Konstellationen gegeben hätte, ohne die die deutsche Geschichte einen anderen Verlauf genommen hätte.

Damit wird deutlich, dass Vergangenheit wie Gegenwart mehr Potenzial enthalten als zur Realität wird, und dass es deshalb für eine Zukunft geglückten Lebens im Persönlichen wie in der Politik darauf ankommt, diese Potenziale unter dem Aspekt einer angestrebten Zukunft in Freiheit, Gerechtigkeit und Solidarität ausfindig zu machen. Es wäre grundfalsch, sie einfach als gegeben hinzunehmen oder gleichgültig auszublenden.

Wenn wir uns das vergegenwärtigen, können wir auch der unfruchtbaren Alternative entgehen, den Nationalsozialismus, dessen epochale Bedeutung, andauernde moralische Belastung und immer noch spürbare verheerende Folgen außer Frage stehen, entweder als notwendige Konsequenz der deutschen Geschichte oder als reinen Betriebsunfall zu begreifen. Es kann uns keinesfalls darum gehen, das Dritte Reich zu den Akten zu legen. Im Gegenteil: Wir müssen begreifen, dass Geschichte nie eine abgeschlossene Erzählung ist, sondern dass auch die Vergangenheit ständig um- und fortgeschrieben wird. Dies gilt auch für den Nationalsozialismus. Denn die Sicht auf das NS-Regime verändert sich auch durch die Frage, was wir denn daraus gelernt haben. Wenn wir unser heutiges individuelles und kollektives nationales Selbstwertgefühl, das durch Freiheit und Solidarität geprägt ist, zurückführen auf die Trümmerwüste von 1945 und den dadurch erzwungenen Neuanfang, tritt an die Stelle hoch emotionaler und durch Prämissen und Erkenntnisinteressen geleiteter Deutungen des Nationalsozialismus, wie sie noch im Historikerstreit im Mittelpunkt standen, eine Sicht auf die Jahre 1933 bis 1945, die durch den gemeinsamen Willen charakterisiert ist, aus der Vergangenheit für die Zukunft zu lernen – zum Beispiel im Hinblick darauf, wie wir mit Minderheiten in der Gesellschaft umgehen. Die NS-Zeit bliebe prägend, neben sie träte aber zum Beispiel auch das beherzte »Nie wieder!«, das Kurt Schumacher schon kurz nach der Katastrophe als moralischen Imperativ ausrief. Statt also die Vergangenheit weiter zu beschweigen, wie es bis heute zumindest bei individueller Schuld aus Scham vielfach geschieht, können wir die historische Verantwortung produktiv in die Gegenwart und Zukunft wenden und uns künftig daran messen lassen, dass – und vor allem was – wir aus unserer Schuld gelernt haben. *Teil unserer Wiedergutmachung wäre dann, dass wir selbstbewusst Bereitschaft zeigen, über unsere privaten Interessen hinaus für Deutschland mit seiner gesamten Vergangenheit und mit Blick auf eine geglückte Zukunft Verantwortung zu übernehmen.*

Politische Freiheit als Kultur des argumentativen Streits

Wie wichtig diese Verantwortung ist, zeigt sich am Schicksal der Weimarer Republik, der ersten Demokratie auf deutschem Boden. Weimar startete unter schwierigen Bedingungen. Doch die Republik scheiterte nicht an den zu schweren Reparationslasten und der Weltwirtschaftskrise, sondern an einem fehlenden inneren Grundkonsens darüber, wie der neue Staat im Vergleich zur vorangegangen Monarchie zu sehen sei. Der 9. November 1918 ist geradezu eine Chiffre für nicht gezogene Konsequenzen aus der Vergangenheit. Zutage treten hier die gravierenden Defizite an demokratischer politischer Kultur in Teilen des Bürgertums wie der Arbeiterbewegung, erst recht im Adel, der bedrückende Mangel an Weitsicht und an Weltoffenheit, die Gefangenheit in der eigenen Wahrnehmung nach dem Ersten Weltkrieg, sowohl innergesellschaftlich als auch im europäischen Kontext, die Misstrauen bekräftigt und einer Verständigung im Wege gestanden haben: Der ungeklärte Blick auf das, was zuvor gewesen war, zerstörte von Anfang an die freiheitlichen Chancen, die die Weimarer Verfassung begründet hatte.

Diese Botschaft ist auch heute noch wichtig, denn wir wissen, dass politische Kultur und persönliche Mentalität sich aus den langen Linien der Vergangenheit nähren und sich nur langsam ändern. Eine besondere Herausforderung stellt nicht nur für uns Deutsche die für die Demokratie unverzichtbare Fähigkeit zur öffentlichen Debatte und zur argumentativen Überzeugung dar. Immer noch neigen wir zu der autoritären Versuchung, politische Fragen lieber Führungspersönlichkeiten zu überantworten, anstatt uns im öffentlichen Streit an ihrer Klärung verantwortlich zu beteiligen. Freiheit, um die unsere Zukunft geht, haben wir in Deutschland lange vornehmlich als innere, moralische Freiheit gedacht und gelebt, die im Geschäft der Politik nur verunreinigt würde. »Die Gedanken sind frei, wer kann sie erraten…« Viele von uns mögen sich an das Vormärzlied erinnern, dessen zweite Strophe lautet: »Ich denke, was ich will und was mich erquicket, doch alles in der Still und wie es sich schicket…« Sich von der Politik ab- und der Kultur zuzuwenden, die Innerlichkeit zu pflegen und sich auf diese Weise »rein« zu halten – diese Haltung hat der Entwicklung und Wertschätzung einer demokratischen politischen Kultur in Deutschland im Wege gestanden. Nach 1945 hatten wir die Chance, zu lernen, dass die Fähigkeit zum argumentativen politischen Streit ein hohes Kulturgut darstellt, das man erwerben kann und muss, weil es das beste Instrument ist, um für gesellschaftliche Konflikte gemeinwohlverträgliche Lösungen zu finden. Und auch, weil Streit in der Sache hilft, neues Vertrauen zu schaffen. Er erfordert nämlich Begründungen, die sich auf das allen Gemeinsame, den demokratischen Grundkonsens, beziehen, ihn damit wieder ins Bewusstsein heben oder unter veränderten Bedingungen neu herstellen und dadurch bekräftigen.

Demokratische Macht durch eine Kultur der Zivilcourage

Ich komme zum Abschluss noch einmal auf das heutige Gedenkdatum zurück, das ja ein vielfaches ist – 1918, 1923, 1938, 1989 –: Der 9. November 1938 hat nicht nur für alle sichtbar die Skrupellosigkeit der NS-Führung offengelegt, sondern auch das politisch-kulturelle Defizit des Wegschauens und Mitlaufens im deutschen Volk. Wir wissen heute aus der Forschung, dass die Deutschen im Jahr 1938 keinesfalls ein Volk fanatischer Antisemiten waren. Viele haben die Hasstiraden des fränkischen Gauleiters Julius Streicher beschämt. Gerade auf die inszenierte Reichspogromnacht reagierten viele Deutsche mit Entsetzen. Man fand es unmenschlich, was mit den Geschäften und Synagogen der Nachbarn geschah und fürchtete sich auch vor negativen Reaktionen aus dem Ausland. Doch gegen das Plündern, Zerstören und Morden – neuen Berechnungen zufolge gab es über 1.300 Tote – ist kaum jemand aufgestanden, hat niemand öffentlich opponiert. Der Berliner Reviervorsteher Wilhelm Krützfeld, der in dieser Nacht die Synagoge in der Oranienburger Straße vor dem Ausbrennen rettete, in dem er gegen Befehl von oben Löschkräfte herbeiorderte, steht hier als die mutige Ausnahme von der Regel. Sein Beispiel zeigt, dass Zivilcourage und beherzter Einsatz einen Unterschied machen können. Lernen können wir daraus, dass eine Gesellschaft ihre demokratische Zukunft umso besser sichert, je weniger sie sich aus Trittbrettfahrern und Mitläufern zusammensetzt. In einer Gesellschaft der Mitläufer riskiert der Mutige sein Leben. In einer Gesellschaft der Bürger mit Zivilcourage nicht, denn sie kann ein Bollwerk errichten gegen Machtmissbrauch und Willkür. Deshalb müssen wir gerade unter den vergleichsweise günstigen Bedingungen der Demokratie Zivilcourage einüben und praktizieren.

Das bedeutet für mich: *Ein Maß Skepsis gegenüber staatlichen Regeln tut uns allen gut, und ich sehe auch heute, in der Demokratie, so manche Infragestellung staatlich gesetzter Regeln durchaus unter dem Aspekt, dass sich hier eine lebendige Zivilgesellschaft unzureichend begründeten Kontrollansprüchen selbstbewusst widersetzt.* Dies zeigt mir, dass wir eine Bürgergesellschaft haben, die – wenn es hart auf hart kommt – Willkürhandlungen zu widerstehen vermag. Wie wichtig dies ist, zeigt der 9. November 1989. Als die Bürger der DDR sich darüber klar wurden, dass ihre individuelle Unzufriedenheit oder ihr in kleinen Zirkeln geäußerter Protest zu einer Bewegung angeschwollen war, die das ganze Volk erfasst hatte, war die Macht des Politbüros gebrochen. Die Ostdeutschen haben sich im November 1989 selbst befreit und für Deutschland die Chance errungen, vereint und in Frieden zu leben. Dabei hatten in Ost und West viele die DDR noch im Frühjahr 1989 für unerschütterlich gehalten. *Vergangenheit und Gegenwart enthalten eben oft unbeachtete Potenziale.* Nicht nur ihre wirtschaftlichen Schwächen, nicht nur die internationale Konstellation, nicht nur das Fernsehen, sondern vor allem und an erster Stelle die Entschlossenheit der Menschen haben die Mauer, die die Deutschen teilte, überwunden.

Aus der Perspektivität der Vergangenheit lernen

War das der Anfang einer geglückten Zukunft für Deutschland? Noch nicht. Wie immer bei großen Umbrüchen gab und gibt es enttäuschte Erwartungen, resignierte Nostalgien, Verbitterungen bei denen, die sich missverstanden fühlen, Unverständnis bei denen, denen es schwer fällt, sich in andere hineinzuversetzen. Auch innerhalb Deutschlands. Aus der Vergangenheit vergleichbarer Umbrüche können wir Geduld lernen und die Chance, die im Zuhören liegt.

Das gilt für die Deutschen aus Ost und West, und es gilt überhaupt für unsere immer vielfältigere Gesellschaft in Deutschland, deren Vergangenheit nicht nur vierzig Jahre zweier deutscher Staaten mit ganz unterschiedlichen Erfahrungen umfasst, sondern auch mehr und mehr die der Herkunftsländer und der persönlichen und kollektiven Erinnerungen von acht Millionen Nicht-Deutschen und noch einmal so vielen Deutschen mit so genanntem »Migrationshintergrund«. Deren Identität speist sich auch aus ihrer jeweiligen Vergangenheit und Erinnerung, die eine andere ist als die der – ich gebrauche dieses Wort in Anführungsstrichen – »Mehrheitsgesellschaft«.

Deutschland wird, wie alle Länder Europas, vielfältiger. Wir begrüßen das als potenzielle Bereicherung, sehen aber gleichzeitig die Herausforderungen. Unser Land braucht in dieser veränderten Situation zur Stärkung gemeinsamen Handelns mehr innere Brücken, die Zusammengehörigkeit schaffen. Hier sehe ich eine gewaltige Aufgabe für den Bundespräsidenten oder die Bundespräsidentin: Wenn wir nicht mehr über *eine* Vergangenheit sprechen können, sondern vielfältige Vergangenheiten in den Blick nehmen müssen – ostdeutsche, westdeutsche, migrationsgeprägte und nicht zuletzt diejenigen von Heimatvertriebenen –, dann gibt es auch nicht mehr selbstverständlich *eine* Gegenwart. Es braucht dann Instanzen in der Gesellschaft, und das Amt des Bundespräsidenten gehört hier an erster Stelle genannt, die diese unterschiedlichen Erfahrungen und Lesarten zusammenführen und zu einem modernen deutschen Selbstverständnis verdichten, das einerseits plural ist, andererseits aber das Verbindende und Gemeinsame betont und bestärkt. Nicht mehr einfache Repräsentation einer Nation, die als gegeben und unveränderlich betrachtet wird, wäre dann die vornehmste Aufgabe des ersten Mannes oder der ersten Frau im Staat. Neben sie tritt zunehmend die Moderation der unterschiedlichen Diskurse und Lebenswelten, die unsere Gesellschaft heute ausmachen, das heißt die »Vergegenwärtigung« der Gemeinsamkeiten in ihrer lebendigen Vielfalt – womit man dem ursprünglichen Wortsinn von »Repräsentation« wieder gerecht würde.

Ziel wäre es demnach, nationale Gemeinsamkeit innerhalb eines zusammenwachsenden Europas immer neu herzustellen. Nicht die Verkündung substantieller Gewissheiten steht meiner Auffassung nach im Mittelpunkt der Aufgabe des Bundespräsidenten, sondern – ich zitiere den Staatsrechtler Ulrich K. Preuß – »die Repräsentation des diskursiven Charakters der Politik, der allein ein ›Wir‹ des politischen Gemeinwesens noch zu begründen vermag.« Allgemeinverbindliche Grundlage hierfür sind die Werte und Normen unserer Verfassung. Doch ist die darin vorgesehene Gemeinsamkeit in unserer hochmodernen Gesellschaft ständig vom Scheitern bedroht und muss, um lebendig zu sein, mit der Kraft des Arguments stets neu hergestellt werden.

Thomas Nipperdey hat uns in seinen Schriften eindringlich vor voreiligen Schlüssen aus der Geschichte gewarnt. Geschichte zeigt die Perspektivität allen Wahrnehmens und Handelns – die der Damaligen und die der Heutigen. Wir Nachgeborenen dürfen es uns mit unserem Urteil nicht zu leicht machen. Wenn wir die Einsicht in unsere an bestimmte Deutungen und Perspektiven gebundene Wahrnehmung als Aufforderung begreifen, aus der Enge unseres Blickwinkels herauszutreten, uns an die Stelle der anderen zu setzen, ihnen zugewandt und neugierig zuzuhören, das Gemeinsame im Verschiedenen zu suchen und auf diese Weise neue Freunde zu gewinnen, dann bauen wir Brücken in unserem Land, dann haben wir für die Zukunft Deutschlands das Wichtigste gelernt: das was Kant in seiner »Kritik der Urteilskraft« als eine der drei Maximen für den Gemeinsinn formuliert: »Jederzeit an der Stelle des anderen denken!«.

Aus der Vergangenheit lernen heißt einen neuen Gemeinsinn schaffen
Aus den verschiedenen Vergangenheiten zu lernen und sie alle als Teil unserer Geschichte zu betrachten, versetzt uns in die Lage, eine gemeinsame Zukunft zu gewinnen. Die Neugier ist ein hohes Gut menschlicher Kultur, und wir sollten sie zum Leitprinzip unseres Denkens und Handelns machen. Denn wenn wir auf eine geglückte Zukunft hin leben und handeln wollen – und wir Menschen sind auf Zukunft angelegt –, dann bietet uns die Auseinandersetzung mit unseren persönlichen und kollektiven Erinnerungen, mit dem öffentlichen Gedächtnis und mit der Geschichtsschreibung große Chancen.

Aus der Vergangenheit lernen heißt also, Handlungsfreiheit gewinnen, um unsere persönlichen und kollektiven Identitäten bewusst zu gestalten, sich auf die Suche nach historischen Erfahrungen zu begeben, die einer Zukunft in Hoffung entgegenstehen, ebenso wie nach Potenzialen, die sie begünstigen. Aus der Vergangenheit lernen heißt verstehen, wie wir selbst und die anderen geworden sind, um uns besser mit ihnen über eine gelungene Zukunft zu verständigen. Aus der Vergangenheit lernen heißt, durch verlässliche Identitäten gegenseitiges Vertrauen und Gemeinsamkeit schaffen für eine Welt, die wir auch unseren Kindeskindern noch guten Gewissens überantworten können.

Nicht von ungefähr führen Kants *Maximen des Gemeinsinns* geradewegs zu unserem Ziel: aus der Vergangenheit lernend Zukunft zu gewinnen. Kant fordert in seiner »Kritik der Urteilskraft«: »Selbst denken!« als Ausdruck freiheitlicher Selbstbestimmung, »Jederzeit mit sich einstimmig denken!« als Voraussetzung gesellschaftlichen Zusammenhalts in verlässlicher persönlicher Identität und »Jederzeit an der Stelle des anderen denken!« als Maxime der Gerechtigkeit in der solidarischen Zuwendung zu unseren Mitbürgern.

Für mich bedeuten diese Maximen Kants: Deutschlands Zukunft liegt nicht im Festhalten an einem aus dem 19. Jahrhundert überkommenen Nationalgefühl, das eine normativ nicht zu wünschende und real nicht zu erreichende Homogenität unterstellt, sondern in der Stärkung eines neuen nationalen Gemeinsinns, der Einheit in Vielfalt durch gegenseitige Anerkennung will. Unsere Zukunft liegt in einer kulturellen Identität, die nicht eine historische geronnene Nation beschwört, sondern die Menschen mit ihren unterschiedlichen Erfahrungen und Erinnerungen zum Ausgangspunkt immer erneuerter kollektiver Identität macht. Wir brauchen ein republikanisches, ein selbstbewusst zivilgesellschaftliches Nationalverständnis, das die Nation als Aktionsgemeinschaft mündiger Bürgerinnen und Bürger begreift. Die Linie, der wir dabei folgen wollen, führt in der sich wandelnden Gesellschaft immer weniger vom Hohenzollernschloss zum Kanzleramt, sondern mehr und mehr vom Hambacher Fest zum Berliner Haus der Kulturen der Welt. Das ist die bürgerliche Freiheitstradition in der wir stehen! Denn – ich kehre zum Beginn meiner Ausführungen zurück – Sinn im Politischen wie im Persönlichen finden wir nur in einer freiheitlichen, gerechten und solidarischen Gesellschaft!

2 Gerechtigkeit und Bildung – für eine Politik der Chancen*

Im Mai 2008, noch vor der großen Krise der Finanzmärkte, meldete das *Manager Magazin,* dass zwei amerikanische Hedgefonds-Manager im vergangenen Jahr je mehr als eine Milliarde Dollar verdient haben, konkret: 1,2 und 1,4 Milliarden. Ungefähr zur gleichen Zeit ging eine Bewerbung in der Personalabteilung eines führenden deutschen Industrieunternehmens ein. Ein arbeitsloser Heizungs- und Lüftungsmonteur schrieb an die Personalmanager: »Ich bin bereit, sieben Tage in der Woche im Schichtdienst für Ihr Unternehmen zu arbeiten, Krankenscheine oder »Blau Machen« kenne ich nicht, seit über 12 Jahren war kein Arztbesuch erforderlich. Zum Glück! Auf Urlaubs- und Weihnachtsgeld lege ich keinen Wert. Ein Jahresurlaub von 20 Tagen reicht mir völlig aus. Meine Gehaltsvorstellung von 1.500 Euro brutto bei 160 Stunden im Monat ist sehr moderat und unternehmerfreundlich und stärkt so Ihren Standort für die nächsten Jahre. Daher würde ich mich über eine positive Rückmeldung von Ihrem Unternehmen in der nächsten Zeit freuen. Alles Gute bis dahin! Hochachtungsvoll ...«

Wenn wir die beiden Jahresgehälter vergleichen – mehr als 1 Milliarde, also 1.000 Millionen Dollar hier, 18.000 Euro dort – dann empfinden wir dies als dramatisch ungerecht. Warum? Wir betrachten Gehälter als Lohn für eine Leistung und können uns nicht vorstellen, dass der Hedgefonds-Manager über 50.000 Mal mehr leistet als der Heizungsmonteur. Oder kann man das gar nicht vergleichen? Ist die Frage nach Gerechtigkeit hier überhaupt angebracht? Wird sie vielleicht nur aus Neid gegenüber dem Hedgefonds-Manager gestellt, der durch seine Risikofreude und seine Fantasie doch Marktwerte schafft?

Die eingangs zitierte Nachricht stammt aus dem Mai 2008. Heute wissen wir, dass durch die Hedgefonds ganz überwiegend eben keine Werte geschaffen worden sind, sondern gigantische Blasen, deren Platzen die Welt in eine große Krise gestürzt haben. Der Ausgang der Krise ist noch ungewiss. Selbst wenn man Marktleistung und Arbeitsleistung von Individuen nicht genau miteinander abgleichen kann – viele großen Nationalökonomen haben sich daran die Zähne ausgebissen –, so lernen wir doch eins: Mit Blick auf die Ergebnisse am Markt, auch auf die Gehälter von

---

* Rede in den Frankeschen Stiftungen, Halle, 7. Dezember 2008

Managern, erübrigt es sich eben nicht, die Frage nach der Gerechtigkeit zu stellen. Denn um Leistungen handelt es sich in jedem Fall, so dass jeder mit gesundem Menschenverstand auch ohne Fachmann zu sein anhand der Gerechtigkeitsfrage die Verrücktheit der Gehaltsunterschiede, der sie leitenden Entlohnungssysteme und damit der Entwicklung des Finanzmarktsystems schon auf Anhieb entdecken konnte.

Im übrigen wissen wir auch jenseits dieses verrückten Entlohnungsunterschieds: Das Zusammenleben von Menschen hält es auf längere Sicht nicht aus, wenn die Frage nach der Leistungsgerechtigkeit gar nicht mehr gestellt werden darf, wenn Gerechtigkeitsfragen nicht mehr öffentlich und mit Blick auf eine gesellschaftliche Verständigung debattiert werden. »Was sind Staaten ohne Gerechtigkeit anderes als Räuberbanden?« hat Augustinus schon im 5. Jahrhundert gefragt und sich damit in die Tradition derer gestellt, die Gerechtigkeit als die Grundlage gelungener und einigermaßen stabiler Gemeinwesen betrachten und deren Mangel als Ursache sozialer und politischer Zusammenbrüche verstehen.

Freilich: Wir spüren genau, was schreiende Ungerechtigkeit ist. Es geht zum Beispiel auch ungerecht zu, wenn das eine Kind in Bürgerkrieg, Hunger und Krankheit aufwächst, ohne Chancen auf Bildung und Zukunft – und das ist der Fall bei Millionen von Kindern auf unserer Welt – und das andere im Überfluss alle Lebenschancen eröffnet bekommt. Es ist gut, derartige Lebenschancen zu haben, keiner will sie auch nur einem Kind auf der Welt wegnehmen. Aber angesichts der so überaus ungleichen Verteilung von Lebenschancen auf der Welt müssen wir uns fragen: Kann es auf die Dauer ohne Revolution und Bürgerkrieg zugehen, wenn diese gewaltigen Unterschiede bestehen bleiben? Unsere Intuition sagt zu Recht: Nein! Wir reagieren also auf deutliche Ungerechtigkeit.

Aber was ist Gerechtigkeit im positiven Sinne? Wie kann man sie so bestimmen, dass daraus konkrete Schlüsse für die Belohnung unserer Leistungen, die ja eng mit der Ordnung unseres Gemeinwesens zusammenhängen, gezogen werden können?

I. Was heißt Gerechtigkeit?

Zwei Fragen müssen wir dabei im Kopf behalten. Erstens: Zwischen wem soll Gerechtigkeit herrschen? Und zweitens: Bezogen worauf soll Gerechtigkeit herrschen?

Gerechtigkeit als proportionale Leistungsgerechtigkeit

»Jedem das Seine« heißt eine Formel, die wir, wenn es um Gerechtigkeit geht, oft hören oder selbst verwenden – auch wenn wir um ihre Belastung wissen, denn die Nationalsozialisten pervertierten sie fürchterlich, als sie sie über das Tor des Konzentrationslagers Buchenwald schrieben. Sie geht auf eine alte Tradition seit Aristoteles zurück, der in seiner Nikomachischen Ethik »Gerechtigkeit« als die höchste Tugend gepriesen hat, weil sie für »die anderen«, für unser gesellschaftliches und politisches Zusammenleben, von größter Bedeutung ist. Als Antwort auf die Frage, was Menschen gerechterweise zusteht, unterscheidet Aristoteles zwischen Gerechtigkeit und Gleichheit. Gerechtigkeit kann nicht alles über einen Kamm scheren, sie muss Unterschiede berücksichtigen, weil z. B. unterschiedliche Leistungen nicht gleich belohnt werden können. Gleiches kann also nicht für Ungleiches gelten. Sechs Stunden der gleichen Arbeit können nicht genauso bezahlt werden wie zwölf. Das wäre ungerecht. Aristoteles fordert eine Entsprechung, eine Proportionalität zwischen dem, was ein Bürger in das Gemeinwesen, modern gesprochen: ein Arbeiter in ein Unternehmen, einbringt, und dem, was er z. B. an Ehre und Ansehen oder an Lohn dafür erhält. Zugleich aber gehört zur Gerechtigkeit auch ein Element der Gleichheit, weil *jeder auf gleiche Weise für eine gleiche Leistung belohnt werden muss.* (Die dialektischen Volten, mit denen Aristoteles erklärte, warum dies für die Sklaven nicht zutreffe, lasse ich hier außen vor.)

Heute fordern wir, durchaus in Aristoteles Sinne: »Gleicher Lohn für gleiche Arbeit«. Es empört uns, wenn Statistiken zeigen, dass Frauen deutlich weniger Lohn erhalten als Männer, obwohl sie dieselbe Tätigkeit ausüben. Vielfach ist es auch so, dass Frauen von vornherein in typische, niedrig entlohnte Frauenberufe abgedrängt oder von Anfang an in niedrigere Entgeltgruppen eingeordnet werden. Das Gerechtigkeitsmaß wird hier nicht nur direkt, sondern auch versteckt verletzt, weil Frauen aus einer ganzen Reihe von Gründen benachteiligt sind – z. B. aus traditionellen Vorurteilen, wegen ungleicher Aufteilung der Familienarbeit oder wegen des allgemein männlich geprägten Charakters der Arbeitswelt.

Damit wird zugleich deutlich, dass Gerechtigkeit in einem komplexen Umfeld hergestellt werden muss, in dem nicht nur Arbeitnehmer in einem Unternehmen, sondern gesellschaftliche Vorurteile, die Organisation der Familie und noch viel mehr eine wichtige Rolle spielen. Gerechtigkeit ist nicht nur eine individuelle Tugend oder Zeichen eines persönlichen Verhältnisses, sondern auch das leitende Prinzip menschlichen Zusammenlebens.

Wenn Frauen am Arbeitsplatz benachteiligt werden, stört uns das, weil wir heute den Frauen die gleichen Rechte und Fähigkeiten zusprechen wie den Männern. Das war seit der Zeit des Aristoteles und bis weit ins 20. Jahrhundert hinein keineswegs so. Wer die Geschichte des in Deutschland gerade neunzig Jahre alt gewordenen Frauenwahlrechts betrachtet, kann eine ganze Folge von aus heutiger Sicht geradezu Kabarett reifen Begründungen dafür lesen, warum man Frauen das gleiche Wahlrecht vorenthielt. Frauen hätten angeblich weniger Verstand, geringere Kenntnisse, nicht die nötige Reife. Der preußische Innenminister Freiherr von Hammerstein-Loxten bekannte im Jahr 1902: »Ich will nicht, dass die Frauen in politischen Versammlungen mitreden. Es sähe traurig aus um unseren preußischen Staat, wenn die leichte Erregsamkeit der Frauen gerade in öffentlichen Versammlungen das Volk bewegen sollte. Davor müssen wir uns hüten, es soll der Polizei immer die Befugnis bleiben und sie soll scharf eintreten, sobald die Frauen versuchen, auch politisch tätig zu sein.« Noch nach dem Zweiten Weltkrieg stellte der Vorsitzende einer deutschen Volkspartei fest: »Als Einzelne wirkt die Frau wie eine Blume, im Parlament aber in der Masse wie Unkraut.« In diesem Fall hat man also »Jedem das Seine« so verstanden, dass Frauen eben als »Ungleiche« angesehen wurden, sie gehörten nicht zum Sammelbegriff »Jedem«, ihnen stand infolgedessen prinzipiell weniger oder jedenfalls anderes zu. Das »Seine« hieß für Frauen dann, dass sie die Politik gefälligst den Männern überlassen sollten.

Diese Beobachtung verweist uns auf die beiden bereits erwähnten leitenden Fragen: Zwischen wem soll Gerechtigkeit herrschen? Zwischen Frauen und Männern? Zwischen Jungen und Alten? Zwischen denen, die heute leben, und den nachfolgenden Generationen? Zwischen Deutschen und Polen? Afrikanern und Europäern? Zwischen Menschen mit und ohne Behinderungen? Und handelt es sich dabei nur um die bisher in Rede stehende proportionale Leistungsgerechtigkeit oder steht »jedem«, steht allen etwas Gleiches zu, jenseits einer vergleichbaren Leistung, allein weil ihre Würde dies verlangt?

In der Vergangenheit haben diese Fragen immer wieder unterschiedliche Antworten gefunden. In früheren Zeiten hat man große Gruppen von Menschen aus der Gleichheit und damit der Teilhabe ausgeschlossen: Leibeigene, Menschen ohne eigenständiges Einkommen zum Beispiel vom Wahlrecht. Die Geschichte ist voller harter, auch gewalttätiger Auseinandersetzungen darüber, wer oder welche sozialen Gruppen, Schichten, Klassen in die prinzipielle Gleichheit der Menschen einbezogen werden müssen.

Dabei kann man eine geschichtliche Tendenz ausmachen: die der zunehmenden Inklusion, des fortschreitenden Einschlusses aller Menschen in eine grundlegende Gleichheit der gleichen Würde, des gleichen Rechts auf Selbstbestimmung. Hier folgt »das Seine« nicht mehr aus einer besonderen Leistung, sondern bereits aus der Tatsache, dass wir alle Menschen sind und daher ein gleiches Recht zum Beispiel auf ein Leben in Würde haben. In der amerikanischen Unabhängigkeitserklärung von 1776 heißt es: »We hold these truths to be self-evident, that all men are created equal, that they are endowed by their Creator with certain unalienable Rights, that among these are Life, Liberty and the pursuit of Happiness.«

Von Jahrhundert zu Jahrhundert ist so immer ausdrücklicher die prinzipielle Gleichheit aller Menschen in den Menschenrechten, als universalen Rechten aller hinsichtlich ihrer Würde, ihrer Freiheit und Sicherheit anerkannt worden. Heute gehören dem »Jedem« des Aristoteles *der Norm und dem Recht nach* alle Menschen an. Inklusion eben. Das »Seine« bedeutet hier für jeden das Gleiche. Allerdings nicht ganz: denn das gleiche Recht bedeutet nicht notwendig, dass alle es in der Wirklichkeit in gleicher Weise wahrnehmen können.

Wie sieht es faktisch aus? Sind wir über das gleiche Recht aller Menschen, nachts unter Brücken zu schlafen, wie Anatol France die Menschenrechte sarkastisch kommentiert hat, hinausgekommen? Falls nein: Wie kommen wir dahin, dass die prinzipielle, manche sagen angeborene Gleichheit der Menschen und damit ihr gleiches Recht auf Freiheit Wirklichkeit werden?

Gerechtigkeit als Chancengleichheit

Im 20. Jahrhundert hat der große amerikanische Philosoph John Rawls in seiner »Gerechtigkeitstheorie« (»A Theory of Justice«) das Jahrhunderte lange Nachdenken über Gerechtigkeit in einem Bild zusammengefasst, das uns helfen soll, gerechte Bedingungen, Regeln, Institutionen und Verfassungen zu schaffen, die dem gleichen Recht auf Freiheit als Chancengleichheit dienen. Sein Gedankenexperiment geht so: Stellen wir uns vor, wir säßen alle hinter einem »Schleier des Nichtwissens«. Dann wüssten wir nicht, an welcher Stelle der zu bestimmenden Ordnung wir stehen. Wir wüssten nicht, ob wir in dem Gemeinwesen – nicht nur im Staat, auch in einer Schule, in einer Kommune, in einem Unternehmen – für das wir die Regeln schaffen wollen, jung oder alt, eher intellektuell oder praktisch begabt, Mann oder Frau etc. sein würden. Daher käme es in unserem eigenen Interesse darauf an, dass wir in jeder dieser Situationen gut oder zumindest nicht ganz schlecht wegkommen, dass wir eine gleiche Chance erhielten, unser Leben sinnvoll zu gestalten, nach unserem frei gewählten Sinn. Es wäre reizvoll, eine solche Situation einmal in einer Schule, einem Krankenhaus oder einem Stadtteil nachzuspielen und auf der Basis dieses Einnehmens der Rolle des anderen die Spielregeln neu zu bestimmen.

Rawls Nachdenken hat ihn zu einer Begründung moderner liberaler Verfassungen geführt, die unterschiedliche Entlohnungen oder gesellschaftliche Positionen in der Gesellschaft dann anerkennt, wenn Abweichungen nach oben den unteren sozialen Schichten Vorteile bringen. Es ist schwer, wenn nicht unmöglich, zum Beispiel für eine konkrete Einkommensverteilung einen solchen Nachweis des Vorteils für die Ärmeren zu führen. Aber ein anderes Ergebnis seines Nachdenkens mag uns weiterführen. Denn Rawls weist darauf hin, dass der Vorrang der Freiheit, die Unverzichtbarkeit der Selbstbestimmung für die Würde des Menschen *einem* Gerechtigkeitsaspekt eine besondere Bedeutung beimisst: dass eben jedem Menschen im Rahmen der verfassungsmäßigen Rechte *die gleiche Chance zusteht, seine Freiheit, seine Selbstbestimmung zu leben.* Jedem das Seine heißt demnach: Jeder hat einen gleichen Anspruch darauf, *sein* Leben gerade auch in seiner jeweiligen Eigenart selbst zu bestimmen. Damit muss nicht jeder das Gleiche besitzen oder die gleiche gesellschaftliche Position bekleiden. Aber alle Verhältnisse, die diese gleiche Chance verwehren, sind ungerecht.

Das zieht natürlich einen ganzen Rattenschwanz von Fragen nach sich, sowohl in Bezug auf unsere Verhältnisse in Deutschland, als auch in Europa, ja in der Welt. Denn wir hatten ja gesehen: Das Gebot der Gerechtigkeit gilt heute für alle Menschen. Gerechtigkeit heißt dann: gleiche Chance, für ein sinnvolles Leben, gleiches Recht auf Selbstbestimmung, gleiche Freiheit für *alle* Menschen. Der Soziologe Ulrich Beck hat neulich in einem Artikel eindringlich darauf hingewiesen. Es lohnt sich, diese Interpretation der Gerechtigkeit weiter zu verfolgen. Denn wir müssen dann nicht einen perfekten Gesellschaftszustand zeichnen, was wir nicht könnten und was uns in die Nähe totalitärer Entwürfe brächte. Wir können vielmehr sehr realitätsnah prüfen, was die Menschen unbedingt brauchen, um ihr Leben in Freiheit zur Verwirklichung ihrer Würde gestalten zu können.

Handlungsfelder für Politik im Dienste von Gerechtigkeit als Chancengleichheit

Wolfgang Merkel, Professor und Sozialwissenschaftler am praxisnahen Wissenschaftszentrum Berlin, hat kürzlich im Anschluss an John Rawls eine Reihe von Bereichen zusammengestellt, in denen Politik im Dienste einer Gerechtigkeit als Chancengleichheit tätig werden kann. Dazu gehört nach Merkels Auffassung eine materielle *Grundsicherung zum Schutz gegen Armut*, insbesondere bei unverschuldeten Lebensrisiken, die *Vermeidung extremer Einkommensunterschiede,* die – wie schon Aristoteles wusste – den sozialen Zusammenhalt gefährden und nicht durch Leistungsunterschiede zu rechtfertigen sind, die *Gerechtigkeit zwischen den Geschlechtern, die Integration in den Arbeitsmarkt,* weil hier über Einkommen, Prestige und die tatsächliche Zugehörigkeit zur Gesellschaft entschieden wird und die *Gerechtigkeit zwischen den Generationen,* in der es darum geht, welche Welt wir unseren Nachkommen übergeben. Zu denken ist hier an die Schuldenlast, aber auch die zerstörte oder bewahrte Natur und Umwelt und natürlich das Klima.

Allem voran aber rangiert für die Politik der Handlungsbereich von Bildung und Ausbildung, *weil hier die wichtigsten Weichen gestellt werden für die Lebenschancen jedes einzelnen Menschen*. Dies ist heute besonders bedeutsam angesichts eines immer unübersichtlicheren Arbeitsmarktes, ganz allgemein: einer immer unübersichtlicheren Welt, in der jeder seinen Weg finden muss und möchte, auch wenn er vor unerwartete Herausforderungen gestellt ist. Ich sehe hier die individuelle Person im Zentrum aller Überlegungen. Aber diese Person lebt nicht allein, könnte gar nicht allein überleben. Deshalb ist das Ziel von Bildung dort, wo seit der Antike darüber nachgedacht wurde, immer mit Blick auf das Gemeinwesen, den Staat, die Polis formuliert worden, die das Gehäuse für alle Gemeinsamkeit abgibt.

Der Bildung kommt also für die Gerechtigkeit eine ganz herausragende Bedeutung zu, wenn es uns um eine gerechte Zukunft in einem freiheitlichen Deutschland, in einem einigen Europa und in einer globalen Verantwortung geht. Deshalb gehören heute mehr denn je Gerechtigkeit und Bildung zusammen.

Armut

Bevor ich aber meine Überlegungen über diesen zweiten Teil meines Themas fortsetze, will ich noch einige Folgerungen aus der Gerechtigkeitsforderung für die übrigen Politikfelder ziehen, die dringend der Gestaltung bedürfen. Zunächst zur *Armut:* Mit der Abwehr unverschuldeter Armut betreten wir das weite Feld der sozialen Sicherung, das zukünftig nicht mehr allein nationalstaatlich gestaltet werden kann. Wir brauchen für die Zukunft das soziale Europa, das zu schaffen nicht leicht fallen wird, weil die sozialstaatlichen Traditionen in den verschiedenen europäischen Ländern überaus tief in ihrer jeweiligen Vergangenheit verankert sind. Man wird sie auch zukünftig nicht in eine Uniform pressen können, aber vielleicht, um im Bild zu bleiben, wird man einen gemeinsamen Mantel gegen die Unbill von Arbeitslosigkeit, Krankheit und Tod schneidern können, damit sich die Menschen in Europa wie in ihren Nationalstaaten zu Hause fühlen.

Die Aufgabe, auf der Ebene des Nationalstaats Gerechtigkeit zu schaffen, bleibt uns also erhalten. Für die praktische Politik kann es in diesen grundsätzlichen Überlegungen nicht um Einzellösungen gehen. Aber aus den Erfahrungen mit unterschiedlichen Regelungen der sozialen Sicherung lassen sich im internationalen Vergleich *einige prinzipielle Schlussfolgerungen ziehen.* Dazu gehört, dass vorbeugende Lösungen besser wirken und weniger kosten als nachträglich heilende. Deshalb kommt der Vorbeugung, der Vorsorge, der Stärkung von Selbstständigkeit auch im Sinne des traditionsreichen Prinzips der Subsidiarität eine herausragende Bedeutung zu. Hier geht es grundlegend um die Stärkung der individuellen Person, um ihrer Freiheit, ihrer Verantwortungsfähigkeit, ihres Selbstwertgefühls – weil sie ihr Leben autonom führen kann – und ihres Lebenssinns willen. Auch der Gedanke des bewährten Subsidiaritätsprinzips, dass die jeweils kleineren Einheiten – die Familie, die Kommune, das Land – Aufgaben übernehmen sollen, bevor die jeweils größere Einheit auf den Plan tritt, gehört dazu.

Aber dieses Prinzip darf uns nicht blind oder hartherzig machen gegenüber den Grenzen, die den einzelnen Menschen und den kleineren Einheiten in der Wirklichkeit oft gesetzt sind. Deshalb muss Subsidiarität eingebettet sein in gesamtstaatliche Solidarität und in einen vorbeugenden, aktivierenden Sozialstaat. Hier haben die skandinavischen Länder gute Erfahrungen damit gemacht, die sozialen Sicherungssysteme nicht an die Löhne und Gehälter zu binden, sondern durch Steuern zu finanzieren. Damit entsteht sowohl hinsichtlich der Produktionskosten als auch hinsichtlich der demographischen Entwicklung eine größere Flexibilität, die wir volkswirtschaftlich brauchen, aber vor allem auch, um unser Leben in

Zukunft besser sowohl mit unseren persönlichen und familiären Wünschen in Einklang zu bringen als auch um beruflich auf die Unübersichtlichkeit der Arbeitsmärkte reagieren zu können.

Die Bedeutung öffentlicher Güter für die Gerechtigkeit

Lernen können wir auch aus der Erfahrung, dass *öffentliche Dienstleistungen* – Krippen, Kindergärten, Bildungsanstalten – Chancengleichheit und damit Gerechtigkeit besser fördern als individuelle Transferzahlungen. Es bekommt den Bildungschancen von Kindern aus bildungsnahen wie bildungsfernen Familien besser, wenn gute Krippen, Tagesmütter und Kindergärten auf sie warten als wenn ihre Familien zusätzliche Geldzahlungen erhalten. Man mag darin einen Widerspruch zum Prinzip der Subsidiarität, das ich ebenso hochhalte, erkennen. Aber hier handelt es sich um ein unvermeidbares Spannungs- *und* Ergänzungsverhältnis zwischen Subsidiarität und Solidarität, für das nach unseren jeweiligen Erfahrungen immer wieder neue politische Klärungen und Gewichtungen gefunden werden müssen.

Die Finanzkrise der letzten Monate hat uns jedenfalls vor Augen geführt, dass wir nicht alles dem Selbstlauf der Märkte überlassen dürfen, sondern zur Sicherung von Gerechtigkeit als Chancengleichheit der *Bedeutung öffentlicher Güter* wieder mehr Aufmerksamkeit widmen müssen, und dies im nationalen wie im globalen Maßstab. Die individuelle Freiheit, die als Leitbild ganz obenan steht, darf *nicht zu einer Privatisierung aller staatlichen Aufgaben und damit zu einer Geringschätzung öffentlicher Güter* wie einer guten Verkehrsanbindung auch auf dem Land (wo es sich vielleicht nicht so rentiert), einer vorzüglichen Bildung für alle, einer öffentlichen Gesundheitsvorsorge und nicht zuletzt der öffentlichen Sicherheit führen. Der Schutz von Freiheit und von Sicherheit *im Dienste der Freiheit* ist die Kernaufgabe des Staates, und das hat eben Konsequenzen, die wir ernst nehmen müssen: Gerechtigkeit als Gleichheit der Freiheitschancen gebührt deshalb der Vorrang vor einer politisch unbedachten und auf Privatisierung fixierten Marktrentabilität.

Vermeidung extremer Einkommensunterschiede

Die nächste Gerechtigkeitsaufgabe der Politik, nämlich die *Vermeidung extremer Einkommensunterschiede,* das heißt, die Stützung eines breiten Mittelstandes, ist unter anderem deswegen eine entscheidende Voraussetzung für Gerechtigkeit, weil sie der Stabilität freiheitlicher Gemeinwesen dient. Denn extrem Reiche wie extrem Arme haben keinen Anlass oder sehen keine Chance, sich um die Demokratie zu kümmern. Die extrem Reichen glauben, ohne den Staat auskommen zu können – womit sie sich allerdings täuschen, weil sie in einem extrem ungerechten Gemeinwesen ihre Sicherheit letztlich auf Kosten ihrer Freiheit genießen: nämlich hinter hohen Mauern in teuren Villenvierteln, auf die sich ihre Bewegungsfreiheit einschränkt gegen den Ansturm der Armut. Die extrem Armen dagegen müssen ihr Augenmerk oft auf ihr schieres Überleben richten und haben für Weiteres keine Zeit. Auch deswegen wenden sie sich enttäuscht von der Politik ab. Außerdem kommen wir wieder zu unserem Beispiel vom Anfang zurück: Es ist gefährlich, wenn im Bewusstsein der Gesellschaft angesichts verrückter Einkommensunterschiede Leistung nichts mehr wert ist, weil ein sichtbarer Zusammenhang zwischen Leistung und Entlohnung verloren gegangen ist. Das verletzt unseren elementaren Wunsch nach Gerechtigkeit als Anerkennung unserer Leistung, den wir übrigens – wie neuere wissenschaftliche Untersuchungen zeigen – nicht nur für uns, sondern auch für andere hegen. Außerdem fragen sich die Armen: Lohnt es sich noch, ehrlich zu sein? Auf Börsen-Spekulationen allein kann man ein Gemeinwesen nicht bauen. Ohne Gerechtigkeit bricht es zusammen, ohne Gerechtigkeit sind Staaten Räuberbanden oder die Gesellschaften versinken im Bürgerkrieg. Jeden Tag begegnet uns das im Fernsehen.

Geschlechtergerechtigkeit

Geschlechtergerechtigkeit, das nächste Politikfeld, hat natürlich viele Gesichter. Auf ein wichtiges – die partnerschaftliche Familie – werde ich im Zusammenhang der Bildung noch einmal zurückkommen. Ein zweites ist die *Integration in den Arbeitsmarkt.* Wenn wir Gerechtigkeit als gleiche Chancen für ein selbstbestimmtes Leben, als gleiche Freiheit begreifen, dann bedeutet der Ausschluss vom Arbeitsmarkt, dass uns der Boden unter den Füßen weggezogen wird. Wir sind dann wie alleinstehende Frauen im 19. Jahrhundert abhängig von der uns durchbringenden Familie, wenn es die überhaupt noch gibt. Wir können unsere Kräfte nicht ausprobieren, können unsere Leistungen nicht als Selbstbestätigung erfahren, verlieren Freunde und Kollegen, geraten in die Isolation, weil wir oft allein bleiben oder uns schämen, fühlen uns nicht zugehörig, und deshalb verliert das Leben für uns seinen Sinn.

Integration in den Arbeitsmarkt

Das Motiv, diesen perspektivlosen Ausschluss aus dem Arbeitsleben insbesondere für die so genannten Langzeitarbeitslosen zu überwinden, war einer der Anstöße der Agenda 2010 der rot-grünen Regierung, die so viel Bestätigung auf der einen, so viel Protest auf der anderen Seite ausgelöst hat. Erneut kann es hier nicht um die Beurteilung einzelner politischer Maßnahmen gehen. Die Ziele jedoch, die Integration in den Arbeitsmarkt zu fördern und auch der Versuchung zu widerstehen, von Sozialleistungen anstatt von Arbeit zu leben, wenn der Arbeitslohn die soziale Unterstützung nicht erkennbar übersteigt, diese Ziele sind im Sinne der Gerechtigkeit als Integration in den Arbeitsmarkt vernünftig. Darauf zielt ja auch die Forderung nach einem Mindestlohn.

Aber viele haben sich durch demütigende Bedürftigkeitsprüfungen, so unvermeidbar diese auch sind, und durch sozialen Abstieg bedroht und in ihrer Würde verletzt gefühlt. Wer nicht wieder Arbeit gefunden hat, muss ein eingeengtes Dasein führen ohne akute Aussicht auf Besserung. Vor allem haben viele Menschen es als ungerecht empfunden, dass ihnen ihre Arbeitslosigkeit de facto als individuelles Versagen zugerechnet wurde, anstatt als Folge einer Wirtschaft, die – aus welchen Gründen auch immer – nicht zureichend Arbeitsplätze zur Verfügung stellt.

Bei diesem Regelungswerk mit dem unattraktiv bürokratisch klingenden Namen Hartz IV zeigt sich, wieviele Nebenwirkungen und unbeabsichtigte Folgen komplizierte sozialstaatliche Regelungen oft nach sich ziehen und wie sehr ihr Gelingen zumal in unserem föderalen System von der Kooperation vieler Ämter und Menschen abhängt, die wir überzeugen müssen. Es zeigt sich auch, dass es schwer ist, Missbrauch von Sozialsystemen, der sich immer wieder einschleichen kann und der seinerseits eine Ungerechtigkeit gegenüber der Solidargemeinschaft darstellt, so zu verhindern, dass damit nicht demütigende Kontrollen und neue Ungerechtigkeiten einhergehen. Es zeigt sich schließlich, dass konkrete Politik im Dienste von Gerechtigkeit immer wieder bereit sein muss, Revisionen vorzunehmen, wenn der eingeschlagene Weg zu ungewollten oder unerwarteten Ergebnissen führt, die korrigiert werden müssen. Demokratische Politik ist wie wir Menschen endlich und auf mutige, allerdings gut durchdachte Selbstkorrekturen angewiesen.

Generationengerechtigkeit
Die von Wolfgang Merkel in seinem Überblick ebenfalls hervorgehobene *Generationengerechtigkeit* führt beim Thema Schulden und vor allem beim Thema Klima auf die globale Ebene und zeigt, welche drastischen Herausforderungen wir zu bestehen haben, wenn uns die Probleme nicht im wahrsten Sinne des Wortes überfluten sollen. Hier müssen wir im Interesse unserer Kinder und Kindeskinder entschlossen handeln, denn die Erderwärmung bedroht nicht nur fern liegende Inseln im Pazifik – was im Übrigen schlimm genug ist. Die Erhöhung des Meeresspiegels macht auch vor Europas Küsten nicht Halt. Stellen wir uns für die Generation unserer Kindeskinder Amsterdam unter Wasser vor? Bevor die Flutwelle die reichen Länder erreicht, die sich noch leichter schützen können, zwingt sie Millionen von Menschen in Ägypten, Pakistan, Indonesien, und Thailand zur Flucht aus ihrer Heimat. Gerechtigkeit, die sich nicht mehr im engen nationalen oder auch nur europäischen Rahmen verwirklichen lässt, verlangt die Anstrengung und die Kompetenz weltweiten gemeinsamen Handelns, verlangt einen entschiedenen neuen Ernst in Politik, Wirtschaft und nicht zuletzt in den Medien, der billige Polemik, die (manchmal auch mediale) Reduzierung der Politik auf Machtspielchen oder Intrigen ebenso wie persönliche Diffamierungen zugunsten konzentrierter öffentlicher Sachdebatten um die besten und gerechtesten Lösungen hinter sich lassen muss.

II. Wozu Bildung und welche Bildung?
Dafür bestehen gute Chancen – dank der Globalisierung der Informations- und Kommunikationsmöglichkeiten und nicht zuletzt dank eines in den letzten Jahrzehnten erheblich gewachsenen Bildungsniveaus. Aber gerade in den letzten zehn bis fünfzehn Jahren hat eine utilitaristische Verengung der Bildungsziele um sich gegriffen, die die Chancen von Bildung gerade auch für diese Menschheitsherausforderungen wenn nicht zu ersticken, so doch erheblich zu beeinträchtigen droht. Mir liegt daran, die Gefahr dieser Verengung vor Augen zu führen, weil sie schleichend und umso bedrohlicher daherkommt, bisher nicht öffentlich wirksam thematisiert wird und weil ohne ihre klarsichtige und mutige Überwindung die Bildung ihre Zukunftskraft nicht entfalten kann. Ich sehe sie im Zusammenhang mit dem seit den achtziger Jahren erkennbaren Schub der ökonomischen Globalisierung, der die öffentlichen Debatten und die beherrschende Weltsicht – den sogenannten Zeitgeist – in fast allen Lebensbereichen durch eine bisher nicht gekannte wirtschaftlich verengte Marktradikalität geprägt hat.

Der Vorrang des ökonomischen Prinzips einer rasch sichtbaren Effizienz und eines möglichst ungebremsten Wettbewerbs hat die Weisheit von Jahrhunderten verdrängt, dass Bildung langfristiges und gemeinsames Denken braucht, dass sie verkümmert, wenn sie nur für vordergründige Ziele instrumentalisiert wird, dass mit der Geringschätzung zweckfreier Neugier kostbare Erkenntnisquellen versiegen, die uns in Zukunft unerwartete und ebenso unverzichtbare Dienste leisten können. Vor 25 Jahren waren die Islamwissenschaften an den Universitäten ein »unnützes«, so genanntes Orchideenfach. Heute blühen sie überall, weil Wissen über den Islam allenthalben auch praktisch gefragt sind. Daraus folgt: Wir wissen heute nicht, was wir in 25 Jahren wissen müssen.

Damit sind wir schon mitten in den Überlegungen zur Bildung, die in heutiger Zeit im Zentrum von Gerechtigkeit stehen muss. An ihrem Ende werden wir zur Generationengerechtigkeit zurückkehren. Was aber ist Bildung? Jedenfalls ist sie in aller Munde: Alle fordern sie, möchten sie verstärken, reformieren, ausweiten. Manche rufen die Bildungsrepublik Deutschland aus, andere veranstalten Bildungsgipfel, doch mehr als tönerne Parolen bleiben am Ende nicht davon übrig. Die Zahl der Schüler ohne Abschluss – 80.000 pro Jahrgang – ist ebenso alarmierend wie der schon jetzt sichtbare Fachkräftemangel, der eines unserer größten Zukunftsprobleme darstellt. Schreiend ungerecht ist aber vor allem die soziale Selektion der Bildungschancen. Mehr als irgendwo sonst in Europa hängt bei uns in Deutschland die Chance für gute Bildung an der sozialen Herkunft. Das dreigliedrige Schulsystem selektiert zu früh und stellt oft falsche Weichen. Es gibt zu wenige Lehrerinnen und Lehrer und zu große Klassen. Im Pisa-Vergleich schneiden wir – trotz gradueller Verbesserungen – nicht gut ab. Die Zahl der Hochschulabsolventen reicht für die Zukunftsaufgaben Deutschlands nicht aus, die Finanzierung von Bildung und Wissenschaft liegt im europäischen Vergleich im unteren Drittel der EU.

Diesen Trend haben wir auch keinesfalls umgekehrt, seit wir Bildung zum alles überragenden Schlagwort gemacht haben: Gemessen an der Wirtschaftskraft unseres Landes sinken die staatlichen Ausgaben für Schulen und Hochschulen, wie der jüngste Bildungsfinanzbericht alarmierend gezeigt hat: Der Anteil der staatlichen Bildungsausgaben am Bruttoinlandsprodukt sank zwischen 1995 und 2005 von 4,1 auf 3,9 Prozent. Für 2008 rechnen Statistiker nur noch mit 3,7 Prozent.

Angeblich ist an allem unser Föderalismus schuld und natürlich, dass wir nicht genug Geld haben. Ich behaupte, der Grund für die viel zu niedrige Priorität, die wir der Bildung einräumen, ist ein anderer: *Bildung ist zwar ein Schlagwort, das gerne angeführt wird und in aller Munde ist, aber wenige halten sie für wirklich wichtig.* Jedenfalls nicht in ihrer umfassenden und unverzichtbaren Bedeutung: als nicht nur Fach-, sondern vor allem Persönlichkeitsbildung, an der jeder sein Leben lang arbeitet, in der die Person ihre Fähigkeiten, ihre Verantwortung, ihre eigenständige Urteilskraft in Auseinandersetzung mit der Welt und mit Blick auf das Gemeinwesen so gut wie möglich entwickelt – als Kleinkind beim Türmchen Bauen, als Halbwüchsiger im Fußballteam, als verantwortungsbereite Filialleiterin in einer Einkaufskette, als Lokomotivführer, als Ingenieurin energiesparender Autos, als urteilsfähiger Bildungspolitiker.

Und diese Bildung erwerben wir nicht allein wie Robinson auf der Insel – wo er immerhin seinen Freund Freitag dabei hatte –, sondern zusammen mit anderen, mit denen wir in Konflikt geraten, aber auch Aufgaben gemeinsam lösen können, mit denen wir uns deshalb über die Regeln des Zusammenlebens – im Betrieb wie im Gemeinwesen – verständigen und einigen müssen. Bildung als Entwicklung der Individuen mit ihren je eigenen intellektuellen und emotionalen Fähigkeiten, als Vorbereitung auf ein aktives Bürgersein mit Verantwortung für das Gemeinwesen, als Veranstaltung, die allen ihre Chance gibt, die die Inklusion aller in das Gemeinwesen praktiziert, anstatt ihr Augenmerk auf die Auslese weniger zu richten, eine solche Bildung findet jedenfalls in den meisten Chefetagen unserer Verantwortungsträger keine engagierten Anhänger.

Wenn heute zum Beispiel im Hochschulwesen Studiengebühren gefordert werden, damit die Studierenden als »Kunden« eine bessere Lehre reklamieren, dann hat man von dem, was Bildung eigentlich heißt, nichts verstanden. Denn Bildung ist keine Ware, sondern eine Leistung, zu der eigene unaufhörliche Anstrengungen gehören, die eher gelingen, wenn man Freude an der Leistung hat und weiß, wozu sie dienen mag. Dabei kann man natürlich von guten Lehrern, die ihrerseits auf ihren Beruf gut vorbereitet sein müssen, wichtige Hilfe erfahren. Aber die gegenwärtige Lernsituation von den Kindergärten bis zur Universität, vor allem der Geist, in dem Bildung zumeist öffentlich gefordert und diskutiert wird – sie laufen dem tieferen und allein zukunftsträchtigen Bildungsverständnis zuwider. Deswegen spreche ich mich nicht nur aus sozialen Gründen gegen Studiengebühren aus, sondern auch, weil sie für mich die Idee des Lernens pervertieren.

Eigentlich kann man da gar nicht von Geist sprechen, weil Geist in unserer deutschen Sprache ein umfassendes Denken meint. Im Gegensatz dazu wurde Bildung in den letzten zwanzig Jahren zunehmend und fast ausschließlich als nützliches Instrument für die Förderung der individuellen Karriere und die Stärkung des Wirtschaftsstandorts Deutschlands und Europas gepriesen und begründet. Der ganze Bologna-Prozess beruft sich auf nichts anderes. Ganz logisch wurde Bildung damit auf eng fachspezifisches, möglichst schnell und sichtbar verwertbares Wissen reduziert und ihre Leistung an ökonomischen Kriterien gemessen. Ökonomisch heißt hier im Sinne der neuzeitlichen Rationalität, wie Max Weber sie beschreibt, Effizienzsteigerung mit möglichst wenig Mitteln: Schnell und zielgerichtet von A nach B kommen, keine Umwege, keine Fehler, kein Liebeskummer. Je kürzer die Schulzeit und das Studium, desto besser, je mehr Drittmittel, desto forschungsstärker, je enger mit der Wirtschaft verbunden, desto exzellenter. Soziales oder politisches Engagement in der Mitverwaltung von Schule oder Hochschule, das Sammeln künstlerischer Erfahrungen, geduldiges Nachdenken ohne verwertbares Ergebnis, überhaupt komplizierte Zusammenhänge ergründen, die sich nicht in zwei Sätzen zusammenfassen lassen, Umwege gehen, Scheitern zugeben und verarbeiten, was untrennbar zu Kreativität und Innovation gehört, all das können wir uns in der schönen neuen Welt der Bildung nicht mehr leisten. Wir hasten von Output zu Output und müssen immer in Höchstform sein. Philosophie – die es nach Odo Marquard besonders gut aushält und praktiziert, Fragen zu stellen, auf die es keine eindeutige Antwort gibt – wird dabei dysfunktional, überflüssig, ihre Professuren werden gestrichen. Dass damit eine Kultur der Begründung verkümmert, ohne die eine Demokratie auf Dauer zur leeren Hülle wird und ihre substanzielle Gemeinsamkeit verliert, fällt so lange nicht auf, wie alles zu laufen scheint. Die gegenwärtige weltweite Finanzkrise bietet eine Chance, die jahrelange geradezu barbarische Reduzierung der Bildung durch eine neue Nachdenklichkeit zu überwinden. Wenn uns das nicht gelingt, zeigen wir, wie unwichtig uns Bildung in Wirklichkeit ist, trotz allen öffentlichen Geredes.

In derselben Geisteshaltung wurde auch der Wettbewerb zum König, er wurde gleichermaßen zum einzigen Motor und zugleich verbindlichen Maßstab von Bildung gekrönt. Leistung entsteht demnach nur durch Wettbewerb und zeigt sich – ohne dass man weiter nachdenken oder argumentieren muss – in Rankings. Wer auf Nummer eins steht, muss einfach grandios, nein, natürlich exzellent sei. Und wenn man sich von Nummer 44 auf Nummer 27 hochgearbeitet hat, ist man definitiv auf dem richtigen Weg. Eigenes Nachdenken über die Kriterien des Wettbewerbs, gar über die Sache selbst, Descartes Spruch, dass an allem zu zweifeln sei – de omnibus dubitandum –, der traditionelle Imperativ aller Wissenschaft, erübrigen sich. Ich fühle mich am wohlsten, wenn ich besser bin als alle anderen oder wenigstens zu den zehn Besten gehöre, von der Schule bis zur Hochschule. Mein Selbstwertgefühl steigt, je schlechter die anderen sind, denn nur daran misst es sich ja, nicht an der Freude, mit anderen zusammen neue Erkenntnisse gewonnen zu haben. Dass in einem solchen Klima kein Vertrauen gedeihen kann, liegt auf der Hand. Ob in der Schule, im Unternehmen oder zwischen den Banken: Gemeinsamkeit des Handelns ist allenfalls im Team gegen andere angesagt, um zu gewinnen, nicht wegen einer dringlichen und womöglich alle einigenden Aufgabe wie dem Klimaschutz, nicht im Dienst eines Werkes, das so langfristig angelegt wäre, dass es erst der übernächsten Generation anstatt dem Ranking von morgen zugute käme. Apfelbäume zu pflanzen, macht hier wenig Sinn.

Für gute Bildung zu sorgen aber heißt, Apfelbäume zu pflanzen. Darum geht es in der gängigen politischen Forderung nach Nachhaltigkeit. Wie könnte eine Bildung organisiert und gelebt werden, die einlädt, an mehr zu denken als an den eigenen Vorteil?

Eine solche Bildung würde fast im Mutterleib beginnen. Denn sie braucht ein Grundvertrauen, dessen Fehlen von Kindern schon im Mutterleib gespürt werden kann, etwa wenn die Mutter sich ihrer Lage nicht gewachsen fühlt. Grundvertrauen entsteht sehr früh, darüber sind sich die Gelehrten einig. Auch die kognitiven Fähigkeiten entwickeln sich früh. Ohne hier Lern- und Entwicklungsprozesse im Einzelnen beschreiben zu können, gilt es doch, den Zusammenhang zwischen der Lern- und Bildungsfähigkeit von Kindern und ihrem Heranwachsen in Familien und sozialen Zusammenhängen zu unterstreichen, die ihr Selbstvertrauen, ihre Offenheit gegenüber der Welt, ihre Neugier und ihre Geduld zu lernen sowie dafür auch Anstrengungen auf sich zu nehmen, begünstigen. Deshalb gehören Bildungs- und Familienpolitik eng zusammen. Familien, das heißt verlässliches Zusammenleben von Eltern und Kindern in einer Partnerschaft, sind unverzichtbare Anker eines sinnvollen Lebens, des gesellschaftlichen Zusammenhalts und jener individuellen Bildungsfähigkeit, auf die es uns als Voraussetzung für Gerechtigkeit und Freiheit ankommen muss.

Viel spricht dafür, dass die Zukunft der partnerschaftlichen Familie gehört, in der beide Partner sich gleichberechtigt und eben partnerschaftlich um die Kinder kümmern und, wenn sie dies wollen, ihren Beruf ausüben.

Auch bei guten Krippen, Kindergärten und Ganztagsschulen, die wir noch lange nicht haben und die ein zentraler Teil einer gelungenen Bildungspolitik sein müssen, können Familien nur in Ruhe und Lebendigkeit zusammenleben, können Eltern und Kinder nur liebevoll aufeinander zu- und eingehen, wenn die Eltern während der intensivsten Familienzeit ihre Berufstätigkeit reduzieren – vielleicht auf zwei Drittel der üblichen Arbeitszeit – und damit die biografische *rush hour* zwischen dem 25. und dem 50. Lebensjahr entspannen. Für Karriere-Höhepunkte bleibt auch danach noch genug Zeit, was sich angesichts unserer erheblich gestiegenen Lebenserwartung durchaus organisch in unsere neuen Biographien einpasst. Ältere und reifere Berufstätige haben dann auch für Positionen, die mehr Verantwortung erheischen, einen wertvollen Schatz an Lebenserfahrungen gesammelt. Ich will dieses Thema, das ausführlicher Überlegungen bedarf, an dieser Stelle abbrechen, um weitere Bedingungen einer gelungenen Bildung wenigstens kurz zu skizzieren.

Wenn Selbstvertrauen und Selbstachtung an der Wiege gelungener Bildung stehen, dann folgt daraus auch einiges dafür, was einer weiteren Gedeihlichkeit des Bildungsprozesses zugute kommt. Ermutigen, zeigen, wie man etwas besser machen kann, die Erfahrung von selbstbestimmter gelungener Leistung fördern, hilft mehr als an der Tafel beschämen oder die Leviten lesen. Das erfordert eine persönliche Beziehung zwischen Lehrern und Schülern. Dazu braucht man kleine Klassen. Vertrauen und Selbstvertrauen, Achtung und Selbstachtung gehören zusammen. Wer geachtet und als Person anerkannt wird, findet eher zur Selbstachtung und zur Achtung der anderen, zum Selbstvertrauen und zum Vertrauen in andere. Um etwas leisten zu wollen und zu können, sind wir nicht auf das letztlich eitle, jedenfalls egozentrische Ziel angewiesen, besser sein zu müssen als die anderen. Die gemeinsame Sache, das Projekt, zu dem jeder beiträgt, und die Freude an der Zusammenarbeit mit anderen motivieren viel nachhaltiger. Eine solche Motivation ist im Übrigen der Demokratie auch erheblich angemessener als der unaufhörliche Wettbewerb, der eine Kultur des Misstrauens, der Gegnerschaft und der Egozentrik ausbreitet, weil der andere einem nicht als potenzieller Freund und Mitarbeiter, sondern als Bedrohung für die eigene Position begegnet. Wer eine Kultur der Gemeinsamkeit will, muss hier mit der Erneuerung anfangen.

Das Gesicht, das wir der von uns gewünschten Bildung geben, entspricht seit jeher der Vision, die uns von unserem Zusammenleben, von unserer Polis vorschwebt. Platons »Staat« ist ein Werk über Bildung. Deshalb ist vor allen Debatten über Föderalismus und Finanzierung eben die Frage zu klären, wie wichtig die Bildung uns eigentlich ist, die wirkliche, nicht die deformierte des Wettbewerbs. Das verweist auf die grundsätzlichere Frage, wie wir zusammenleben wollen – ob in Vielfalt und Partnerschaftlichkeit oder in ständig misstrauischer Konkurrenz inmitten einer Kultur des Ehrgeizes. Wenn wir weiter von einer Exzellenzinitiative zur nächsten hasten in der illusionären Vorstellung, dass die Auslese der Besten ganz vornan stehen muss, dass ihre Kriterien sich von selbst verstehen und dass zehn Prozent Elite die Gesellschaft als Ganze voranbringen, weshalb alles andere nicht so wichtig ist, dann werden wir Deutschlands Zukunft, die in einer neuen Kultur der Gemeinsamkeit und des Vertrauens liegt, nicht gewinnen. Wenn wir jährlich 80.000 Schüler ohne Schulabschluss abschreiben, obwohl es längst erprobte Unterrichtsformen gibt, die deren Potenzial als Reichtum heben und sie in einen aussichtsreichen Beruf bringen, dann liegt uns nicht an Bildung und auch nicht an den Menschen. Deswegen finde ich es auch mehr als gut und sinnvoll, dass wir nun einen Rechtsanspruch auf das Nachholen des Hauptschulabschlusses durchgesetzt haben.

An die Stelle der geradezu manischen Verabsolutierung von Ehrgeiz und Wettbewerbsdenken sollte Bildung von der frühesten Kindheit an die individuelle Person mit ihren je eigenen Potenzialen so in den Blick nehmen, dass alle ihre Fähigkeiten gestärkt werden. Spitzenleistung würde sich dann an der Ausbildung und Verwirklichung dieser Potenziale messen und nicht an dem Vergleich mit anderen, der ein gleiches, in Wirklichkeit gleichmacherisches Niveau aller Kinder voraussetzt, an dem die Spitze gemessen würde. Die bayrische Lehrerin Sabine Czerny, die darauf bestand, den Lernfortschritt der ihr anvertrauten Schüler an deren je eigenen Fähigkeiten zu messen und mit der Anerkennung des individuellen Lernfortschritts, darin zugleich der Anerkennung der individuellen Person, deren Selbstvertrauen und Motivation zu stärken – sie ist die Lehrerin der Zukunft. Die Zivilcourage, mit der sie in Verantwortung gegenüber ihren Schützlingen ihr Vorgehen verteidigt hat – gegen das alte Denken in standardisierten Zensuren, das alle Menschen gleichmacherisch an derselben Elle misst –, verdient höchstes Lob, wie es überhaupt in diesem Land unzählige Pädagogen und Professoren gibt, die Gutes wollen und auf ihre Art dazu beitragen, dass die echte Bildung weiter Bestand hat.

Die Vielfalt der Talente bis zu deren voller Entfaltung zu entwickeln, für die Individuen wie für die gesamte Gesellschaft, so den eigentlichen

Reichtum der Begabungen zum Tragen zu bringen und damit das elitenbezogene Prinzip einer hierarchischen Gesellschaft zugunsten eines partnerschaftlichen zu überwinden – darauf kommt es an, wenn wir Bildung zum Motor von Gerechtigkeit in einem zukunftszugewandten Deutschland machen wollen. Dann erhält jeder die gleiche Chance, die ihm angemessene Bildung zu erwerben und sich in einer unübersichtlichen Welt zurechtzufinden. Von ihr sind wir in Deutschland zur Zeit meilenweit entfernt. Übrigens haben die Pisa-Studien auch gezeigt, dass Höchstleistungen gerade dort zu finden sind, wo die Leistungsergebnisse der Schüler eng beieinander liegen und man sich auf jeden in seiner Eigenart, nicht nur auf die sogenannten Besten konzentriert hat. Die wohlwollende und sorgfältige Förderung der individuellen Potenziale steigert auch – gleichsam wie von selbst – das Niveau allgemeiner Leistungen wie Lesen, Schreiben, Verstehen und Mathematik.

Im Übrigen würde die Förderung der Vielfalt auch dem Gemeinwohl unseres Landes am besten dienen, weil wir dann erheblich mehr Potenziale verwirklichten als mit der bisherigen Methode, die wertvolle Talente verkümmern lässt und viele junge Menschen entmutigt, Angst schürt und damit die wichtigste Barriere gegen erfolgreiches Lernen errichtet. Wenn wir Bildung wirklich wollen, um der Gerechtigkeit und der Zukunft unseres Landes in der Globalisierung willen, dann müssen wir uns jedem Einzelnen zuwenden und die Förderung und Anerkennung von Vielfalt zu unser aller Gunsten in den Mittelpunkt stellen. Dann müssen wir zum Beispiel die offenkundige Benachteiligung von Migrantenkindern in eine weltoffene Inklusion schon ihrer Herkunftsfamilien und in die Pflege ihrer besonderen Kompetenzen verwandeln, die sich aus ihrer Herkunft ergeben. Und wir müssen darüber nachdenken, ob wir nicht für ein wirklich flächendeckendes Angebot an Ganztagsschulen sorgen müssen. Denn dort entsteht, wie Studien bewiesen haben, eine ganz neue Kultur des Miteinanders und der Partnerschaft zwischen Eltern, Lehrern und Schülern. Das kostet zunächst viel Geld, nachhaltig oder volkswirtschaftlich betrachtet rechnet sich das aber.

Dann müssen wir bei ihnen die Pflege der deutschen *und* ihrer Muttersprache fördern und damit ein Bildungsziel, das in unserer Welt ohnehin ganz oben stehen muss: *die Pflege der Mehrsprachigkeit und der Verständigungsfähigkeit,* von der unsere friedliche Zukunft auf der Erde abhängt. Jeder kleine Türke, jede kleine Polin, jeder kleine Russe, Vietnamese und jede kleine Araberin bietet das Potenzial der Mehrsprachigkeit, wenn wir die Herkunftsfamilien miteinbeziehen. Das sollten wir uns etwas kosten lassen. Eine solche Politik verbindet die Anerkennung der Personen – die eben eine weitere Form der Gerechtigkeit praktiziert, weil sie ihnen gerecht wird – mit den Chancen, dass sie nicht nur ihr Fortkommen in Deutschland finden, sondern für Deutschland sogar in der Wirtschaft einen riesigen Reichtum darstellen für die unverzichtbaren zukünftigen weltweiten Verflechtungen. Dabei schließt Mehrsprachigkeit nicht nur die Kulturen der verschiedenen Herkunftsländer ein, sondern bezieht sich im übertragenen Sinne überhaupt auf die Kenntnis unterschiedlicher Lebens- und Sachbereiche in Deutschland. Deshalb ist sie in Zukunft die entscheidende Voraussetzung für eine Verständigungsfähigkeit, von der eben das friedliche Überleben unserer Erde abhängt.

Wenn uns Bildung wirklich wichtig ist, wenn wir die Förderung der Vielfalt, die Stärkung der Menschen und ihrer Potenziale auch für die Übernahme bürgerschaftlicher Verantwortung, die Mehrung des Reichtums durch Kooperation, Anstand und Mitmenschlichkeit und die Überwindung von Hierarchie zugunsten des Prinzips der Partnerschaftlichkeit wirklich wollen und in den Mittelpunkt unserer Bildungspolitik stellen, dann können wir auch den im Konkurrenzdenken erstarrten Bildungsföderalismus in einen kooperativen Föderalismus verwandeln. Er würde den Vorteil der Vielfalt und der Freiheit dezentraler Lösungen – den eigentlichen Vorzug des Föderalismus – mit dem Impetus einer neuen Kultur der Gemeinsamkeit verbinden. Wenn wir die Kolonialisierung aller unserer Lebenswelten durch Ehrgeiz und Konkurrenz allerdings beibehalten, wird uns das nicht gelingen. Ob wir Gemeinsamkeit in der Vielfalt schaffen, hängt von uns ab. Den Föderalismus selbst können und wollen wir in der deutschen Tradition nicht abschaffen. Aber wir können ihn zum Instrument für eine gute Zukunft machen.

Alle weiteren Konkretisierungen von Bildung in der Praxis – die Durchlässigkeit der Bildungswege, das selbstbestimmte Lernen in möglichst Praxis nahen Projekten, die die Sachgebiete und die jungen Menschen mit ihren unterschiedlichen Fähigkeiten partnerschaftlich zusammenführen und so Gemeinsamkeit schaffen, das immer erneute Eröffnen von Chancen, um den unterschiedlichen Biographien gerecht zu werden – diese und andere Folgerungen ergeben sich leicht, wenn wir einmal aus der gegenwärtigen Enge eines ökonomistischen und ehrgeizfixierten Bildungsverständnisses herausgetreten sind.

Und damit auch aus der Enge der Kurzatmigkeit, die das oberflächliche schnell messbare Effizienzdenken nahelegt, die der Generationengerechtigkeit im Wege steht und die wir zugunsten der Nachhaltigkeit überwinden müssen. Ich wollte darauf am Ende zurückkommen. Auch die zukünftigen Generationen sind unsere Partner, an die unser Gefühl – ein wichtiger Motor unseres Handelns – eher gebunden ist, wenn wir Enkel, wenn wir Familie haben. Nicht zuletzt deshalb haben partnerschaftliche Familien eine so große Bedeutung für unsere Zukunft. Ob es sich um leichtfertig angehäufte Schulden, um den schonenden Umgang mit vergänglichen Ressourcen, um die Bekämpfung der Armut auf unserem Planeten, um die Entwicklung zukunftsträchtiger Technologien oder um den Klimawandel handelt: Mit einer wirklichen Bildung, die die fatale strukturelle Verantwortungslosigkeit des ökonomistisch reduzierten Horizonts überwindet, haben wir die Chance, die Zukunft gemeinsam zu gewinnen. Auch angewandte Forschung muss zu diesem Zweck, wie Professor Schellnhuber, der Klimaberater von Bundeskanzlerin Merkel, unermüdlich unterstreicht, zumindest zum Teil unabhängig von wirtschaftlichen Transferinteressen unterstützt werden, nicht nur die Grundlagenforschung der Max-Planck-Gesellschaft.

Mit der Diagnose, wo die tieferen Ursachen der gegenwärtigen Finanzmarktkrise liegen und wie tief diese Krise eigentlich reicht, sind wir noch lange nicht fertig. Orthodoxe Marxisten und Markttradikale treffen sich heute zuweilen wieder in der Behauptung, solche Krisen gehörten unweigerlich zum Kapitalismus. Wenn das so wäre, hätten wir keine Chance, weil ein radikal anderes Wirtschaftssystem nicht in Sicht ist. Dann wären wir unweigerlich ein Anhängsel des anonymen Marktgeschehens. Ich behaupte dagegen, wir können uns davon befreien. Wir können eine gute Zukunft gestalten, wenn wir uns mutig und entschieden auf den Sinn von Bildung, von guter Politik, auf ein gutes Leben – wie die Alten sagten – besinnen. Die Krise hat bereits heute solche Neubesinnung ausgelöst.

Die Politik muss schnell reagieren, konkrete Regelungen für den Finanzmarkt müssen Transparenz und öffentliche Kontrolle verbessern, wir müssen versuchen, der Rezession entgegenzusteuern. Aber eine Wende wird erst eintreten, wenn wir alle langfristig in der Bildung neue Prioritäten setzen. Es hilft nicht aus der Krise, wenn wir die Banker kollektiv verurteilen. Leviten lesen gehört zur schwarzen Pädagogik, die allenfalls Ressentiments bedient, aber nicht wirklich Abhilfe schafft. Wir haben gerade in der Hochschulbildung, in der Sozialisation unserer so genannten Eliten, Borniertheit, das Mitlaufen mit dem, was gerade angesagt ist, strukturell begünstigt. Nonkonformismus kostet angeblich zu viel Zeit. Das Stromlinienförmige fährt in Sachen Karriere besser. Dieses soziale Mitläufertum müssen wir durch eine Erneuerung der Bildung ablegen. *Wer weiterhin den globalen Wettbewerb als Sachzwang gegen das Nachdenken über Gerechtigkeit ins Feld führt, bereitet der nächsten Krise den Weg.*

»Gerechtigkeit und Bildung: für eine Politik der Chancen« dieses Programm verlangt konkret, eine radikale Offensive zur Förderung der benachteiligten Jüngsten und ihrer Herkunftsfamilien zu starten – seien es Hartz-IV-Empfänger, gering verdienende alleinziehende Eltern oder sozial schwache Migrantenfamilien –, damit sie über die Erfahrung von Gerechtigkeit wieder Vertrauen in unser Land fassen. Es verlangt, mit einer nachhaltigen Bildung den Sinn für Generationengerechtigkeit z. B. im Klimaschutz zu stärken und diese schon heute durch Taten zu bekräftigen. Es verlangt, das alles überwuchernde Konkurrenzdenken mit neuer Phantasie in eine Politik der Chancen zu verwandeln, in der alle gewinnen können. Dies wäre der neue Gesellschaftvertrag, den wir brauchen.

Wenn wir möchten, können wir damit gleich ernst machen. Statt 40 Milliarden Euro in Konsumschecks zu verteilen, könnten wir dieses Geld für eine in der Welt einzigartige Bildungsoffensive einsetzen. Das wäre ein Zeichen, dass wir Bildung wirklich wollen. Wir dürften dabei nicht kleinlich sein und die Verwendung des Geldes an die Bezahlung lokaler Handwerker-Rechnungen binden. Wir müssten das Geld nutzen, um die Bildung zu befreien. Und das kann nur heißen: die Schulen und Universitäten entscheiden selbst, was sie am dringendsten brauchen und handeln entsprechend. Sie müssen vor allem auch in neues Personal investieren können, was auf der Linie unserer unaufhörlichen öffentlichen Bekenntnisse zur Bildung liegen und nur zukünftige Budgetausgaben vorwegnehmen würde. Nirgendwo ist das Wissen um die Nöte der Bildung so groß wie dort, wo sie tagtäglich mühsam und oft aufopferungsvoll praktiziert wird.

Allerorten heißt es jetzt: Was uns fehlt ist Vertrauen. Ohne Gerechtigkeit und wirkliche Bildung wird es kein Vertrauen geben. Ohne Gerechtigkeit und Bildung gibt es auch keine Gemeinsamkeit. Und ohne neue Gemeinsamkeit auch keine gute Zukunft. *Vertrauen stiften, Gemeinsamkeit schaffen, Zukunft gewinnen – darauf kommt es jetzt an.*

3 Wir brauchen das soziale Europa*

In Krisen brechen Probleme auf, die schon lange bestanden, die wir aber nicht angehen wollten oder konnten. Sie spitzen sich zu und zwingen uns in die Entscheidung. Die Finanzmarktkrise ist so eine Krise. Sie stellt uns Deutsche vor Richtungsentscheidungen, über die wir uns klar werden müssen. Dazu sollten wir über sie öffentlich debattieren. Die zentrale Frage, über die wir Deutsche für die Zukunft Klarheit finden müssen, lautet zugespitzt: Freiheit oder Unterwerfung? Wollen wir unser Leben selbst bestimmen oder wollen wir uns von einem anonymen Marktgeschehen bestimmen lassen? Wollen wir unsere Welt nachhaltig gestalten oder dem Raubbau an der Umwelt und der Zerstörung des Klimas freien Lauf geben? Wollen wir die wachsenden Gegensätze zwischen arm und reich solidarisch überwinden oder wollen wir nur unsere eigene Haut retten? Wollen wir gemeinsam für eine gelingende Zukunft kämpfen oder wollen wir jeder für sich im Überlebenskampf ringen und der Gefahr des Scheiterns ausgesetzt sein?

Diese Entscheidungsnotwendigkeit gilt auch für Europa. Das Bundesverfassungsgericht hat jetzt gerade, im Februar 2009, eine öffentliche Anhörung über die Klagen gegen den Lissabon-Vertrag abgehalten. Dabei sind aus ganz unterschiedlicher politischer Warte erhebliche Einwände gegen ihn erhoben worden, und die Richter haben in ihren Fragen durchaus Zweifel über dessen Vereinbarkeit mit dem deutschen Grundgesetz erkennen lassen. Ob die Europäische Union die Entscheidungsfreiheit der Deutschen und der Europäer in der Globalisierung erhöht oder unterminiert, ist umstritten. Um eine Antwort zu finden, sollten wir fragen: Woher droht Unterwerfung? Von Europa oder von einem politisch ungezügelten globalen Markt? Wären die Nationalstaaten in ungeminderter Souveränität politisch freier und stärker oder dem Markt mehr unterworfen? Steht Europa für politische Gestaltung oder für Entfesselung der ökonomischen Globalisierung?

Die europäische Einigung – ein Jahrhundertwerk und Vorbild für viele in aller Welt – hat ihre Anziehungskraft verloren. Weite Teile der europäischen Bevölkerung stehen ihr fern, sehen in ihr Nachteile für ihr persönliches Leben. Das Friedenspathos nach den Katastrophenerfahrungen des

---

* Rede im Krönungssaal des Aachener Rathauses, 15. Februar 2009

Zweiten Weltkriegs lässt sie kalt. Die Vorteile der Freizügigkeit sind Normalität ohne Glanz, Europa steht eher für bürokratische Unübersichtlichkeit, für den kalten Wind der Globalisierung und für den Souveränitätsverlust der Nationalstaaten. In ihnen fühlt man sich doch mehr zu Hause, weil sie für die täglichen Dinge und für ein Gefühl der Zugehörigkeit sorgen: Gesundheit, Bildung, Arbeitsplätze, Sozialversicherungen, Nationalgefühl. Oder jedenfalls sorgen sollen. Dass sie es nicht mehr zu schaffen scheinen, ist ein Ärgernis mehr, das man Europa und der Globalisierung dahinter ankreidet.

Die gegenwärtige Wirtschaftskrise, deren Ausgang noch niemand kennt, ruft das Gespenst des Protektionismus wieder auf den Plan. Er hat nach der Weltwirtschaftskrise im vorigen Jahrhundert den Freihandel abgebrochen und die Nationalstaaten wieder gegeneinander gehetzt. Mit den bekannten katastrophalen Folgen. Der europäische Zusammenschluss nach dem Zweiten Weltkrieg, zunächst von Kohle und Stahl, um die nationale Munitionierung von Kriegsmaschinen gegeneinander zu unterbinden, danach zur Eröffnung eines gemeinsamen freien Marktes, schließlich für die Erweiterung von Alltagsfreizügigkeit und gemeinsamer Politik, könnte durch eine erneute Versuchung zum Protektionismus wieder auf dem Spiel stehen. Wir sehen dies an einer neuen Diskussion über den Euro. Denn die gemeinsame Währung, bereits von Helmut Schmidt in weiser Voraussicht als politisches Projekt vorangetrieben, um in Europa Stabilität gegen Währungsspekulationen und für berechenbares Wirtschaftshandeln und Wohlstand zu schaffen, wird leise angekratzt. Ist sie eine Fessel für hoch verschuldete europäische Staaten, weil sie nicht mehr einfach ihre eigene Währung abwerten und damit ihre Exportchancen verbessern können? Ihre geringere Bonität macht diesen Ländern handfest zu schaffen durch die erheblichen Zinsen, die sie jetzt für ihre Kredite auf den Tisch legen müssen. Vielleicht könnten sie ihre hohen Staatsschulden durch Inflation verringern, wenn sie noch selbstständig wären. So könnte man denken und versuchen, das Netz, das uns in Europa zusammenhält, wieder aufzutrennen.

Keine Frage, es gibt gegenwärtig noch mehr ökonomische Gründe gegen solche Versuchung. Ohne den Schutz der gemeinsamen europäischen Währung wären wir – jeder für sich – den Finanzmarktturbulenzen viel heftiger ausgesetzt. Ungarn und Lettland, ja selbst Großbritannien haben die Verwundbarkeit ihrer nationalen Währungen zu spüren bekommen. Aber das sind kühle, auch komplizierte ökonomische Erwägungen, die den Menschen nicht zu Herzen gehen, auch wenn sie die Folgen hart zu spüren bekämen, wenn die Regierungen sie missachteten.

Europa bedeutet also bereits jetzt eine große Hilfe in der Krise. Aber das reicht nicht. Denn um ihr wirklich nachhaltig zu begegnen, müssen die Staaten in der Europäischen Union sehr viel näher zusammenrücken, sich auf eine gemeinsame Wirtschafts-, Umwelt-, Energie und auch Außenpolitik einigen. Dafür wird es nur genügend Schubkraft geben, wenn die Bürger in diesen Staaten sich wieder mehr für Europa interessieren, wenn sie ein Gefühl der europäischen Zugehörigkeit empfinden. Das braucht Europa, sonst wird jede gemeinsame europäische Entscheidung von den Menschen nur unter der Frage betrachtet: Welchen Vorteil bringt sie uns Deutschen, Franzosen, Polen, Italienern etc.? So kann gemeinsames Handeln, das von allen Seiten immer auch kurzfristige Verzichte zugunsten langfristiger Interessen verlangt, nicht gelingen.

Die gegenwärtige Finanzmarktkrise bietet die Chance für einen neuen europäischen Anlauf, weil sie gemeinsame europäische Antworten erfordert und zugleich ein historisches und politisches Defizit der Europäischen Union offenbart, das wir für unsere erforderliche Antwort überwinden müssen. Wir stehen am Scheideweg: Entweder wir schaffen das soziale Europa oder das Europa des gemeinsamen Marktes verliert seinen Zusammenhalt. Auch hier gilt: Freiheit oder Unterwerfung. Entweder es gelingt den Europäern, ihre Lebensverhältnisse gemeinsam politisch zu gestalten, oder Europa unterwirft sich anonymen Marktmechanismen und verliert die Menschen, die sich in Europa nicht zu Hause fühlen können.

Denn zu Hause fühlt man sich dort, wo man Freiheit und Sicherheit erfährt. Das ist seit Jahrhunderten die Rechtfertigung für politische Zusammenschlüsse, das bietet demokratischen Staaten ihre Legitimation. Deutschland ist im 19. Jahrhundert erst aus einem Flickenteppich zu einer Nation zusammengewachsen, als es sich zu einem Sozialstaat entwickelte und die Menschen den Staat auch als Garantie von Sicherheit empfanden. In Demokratien sind Freiheit und Sicherheit zwei Seiten einer Medaille, nur zusammen schaffen sie ein Gefühl der Zugehörigkeit.

Erst wenn die Europäische Union von den Bürgern in ihrem Alltag nicht nur als freiheitliche Marktwirtschaft mit dem scharfen Wind der Globalisierung, sondern auch als Garant von sozialer Sicherheit erlebt wird, werden diese ein europäisches Zugehörigkeitsgefühl entwickeln. Erst dann werden auch die nationalen Regierungen die Unterstützung für die dringend notwendige Gemeinsamkeit von politischen Wirtschafts-, Finanz- oder Umweltentscheidungen finden. Europa braucht Wärme. Dann kann es die Herausforderungen meistern und vor allem die Chancen nutzen, die diese kostbare konkrete Utopie, deren Wert wir oft sträflich unterschätzen, uns bietet.

Die gegenwärtige Krise zeigt uns zugleich ein Problem, das lange Jahre unter der Decke blieb: Die herkömmliche Verteilung der Aufgaben in der Europäischen Union enthält Risiken, auf die wir eine Antwort finden müssen. Prinzipiell ist nämlich die Union seit ihrer Gründung, verstärkt seit dem Vertrag von Maastricht, für die Wirtschaftsintegration zuständig, während die soziale Sicherheit und überhaupt das »Soziale«, das die Menschen unmittelbar in ihrem Alltag betrifft, in die Verantwortung der Einzelstaaten fällt: Arbeitsbedingungen, Bildung, Gesundheit etc. So will es auch das für Europa wichtige Subsidiaritätsprinzip. Es ist ein hohes Gut, weil es die Freiheit und die Verantwortung der Person in den Mittelpunkt stellt gegen mögliche Entmündigung durch größere oder übergeordnete Einheiten. Für viele Jahre ist es auch gelungen, es in Europa erfolgreich zu praktizieren und eine Balance zwischen den Erfordernissen einer europäischen Liberalisierung der Märkte einerseits und der sozialen Sicherheit der Bürger andererseits zu wahren.

Aber der neue Schub der ökonomischen Globalisierung ging in der Union ebenso wie in den Einzelstaaten mit einer wirtschaftspolitischen Option einher, die die Wirtschaftsentwicklung praktisch nur von der Angebotsseite, von der Senkung der Produktionskosten her dachte und beleben wollte. Es ging darum, die Kapitalseite möglichst von allen Hemmnissen zu befreien, die die Kapitalrentabilität beeinträchtigen könnten. »Deregulierung« wurde zur leitenden Devise. Dass Regeln nicht nur überflüssiges bürokratisches Gestrüpp sein müssen, sondern auch gewollte Entscheidungen für gute Arbeitsbedingungen, Umweltschutz oder notwendige soziale Sicherungen bedeuten können, wurde nicht hinreichend bedacht oder anerkannt. In der Tendenz zielte »Deregulierung« so de facto auf die Ausschaltung von Staat und Politik. Im theoretischen Modell der so genannten Angebotsökonomie sollten damit Strukturentwicklung und Innovation befördert werden und so langfristig auch neue Arbeitsplätze entstehen. In der Wirklichkeit schnurrte das aber zusammen. Real wurde das Hauptaugenmerk nicht so sehr auf die fantasievolle unternehmerische Innovation gelegt, sondern auf die Einsparung von Lohn- und Sozialkosten.

Zugleich wurde damit ein Standortwettbewerb zwischen den europäischen Staaten losgetreten, der für die Europäische Union einen doppelten

Sprengstoff enthielt: Die Staaten und damit die nationalen wirtschaftspolitischen Interessen richteten sich gegeneinander und innerhalb der Staaten öffnete sich die Schere – wie neueste Daten zeigen sogar in den letzten Jahren verstärkt – zwischen arm und reich. Der eine Sprengstoff führte zu neuen nationalen Interessengegensätzen, nicht nur zwischen den national legitimierten Regierungen: Nach jeder EU-Konferenz wurden Politiker zu Haus danach befragt, wieviel sie für ihr Land herausgeholt hätten. Auch Gewerkschaften und Arbeitnehmer gerieten gegeneinander, wenn sie sich auf den nationalen Standortwettbewerb einließen und damit nolens volens die Positionen ihrer französischen oder polnischen Kollegen schwächten.

Da zum Standortwettbewerb jedenfalls in Deutschland auch die Spreizung der Löhne gehörte und die Managergehälter gleichzeitig rasant und deutlich überproportional stiegen, da vor allem das Versprechen, auf diese Weise die Arbeitslosigkeit deutlich fühlbar abzubauen, nicht langfristig wirksam gelang, wurden Arbeitslosigkeit und Alter erneut zu Armutsrisiken. Die sozialen Gegensätze öffneten sich auch innerhalb der Staaten, insgesamt in Europa. Die Frage nach der sozialen Gerechtigkeit bekam eine erneute Dringlichkeit – bis heute.

Diese Entwicklung war nicht nur der institutionellen Zuordnung des Sozialen an die Nationalstaaten geschuldet, sondern auch der spezifischen politischen Entscheidung für die Angebotsökonomie, die in Europa praktisch eine Monopolstellung erhielt und in Deutschland auch zu deutlichen Fehlentscheidungen geführt hat. Zum einen hat sie die erfolgreiche deutsche Tradition des Qualitätswettbewerbs zugunsten eines Preiswettbewerbs verdrängt, der gegen Südostasien nicht zu gewinnen war. Zum anderen hat sie die wichtigen Kooperationsnetze zwischen Gewerkschaften und Arbeitgeberverbänden beschädigt, deren Vertrauenskapital zur gedeihlichen Entwicklung der Wirtschaft erfahrungsgemäß einen entscheidenden Beitrag leistet.

Insgesamt hat die Vorherrschaft des Konkurrenzprinzips die innereuropäische wie die innerstaatliche Solidarität so beschädigt, dass die Menschen an Europa ihr Interesse verloren, ja, Europa für ihre Misere bis heute verantwortlich machen. Deshalb müssen wir jetzt dringend gegensteuern. Es kommt darauf an, die positive Wirkung der europäischen und globalen Öffnung der Handelsmärkte zu wahren und von ihrem zerstörerischen Potenzial dadurch zu befreien, dass Europa darin zugleich als ein soziales Haus empfunden wird, das Sicherheit bietet. Das geht nicht gegen die Welt oder in Abschottung von ihr, sondern nur mit ihr. Aber wie?

Für eine Antwort ist es wichtig, das »Soziale« etwas genauer zu bestimmen. »Sozial« heißt dem Wortsinne nach »gesellschaftlich« oder auch »gesellig«. Man verbindet damit die Vorstellung, dass die Menschen einander nicht prinzipiell feindselig, sondern freundlich, zumindest umgänglich begegnen, dass die Gesellschaft nicht vom Gegensatz von arm und reich bestimmt und von Konflikten zerrissen wird, dass das Gemeinsame im Blick bleibt, dass der Zusammenhalt durch Gerechtigkeit, d. h. durch Gleichheit der Lebens- und Freiheitschancen, gewahrt wird, dass man partnerschaftlich miteinander umgeht, dass eine prinzipielle Solidarität die Menschen trägt. Jedenfalls schlage ich das zur knappen Bestimmung dessen vor, was ich unter »sozial« verstehe.

In Bezug auf die Politik und also auch auf die Europäische Union kann man vermutlich zwischen einem engeren und einem breiteren Verständnis des Sozialen unterscheiden. Das engere legt den Gedanken an Transferzahlungen, an Kranken- und Arbeitslosenversicherung nahe. Das weitere nimmt insgesamt die Lebensbedingungen in den Blick: Arbeit, Bildung, Familiensituation, Gleichstellung von Mann und Frau.

Die Willensbildung und Gesetzgebung in der Europäischen Union ist kompliziert, das Geflecht unterschiedlicher Institutionen und Entscheidungsträger unübersichtlich. Es kann hier nicht darum gehen, alle Kompetenzen oder Regelungen aufzuzählen, mit denen die Europäische Union trotz der Hoheit der Nationalstaaten auf die sozialen Verhältnisse in den Ländern einwirkt. Da gibt es mehr Erfolge als viele vermuten. Es gibt den Europäischen Sozialfonds, der Arbeitsplätze fördert und den Menschen bei der Weiterbildung und Umschulung hilft. Für Kohäsions- und Sozialpolitik hat die Europäische Union von 2007 bis 2013 350 Milliarden Euro vorgesehen. Bei der Hilfe für verschuldete Länder, die ja auch der sozialen Situation zugute kommen, hat die EU gerade ihren Bürgschaftsfonds auf 25 Milliarden Euro verdoppelt. Es gibt verbindliche europäische Regelungen für die Arbeitsbedingungen, weniger verbindliche für die Gleichstellung. Die Rechtsetzungstätigkeit der EU-Sozialpolitik hat sich im letzten Jahrzehnt nach neuesten Untersuchungen entgegen häufigen Annahmen deutlich verstärkt. Kenner der europäischen Sozialpolitik wehren sich dagegen, die Union als unsozial abzustempeln und sind unglücklich über die allgemeine Unwissenheit auf diesem Feld.

Aber wenn man nicht zur Publikumsbeschimpfung übergehen will, muss man sich fragen, warum fühlen sich die Bürger in Europa dennoch nicht zu Hause? Ich möchte zur Erklärung den Blick auf eine Alltagserfahrung lenken, die das Bild der Menschen prägt und in der Tat eine unsoziale Flanke der Europäischen Union aufdeckt: die Erfahrung der Arbeitslosigkeit und des Gefühls, den unbeeinflussbaren Unternehmensentscheidungen und Marktmechanismen ausgeliefert zu sein, die sich ihrerseits mehr und mehr auf die Erhöhung der Kapitalrendite konzentrieren und dabei die Situation der Menschen außen vor zu lassen scheinen, vielleicht auch lassen.

Man kann dieses Gefühl an Entscheidungen des Europäischen Gerichtshofs festmachen, der seine Aufgabe in der Bekräftigung der europäischen Integration, insbesondere auch der Wirtschaftsintegration, sieht. Zu diesem Zweck lag es zumindest für eine Mehrheit der Richter in den letzten Jahren nahe, einzelstaatliche Regelungen zum Arbeitsrecht, zur Mitbestimmung oder zur sozialen Absicherung dort, wo sie eine überdurchschnittliche Stärkung der Arbeitnehmer- oder Gewerkschaftsposition vorsah, als Wettbewerbs- und also Integrationshemmnis zu verurteilen. Das lag zum Teil auch im Interesse der neuen Mitgliedstaaten, denen es verständlicherweise zunächst auf die Anziehung von Investitionskapital ankam und die daher eine möglichst marktliberale Interpretation befürworteten. Der Streit wurde bei der so genannten Dienstleistungsrichtlinie offenkundig. Hier wehrten sich die alten Länder gegen »Dumpingwettbewerb« und die neuen warfen den alten »Protektionismus« vor. Damit zeigte sich ein typisches Ergebnis des Standortwettbewerbs der Staaten, in dem beide Seiten verständliche Argumente vorbrachten. Ich komme auf diesen Interessengegensatz zwischen europäischen Staaten und auf mögliche Kompromisse zurück. Zuvor scheint es mir wichtig, die Rolle des Europäischen Gerichtshofes und der konkreten Politik der Europäischen Kommission beispielhaft zu zeigen, die in den letzten Jahren meiner Einschätzung nach zur Europamüdigkeit in der breiten Bevölkerung beigetragen haben. Diesen Aspekt habe ich jüngst vor Betriebs- und Personalräten folgendermaßen zusammengefasst:

Im März 2005 hat die Europäische Kommission die Bundesrepublik Deutschland vor dem Europäischen Gerichtshof verklagt, weil das Volkswagen-Gesetz gegen die Europäischen Verträge verstoße. Es gehe hierbei um eine Verletzung des grundlegenden Rechts auf freien Kapitalverkehr: Durch die Sonderregelungen des Gesetzes werde das Unternehmen Volkswagen für Investoren weniger attraktiv, weil diese nicht den sonst üblichen Einfluss auf die Unternehmenspolitik ausüben könnten. Zudem habe der Staat einen dominierenden Einfluss auf das Unternehmen. Dies war insofern ein bemerkenswerter Akt, weil die Kommission den Begriff der Kapitalverkehrsfreiheit mehr als extensiv auslegte: in ihren Augen ist jede nationale Besonderheit dazu geeignet, den freien Fluss des Kapitals durch die Mitgliedsstaaten zu behindern.

Der Europäische Gerichtshof (EuGH) hat dann am 23. Oktober 2007 Teile des Volkswagen-Gesetzes für nichtig erklärt und auch den von der Bundesregierung in ihrer Klageerwiderung vorgebrachten Wert des Arbeitnehmerschutzes für nicht relevant befunden. Dem Urteil des EuGH fielen mehrere Schutzrechte der Volkswagen-Belegschaft zum Opfer, der Einfluss des Landes Niedersachsen bei VW wurde zurückgedrängt. In Deutschland stieß dieses Urteil auf Unverständnis, denn VW war mit dem VW-Gesetz zum drittgrößten Automobilproduzenten der Welt aufgestiegen und für Investoren alles andere als unattraktiv geworden.

Mit diesem und mit anderen Urteilen greift der EuGH nicht nur in jahrzehntelange Koordinaten der deutschen Wirtschaftsordnung ein, sondern diskriminiert auch jedes öffentliche Eigentum an Produktionsmitteln. Das im Grundgesetz vorgesehene Sozialstaatsprinzip wird aus meiner Sicht durch die Überbetonung der Kapitalverkehrsfreiheit klar in Frage gestellt, auch die in der Verfassung vorgesehene Pluralität von Wirtschaftsformen wird so Schritt für Schritt auf die deregulierte, marktradikale Wirtschaftsordnung als einzig denkbare Wirtschaftskonzeption reduziert.

Zur Überraschung von vielen hat der EuGH in Sachen Volkswagen allerdings ein differenzierteres Urteil gefällt als es die Kommission gefordert hatte. Denn die Richter kritisierten nicht die einzelnen Schutz- und Sperrbestimmungen des Gesetzes, sondern nur deren Zusammenspiel. Entsenderechte, Stimmrechtsbeschränkung, Zwei-Drittel-Erfordernis im Aufsichtsrat und 80-Prozent-Quorum gemeinsam würden Volkswagen für Investoren unattraktiv machen und dadurch den freien Kapitalverkehr behindern. Hierin unterscheidet sich das Urteil erheblich von der Argumentation der Klageschrift der Kommission, die auch alle Einzelbestimmungen als europarechtswidrig bezeichnet hatte.

Insofern entstand hier ein Spielraum für politisches Handeln, denn es oblag ja nun der Bundesregierung, das Volkswagen-Gesetz europarechtskonform umzugestalten. Bundesjustizministerin Brigitte Zypries hat sich hartnäckig für eine Neufassung des VW-Gesetzes eingesetzt hat, die dem Urteil des EuGH Rechnung trägt, die positiven Schutzbestimmungen des VW-Gesetzes aber weitgehend erhält. Die Bundesregierung tat dies in dem Wissen, dass es sich hierbei nicht um eine Einzelfrage handelt, sondern um eine prinzipielle Weichenstellung für das europäische Sozialmodell.

Die EU-Kommission allerdings reagierte prompt mit der Ankündigung einer erneuten Klage.

Ich will in diesem Zusammenhang einen bemerkenswerten Vorgang erwähnen. Fritz Scharpf, der langjährige Direktor des Max-Planck-Instituts für Gesellschaftsforschung und einer der renommiertesten Sozialwissenschaftler Deutschlands, hat im Juli dieses Jahres der Zeitschrift »Mitbestimmung« ein Interview gegeben, in dem der erstaunliche Satz fiel: »Der einzige Weg ist, dem EuGH nicht zu folgen.«

Scharpf zufolge hat sich Europa, das als Wirtschaftsunion gegründet wurde und die Verantwortung für das Soziale explizit an die Mitgliedsstaaten verwies, nach und nach die Hoheit über die Ausgestaltung der nationalen Sozialmodelle erschlichen. Dies geschah eben nicht politisch, sondern durch das Richterrecht des EuGH und die Vertragsverletzungsverfahren der Kommission – beides Instrumente, die nicht der demokratischen Teilhabe und der öffentlichen Kritisierbarkeit zugänglich sind, obwohl sie vielfach nationale Souveränitätsrechte beschneiden – so zuletzt bei den Urteilen zu Laval, Viking und dem niedersächsischen Tariftreue-Gesetz.

Damit wurden das nationalstaatlich Soziale praktisch ausgehöhlt, was, so meine ich, ein typisches Beispiel für Fehlentwicklungen der letzten Jahre darstellt, die zur Distanzierung der Menschen von der Europäischen Union beigetragen haben. Doch man kann darauf Einfluss nehmen, wie das Beispiel Volkswagen zeigt. Denn die Beschäftigten von Volkswagen standen die ganze Zeit hinter der Justizministerin. Mehr als 40.000 Volkswagen-Mitarbeiter haben im September 2008 in Wolfsburg für den Erhalt des VW-Gesetzes demonstriert, 80.000 Unterschriften hat der Betriebsrat des Konzerns für das Gesetz gesammelt. Bundeskanzlerin Merkel machte sich das Vorhaben zu Eigen und reiste nach Wolfsburg. Berthold Huber forderte ein »VW-Gesetz für alle« als effizienten Schutz vor Verlagerungen. Und Ende 2008 Jahres hat der Deutsche Bundestag das neue Gesetz beschlossen.

An diesem konkreten Beispiel können wir erkennen, wie weit weg gelegene, scheinbar abstrakte Handlungen der Europäischen Kommission oder des Europäischen Gerichtshofs tief in die soziale Situation der Nationalstaaten und damit in den Alltag der Menschen eingreifen. Wichtig aber ist: Es handelt sich hier nicht um zwangsläufige Entwicklungen, sondern um politische und durchaus auch interessengelenkte Entscheidungen – z. B. der Europäischen Kommission zugunsten einer Marktradikalität –, auf die umgekehrt im Interesse eines neuen europäischen Anlaufs auch politisch geantwortet werden kann und sollte. Deshalb waren und sind die Europa-Wahlen viel wichtiger als dies gemeinhin erkannt und von den oft national orientierten politischen Parteien propagiert wird. Denn sie haben Einfluss auf das Europäische Parlament und auf die Zusammensetzung der Kommission.

Das zu unterstreichen ist umso wichtiger, als der Europäische Gerichtshof auch aus anderer Warte unter scharfer Kritik steht. So hat der frühere Bundespräsident Herzog vor einigen Monaten öffentlich gefordert: »Stoppt den Europäischen Gerichtshof« (FAZ vom 8.9.2008) Ihm ging es wie neuerdings auch anderen Juristen darum, insgesamt die europäische Integration zurückzuschrauben oder zumindest zu stoppen, um die Souveränität der Nationalstaaten wieder zu stärken. Damit verweist er auf die nach wie vor offene Frage nach der Finalität der Europäischen Union. Jürgen Habermas hat jüngst vernehmlich darauf hingewiesen, dass diese Frage in Europa immer noch nicht beantwortet ist, dass wir aber für eine zukünftige europäische Politik darüber Klarheit schaffen und uns entscheiden müssen.

Die aktuelle Finanzkrise zeigt die Dringlichkeit dieser Entscheidung. Die ihr allenthalben auf der Welt folgenden protektionistischen Versuchungen, die die Welthandelsorganisation in Erinnerung an deren verheerende Konsequenzen im vorigen Jahrhundert mahnend kritisiert, offenbaren zugleich die Gefahr, die aus einer Renationalisierung in Europa und für Europa entsteht. Es ist deshalb sehr wichtig, die Rechtsprechung des Europäischen Gerichtshofes, die die Europäische Integration ihrem Auftrag gemäß und auch vernünftigerweise bekräftigt, von ihrer unnötigen marktradikalen Ausrichtung zu befreien, um die Menschen wieder für Europa zu gewinnen. Denn eine Renationalisierung würde die Staaten gegenüber dem globalen Markt hilfloser machen und de facto eine Unterwerfung unter dessen anonymen Mechanismus beschleunigen. Freiheit, Selbstbestimmung darüber, wie wir leben wollen, würden wir dadurch gerade nicht gewinnen. Renationalisierung in Europa heißt de facto mehr Unterwerfung.

Ich komme nun auf die Frage zurück, wie die Interessengegensätze zwischen den Nationalstaaten, die auch in den Gerichtsurteilen zum Ausdruck kommen, insbesondere zwischen den älteren und den neuen Mitgliedern der Europäischen Union so vermittelt werden können, dass wir das soziale Europa stärken. Während der damalige Kommissionspräsident Jacques Delors noch bis in die frühen neunziger Jahre auf eine innereuropäische Harmonisierung der Regeln für den Wettbewerb setzte, sind seit der vorherrschenden Losung des »Standortwettbewerbs« zwischen den Staaten diese innereuropäischen Regeln des Wettbewerbs, sprich: die nationalen Steuern, Löhne und Abgaben, ihrerseits dem Wettbewerb ausgesetzt. Das hat eine Abwärtsspirale des Sozialen in Gang gesetzt. Sie ist es, die den Menschen in Europa Angst vor der Globalisierung einjagt, und deshalb müssen wir sie – nicht nur für Europa, sondern weltweit – umkehren. Nicht zuletzt weil sie zu den wachsenden Diskrepanzen zwischen arm und reich entscheidend beiträgt, die das Kapital freisetzt, das keine produktiven Anlagen mehr findet und deshalb zur Spekulation auf den Finanzmärkten verführt.

Zur Umkehrung der Abwärtsspirale gibt es Vorschläge, den unterschiedlichen nationalen Interessen, die aus ihren verschiedenen wirtschaftlichen Entwicklungsstadien herrühren und jeweils durchaus verständlich und legitim sind, durch ein »Korridor«-Modell gerecht zu werden, nach dem soziale Abgaben innereuropäisch koordiniert werden. Dabei würde sich Europa nicht nach außen abschließen, sondern für weitere »globale« Korridor-Lösungen bzw. Regelungen etwa entsprechend der International Labour Organisation offen sein.

Am detailliertesten ist dieser Vorschlag von dem Osnabrücker Politikwissenschaftler Klaus Busch ausgearbeitet worden. Er hat genau berechnet, welche EU-Staaten wieviel Prozent ihres Bruttoinlandsprodukts für Sozialausgaben aufwenden müssen, um bei aller Unterschiedlichkeit der wirtschaftlichen Entwicklung annähernd einheitliche Sozialstandards in Europa zu verwirklichen und so ein Sozial-Dumping der Mitgliedsstaaten untereinander zu unterbinden.

Der durch das »Korridor«-Modell angestrebte europäische soziale Stabilitätspakt würde den Umfang des Sozial- bzw. Wohlfahrtsstaats an das ökonomische Entwicklungsniveau der jeweiligen Staaten koppeln, um das legitime Interesse an nachholenden Entwicklungen nicht zu unterminieren. Polen, die Tschechische Republik, Ungarn, die Baltischen Staaten – sie haben gegenwärtig noch andere Prioritäten als die westeuropäischen Staaten. Aber mit ihrer ökonomischen Entwicklung gleichen sich die Interessen an und langfristig werden auch sie sich fragen, ob sie für ihre innere Stabilität und für die Zustimmung ihrer Bevölkerung zu Europa nicht ebenso soziale Stabilität brauchen wie ihre europäischen Nachbarn. Auf der Grundlage der unterschiedlichen Pro-Kopf-Einkommen könnte man sich in Europa auf Staatengruppen einigen, für die jeweils ein Korridor an Sozialleistungen festgelegt würde. Für jede Gruppe wäre also ein Korridor, eine Brandbreite von Sozialleistungsquoten, festzulegen. Die Gruppe der reicheren Staaten hätte eine höhere Quote als die der ärmeren.

Damit würde die Möglichkeit unterbunden, die europäischen Staaten mit ihren Verpflichtungen für das Soziale gegeneinander auszuspielen. Die schwächer entwickelten Volkswirtschaften würden nicht überfordert, ihre Chance, Kapital anzuziehen nicht unterminiert. Da nur die aggregierten Größen (Sozialleistungsquoten) geregelt würden, bliebe im Sinne des Subsidiaritätsprinzips die Autonomie der Nationalstaaten hinsichtlich der Verteilung auf Renten, Krankheit, Arbeitslosigkeit erhalten. Denkbar wäre auch, zusätzlich europäische untere Standards für eine Arbeitslosenversicherung einzuführen.

Es ist wahr: Der Wettbewerb zwischen den Staaten, von dem die Kapitalseite profitiert hatte, würde eingeschränkt. Aber wir hatten ja gesagt, dass wir uns entscheiden müssen zwischen Freiheit und Unterwerfung. Wenn wir in der Ernüchterung der Finanzmarktkrise von Regeln sprechen, die dem Markt politisch gesetzt werden müssen, damit die Wirtschaft dem Menschen dient und die Bürger nicht zum Anhängsel eines anonymen Marktmechanismus werden, sondern ihr Leben selbst bestimmen können, dann sollten wir derartige Vorschläge sehr ernst nehmen und in Europa untereinander aushandeln. Einfach eine »reine Lehre« der Ökonomie dagegenzusetzen oder zu behaupten, soziale Marktwirtschaft solle lediglich den Wettbewerb unter den Unternehmen sichern und könne auf sozialen Ausgleich verzichten, heißt, die Europäische Union zugunsten verabsolutierter Theorien oder auch kurzfristiger bzw. partikularistischer Interessen aufs Spiel setzen.

Die Bürger erwarten von dem politischen Gemeinwesen, zu dem sie sich zugehörig fühlen möchten, Freiheit und Sicherheit. In der Demokratie sind sie zwei Seiten einer Medaille, dürfen sie nicht voneinander getrennt oder gegeneinander ausgespielt werden. Der große französische Liberale Charles de Montesquieu hat die politische Freiheit als »jene geistige Beruhigung« bezeichnet, »die aus der Überzeugung hervorgeht, die jedermann von seiner Sicherheit hat«. Ihm ging es um Gewaltenteilung zur Sicherung vor obrigkeitsstaatlicher Willkür. Spätestens seit dem 19. Jahrhundert wissen wir, dass dazu auch eine soziale Sicherheit gehört, die es uns überhaupt erst ermöglicht, uns politisch zu engagieren. »Freiheit von Not und Furcht« fordern wir seitdem. Diese Forderung ist nicht überholt, sondern von erneuter Aktualität. Gerade für den Zusammenhalt in Europa, den wir nicht leichtfertig aufs Spiel setzen dürfen.

Europa ist viel mehr als Wirtschaft, auch viel mehr als soziale Sicherheit. Zu unserem Kontinent gehören auch die wunderbaren Landschaften, die Kathedralen, die herrlichen Städte, die vielsprachigen Literaturen, Musik, Malerei – überhaupt der unglaublich vielfältige kulturelle Reichtum. Den kann man aber nur genießen und fortentwickeln, wenn man sich mit Europa identifiziert, sich dort zu Hause fühlt, die Europäische Union nicht nur als Hort wirtschaftlicher Kälte, sondern auch als wärmendes Haus sozialer Gemeinsamkeit erfährt.

Nach neuesten Umfragen des Eurobarometers wünschen sich zwei Drittel der Europäer eine Angleichung der sozialen Sicherungen in Europa, und wer auf Europa baut, fürchtet sich weniger vor der Globalisierung.

Wir brauchen einen neuen Aufbruch in Europa, auch einen neuen politischen Legitimationsschub. Der wird ohne eine breite und offene Debatte darüber, warum wir überhaupt zu einer Europäischen Union gehören wollen, nicht gelingen. Wir müssen eine solche Debatte wagen! Wenn wir das tun und einen neuen Aufbruch zustande bringen, werden die Bürger auch die Vorteile des Lissaboner Verfassungsvertrages verstehen, werden sie begreifen, dass Gemeinsamkeit langfristig und zu Ende gedacht zu unserer aller Vorteil ist. Sie werden auch begreifen, dass die Union nicht in Selbstgenügsamkeit verharren darf, sondern sich im eigenen wohlverstandenen Interesse um die globalen Konflikte kümmern muss.

In der Gefahr ist sich spontan jeder selbst der Nächste. Wenn Europa zerfällt, geraten wir aber erst recht in Gefahr. Die Nationalstaaten für sich können Freiheit und Sicherheit nicht mehr bieten. Deshalb brauchen wir das ganze, auch das soziale Europa. Darüber müssen wir öffentlich debattieren. Und dies vor und nach der Europa-Wahl.

4 Arbeit, Anerkennung, Zusammenhalt[*]

Im Jahr 2009 debattiert Frankreich über die zunehmende Zahl von Suiziden in seinen privatisierten Großunternehmen, vor allem bei France Telekom und Renault-Nissan. Allein bei Renault hat es binnen weniger Jahre 23 Selbstmorde gegeben, bei France Telecom waren es 21. Immer war im Zusammenhang mit den Selbstmorden von zu hohem Druck, Überlastung und nicht erfüllbaren Erwartungen die Rede.

Der Arbeitsforscher Dieter Sauer berichtet von einem Abschiedsbrief eines 38jährigen französischen Renault-Ingenieurs an seine Familie, in dem er schreibt, er sei »nicht mehr fähig, diese Arbeit zu machen«. Die französische Gewerkschaft CGT hält dies nur für die Spitze des Eisbergs und berichtet von massenhaften Schlafstörungen, Weinkrämpfen, Depressionen, Einnahmen von Beruhigungsmitteln in der Entwicklungsabteilung des Automobil-Herstellers. Sie stünden im Kontext eines Dreijahresplans der Renault-Geschäftsführung, demzufolge sie bis 2009 26 neue Modelle präsentieren und Umsatz wie Gewinnmarge verdoppeln wolle.

Man wünscht sich einen weniger grausigen Einstieg, um über den Zusammenhang zwischen Arbeit, Anerkennung und dem Zusammenhalt der Gesellschaft zu sprechen, doch so sind die Realitäten. Ich behaupte: Wie auch in anderen Feldern stehen wir bei der Gestaltung der Arbeit gegenwärtig vor der Wahl zwischen Freiheit und Unterwerfung. Entweder wir besinnen uns darauf, gemeinsam und mit einem Grundbestand an Gerechtigkeit und Solidarität unser Leben frei zu bestimmen, oder wir unterwerfen uns einer blinden kapitalistischen Konkurrenzdynamik, laufen unbedacht und wie die Lemminge mit in einem Treiben, wo jeder nur versucht, seine eigene Haut zu retten, und das uns am Ende alle an den Rand des Abgrunds bringt. Nur in der gemeinsamen Anstrengung, die Freiheit über unsere Lebensgestaltung zurückzugewinnen, können wir erfolgversprechend unsere Angst überwinden. Darauf kommt es mir an.

I. Zur gegenwärtigen Situation der Arbeit

Die rasante Zunahme psychischer Erkrankungen hat auch in Deutschland beunruhigende Schlagzeilen gemacht. Zuletzt hörten wir von ihr aus Krankenkassenberichten, aber zuvor schon vom Chefarzt der Allianz-

---

[*] Rede in der Zeche Zollverein, Essen, 8. März 2009

Lebensversicherung, der in den Statistiken zur Berufsunfähigkeit einen »fundamentalen Wandel« festgestellt hat: In den letzten 18 Jahren sind psychische Erkrankungen an die Spitze der Statistik gerückt, noch vor die Herz- und Krebserkrankungen.

Der Gesundheitsreport der Deutschen Angestellten-Krankenkasse von 2005 nennt Arbeitsbelastung, Verlust der Mitarbeitersolidarität, Angst und steigenden Leistungsdruck als wichtigste Faktoren, die psychisch krank machen. Hier handelt es sich um Menschen, die Arbeit haben. Die Krise des Finanzmarktes, die sich zur Wirtschaftskrise ausweitet, hat nun aber die Arbeitslosigkeit auch in Deutschland nach einer beachtlichen Erholung auf dem Arbeitsmarkt wieder erheblich ansteigen lassen. Zur Angst in der Arbeit kommt also die Angst vor dem Arbeitsplatzverlust.

Wie steht es heute mit der Arbeit in Deutschland? Welche Gestalt hat sie? Bietet sie den Menschen Auskommen und Sinn? Die Zeit der siebziger Jahre, in denen man mit Optimismus an der Humanisierung der Arbeitswelt arbeitete, ist lange vorbei. Damals ging man gegen die so genannte »Taylorisierung«, das heißt die Zerstückelung der Arbeitsvorgänge, an, die die Menschen zugleich über- und unterforderte und ihnen die Möglichkeit nahm, ihre Arbeit als erkennbaren Teil eines sinnvollen Ganzen wahrzunehmen. Mitbestimmung im Unternehmen wie am Arbeitsplatz, Sternmontage, selbstbestimmte Teamarbeit und ähnliches gehörten zu den Gegenstrategien. Heute, da man einen neuen Anlauf zurr Humanisierung macht, hat sich die Arbeitssituation sehr geändert. »Die gegenwärtige Situation«, so Dieter Sauer, »ist geprägt durch das Nebeneinander von Menschen ohne Arbeit, die an den gesellschaftlichen Rand gedrängt sind, und Menschen, die ›ohne Ende arbeiten‹ und deren Gesundheit Schaden nimmt.«

Selbst für diejenigen, deren Arbeit einigermaßen sicher ist, haben die Belastungen deutlich zugenommen. Sofern sie zur Gruppe der eher privilegierten Entscheider, Erfinder, Ausführenden mit wichtigem Know-how oder der gut qualifizierten Facharbeiter gehören, haben sie zwar den Vorteil, über ihre Tätigkeit weitgehend selbst bestimmen zu können. Aber der für alle in den letzten Jahren enorm angestiegene weltweite Konkurrenzdruck führt dazu, dass sie sich in der Angst, ihren Aufgaben nicht gewachsen zu sein, selbst ausbeuten und ihr eben häufig erliegen. Dies scheint bei den Suiziden bei Renault der Fall gewesen zu sein. Diese Menschen werden zudem als gesamte Person so aufgefressen von ihrer Arbeit, dass sie zur Freizeit, zur Pflege persönlicher Beziehungen, gar zum Aufbau einer partnerschaftlichen Familie kaum Zeit finden. Gerade dieser letzte Aspekt ist für unser heutiges Thema, insbesondere für den Zusammenhalt, von zentraler Bedeutung. Ich komme darauf zurück.

Ein großer weiterer Teil der Arbeitnehmer wird neuerdings zum so genannten Prekariat gezählt. Sie arbeiten in prekären, das heißt überaus unsicheren Verhältnissen, in denen ihnen Entlassung oder sozialer Abstieg drohen. Die Löhne sind niedrig, die Qualifikationsanforderungen gering. Deshalb sind sie leicht ersetzbar. Die Anerkennung durch Arbeit bleibt bei ihnen aus. Das ist durchaus dramatisch, da Arbeit früher wie heute eine der wichtigsten Quellen menschlichen Selbstwertgefühls ist. Bei den prekären Arbeitsverhältnissen gibt es zuweilen, jedenfalls in der Industrieproduktion, eine erneut intensivierte Taylorisierung, die Arbeitsgänge werden klein gehalten und dicht getaktet. Es ist schwer, die Zahl dieser Arbeitnehmer zu bestimmen, auf zwischen drei und sechs Millionen in Deutschland schätzt sie Michael Schumann.

Und schließlich die Arbeitslosen, deren Zahl nun infolge der Finanzmarktkrise wieder steigt. Angesichts dessen steht unser Staat unter der Erwartung, möglichst viele Arbeitsplätze zu retten. Deshalb wurden schon Milliarden in die Stabilisierung des Bankensektors gesteckt, um der Realwirtschaft wieder aufzuhelfen. Während die Armen noch ärmer geworden sind und die Hartz-IV-Sätze aus Haushaltsgründen nicht aufgestockt werden sollen, gehen hier Riesen-Summen an private Institutionen, die sich offenbar verrechnet haben. Um zu akzeptieren, dass hier ein größeres Übel abgewendet werden musste, braucht man überzeugende Gründe. Wo nun darüber hinaus in der Realwirtschaft geholfen werden kann und soll, ist umstritten. Der Staat kann sicher nicht überall helfen. Damit würde er sich überfordern und auch noch das zuletzt wieder in ihn gesetzte Vertrauen verspielen. Zudem würde er Wettbewerbs- und Gerechtigkeitserwartungen verletzten. Warum die Großen retten und den Mittelstand draufgehen lassen, an dem auch viele Arbeitsplätze hängen und der oft innovativer ist? Andererseits können ganze Räume veröden, wenn ein großer Arbeitgeber plötzlich nicht mehr da ist.

Für die Politik ist es leichter gesagt als getan, massenweisen Entlassungen einfach zuzusehen, wegen der menschlichen Schicksale und weil der Staat die wesentlichen Folgekosten von Entlassungen zu tragen hat. Unternehmen sind eben nicht einfach Orte, an denen Kapital gewinnträchtig investiert werden kann, sondern auch Orte, an denen Menschen leben und arbeiten, von denen sie abhängen, in ihrer Arbeit und mit ihrer Gemeinde. Im Scheitern tragen die Menschen das Risiko ebenso wie die Kapitalseite. Deshalb hegen sie vielfach die langfristigeren Interessen, deshalb müssen sie im Unternehmen mitbestimmen. Damit tun sich gerade mittelständische Unternehmen oft schwer, obwohl sie selbst auch von langfristigen Interessen geleitet werden, so dass ein Zusammengehen eigentlich von der Interessenlage her erleichtert sein sollte. Manchmal braucht es einfach eine Eingewöhnung in eine erfolgreiche gemeinsame Praxis, um sie zu akzeptieren.

Besonders wichtig erscheint mir in der gegenwärtigen Angst vor Rezession und erneuter Arbeitslosigkeit, dass die Ausbildungsstellen im vorhandenen Umfang erhalten bleiben. Denn wenn junge Menschen nach der Schule ohne Ausbildung bleiben, haben sie eine noch geringere Aussicht darauf, später wieder Arbeit zu finden. Daher meine dringende Bitte an die Unternehmen: Bitte kündigen Sie die Ausbildungszusagen nicht auf!

Die Sorge, bald zu den Arbeitslosen zu gehören, bedrückt viele Menschen umso mehr, als es Erfahrungen mit Dauerarbeitslosigkeit in Deutschland gibt, die zeigen, wie schwer es ist, hier wieder herauszukommen.

In den vergangenen Jahren sollte die Leiharbeit dem abhelfen und dazu dienen, den Unternehmen angesichts ihrer Planungsunsicherheit Flexibilität zu gewähren. Eine Absicht, die bei einem kleineren Prozentsatz immerhin Erfolg hatte. Er gründete sich auf den Befund, dass es trotz Arbeitslosigkeit eine erhebliche Zahl von offenen Stellen gab und gibt, die durch gezielte professionelle Beratung, Weiterbildung und Flexibilisierung besetzt werden können, um wenigstens einen Teil der Arbeitslosen auf diesem Wege wieder zu Arbeit zu verhelfen. Es ist dabei gelungen, den Anteil der über Fünfzigjährigen auf dem Arbeitsmarkt zu erhöhen. Freilich bot sich mit der Leiharbeit auch die Möglichkeit, sozial gesicherte Arbeit schleichend in Risikojobs zu verwandeln und damit die Arbeitnehmer systematisch schlechter zu stellen. Dem muss unbedingt entgegengewirkt werden durch Mindestlöhne, aber auch durch eine tendenzielle soziale Gleichstellung von normalen Arbeitsverträgen und Leiharbeitern. Aktuell ist es wichtig, dass Leiharbeitsfirmen von der Chance der Kurzarbeit und von Weiterbildungsmöglichkeiten Gebrauch machen, anstatt ihre Leiharbeiter einfach zu entlassen!

Die Situation der Arbeit und der Arbeitslosen stößt uns auf die zunehmenden Gegensätze zwischen arm und reich, nicht nur in Deutschland, nicht nur in Europa, sondern auch zwischen der industriellen und der sich entwickelnden Welt. Fachleute weisen übereinstimmend darauf hin, dass die Aufblähung des ungeregelten Finanzmarkts auch das Ergebnis dieser Gegensätze ist, weil die Kaufkraft der Ärmeren insgesamt nicht mehr dazu ausreicht, das frei gewordene Kapital in der Realwirtschaft produktiv und mit Aussicht auf Absatz anzulegen. Nicht nur um der Würde der Individuen und der Gerechtigkeit als ihres Rechts auf gleiche Freiheit willen ist es deshalb geboten, dagegen zu steuern und aus der Armut zu befreien, sondern auch aus makroökonomischen Gründen. Wir dürfen deshalb die aktuelle Krise nicht nur als Betriebsunfall betrachten, nach dem wir so weitermachen können wie bisher. Ich deute sie als einen weitreichenden Einbruch in unsere bisherige Lebens- und Wirtschaftsweise, der einen neuen Anlauf zur Gestaltung der globalisierten kapitalistischen Marktwirtschaft dringend erforderlich macht. Darin liegt gerade die Chance der Krise, die wir unbedingt ergreifen müssen. Besonders dramatisch ist in Deutschland die Kinderarmut. Die Hälfte aller Kinder lebt in finanziell unsicheren Verhältnissen, 37 Prozent der drei Millionen Sozialhilfeempfänger/innen sind Kinder und Jugendliche, besonders hoch ist das Armutsrisiko von Frauen als alleinerziehenden Müttern.

Schließlich: Nach wie vor erhalten Frauen erheblich weniger Lohn als Männer, nicht nur, weil sie vielfach in niedriger entlohnten Berufen arbeiten. Selbst bei gleicher Arbeit gehen sie oft mit weniger nach Hause. Der 8. März als Internationaler Frauentag ist nicht der einzige, aber ein besonders wichtiger Tag, um diese unerträgliche Ungerechtigkeit anzuprangern. Übrigens hat in der OECD-Welt Deutschland besonders krasse Einkommensunterschiede. Hier zeigt sich überdies eine der vielen gegenwärtigen Ungleichzeitigkeiten, wenn man sich klar macht, dass die weibliche Lebensweise und Arbeitskompetenz, die Fähigkeit der Frauen, flexible verschiedene Tätigkeiten kompetent auszuführen, mit Blick auf die gelingende Zukunft einer freiheitlichen und demokratischen Gesellschaft ein entscheidendes Pfund ist, mit dem wir gemeinsam wuchern müssen. Auch darauf komme ich zurück.

Woher kommt neben der Arbeitslosigkeit die allgemeine Verschlechterung der Arbeit selbst in den entwickelten Industriestaaten? Manche sagen, wir hätten früher über unsere Verhältnisse gelebt. Sie deuten die Globalisierung so, dass nun die Entwicklungsländer ihre Chance bekämen und wir dazu eben von unserem Kuchen abgeben müssten. Dabei fällt allerdings auf, dass nur die unteren Einkommensgruppen abgegeben haben, die Ärmeren sind noch ärmer geworden. Die Reicheren, auch bei uns, dagegen erheblich reicher. Sie mussten nicht von ihrem Kuchen abgeben. Im

Gegenteil. Die Gewinne sind vor Ausbruch der jetzigen Krise drastisch gewachsen, während die Realeinkommen jahrelang stagnierten bzw. sogar rückläufig waren. So haben die 30 größten börsennotierten Unternehmen Deutschlands ihre Gewinne 2004 auf 35,7 Milliarden Euro verdoppelt. Dennoch haben sie in Deutschland gemeinsam knapp 35.000 Stellen abgebaut.

Überdies sind die Forderungen, errungene Löhne und Sozialleistungen abzubauen, um in den entwickelten Wirtschaften »konkurrenzfähig zu bleiben«, nicht nur perspektivlos, weil wir eine Billigpreiskonkurrenz zum Beispiel mit Südostasien nicht gewinnen können. Die Forderungen können auch dann jedenfalls nicht überzeugen, wenn gleichzeitig von Unternehmern aus der ersten Welt in Billiglohnländern wie China der Versuch unternommen wird, über dortige Industrie- und Handelskammern bessere soziale Sicherungen und höhere Löhne in China ebenfalls zu verhindern und mit dem Weiterziehen nach Indien zu drohen. Hier geht es also gar nicht um Gerechtigkeit zwischen entwickelten und nachholenden Ländern, sondern um kurzfristige Gewinnmaximierung, die ein kluger Unternehmer immer zugunsten einer soliden langfristigen Entwicklung als zu engstirnig ablehnen wird. Wenn man aber auf dem Wege der kurzfristigen und kurzsichtigen Gewinnmaximierung fortfährt, wächst die Diskrepanz zwischen Gewinnen und Löhnen so, dass Gewinne schließlich nicht mehr produktiv angelegt werden können, weil es nicht mehr genug Nachfrage, nicht mehr genug Kaufkraft für die Produkte gibt. Die Prognose von Karl Marx, dass einer kleinen Gruppe von Kapitalisten am Ende einer solchen naturwüchsigen Konkurrenz und Gewinnstrategie ein Heer von Armen, eine riesige proletarische Reservearmee gegenüberstehen würde, könnte sich als richtiger herausstellen als wir wünschen können. Denn das revolutionäre Szenario und die utopischen Zukunftsvorstellungen, die Marx seiner Vorhersage hat folgen lassen, bieten wirklich keine wünschenswerte oder auch nur erträgliche Alternative.

Viel spricht dafür, dass die Verschlechterung der Arbeitsbedingungen nicht die Folge einer weltweiten »ausgleichenden Gerechtigkeit«, sondern das Ergebnis eines Handels- und vor allem eines Finanzmarktes ohne Regeln ist, auf dem der Dynamik der Gewinnmaximierung zu wenig entgegengesetzt worden ist, was zur Humanisierung des globalen ökonomischen Wettbewerbs, insgesamt zu einer freiheitlichen und gerechten Gestaltung unseres Lebens hätte führen können. Es fällt auf, dass die oben geschilderte Verstärkung der psychischen Erkrankungen zeitlich mit der

Liberalisierung der Märkte parallel ging, die sich innerbetrieblich auswirkte: In den Vorständen der großen Unternehmen gewannen die Finanzvorstände gegenüber den Produktions- und den Personalvorständen die Oberhand. Leistungen wurden strikt vom Marktergebnis her definiert, nicht von Maßstäben der Produktion, nicht von den technischen und organisatorischen Bedingungen der Nutzung von menschlicher Arbeit her.

Das führte zu einer nicht nur für die Wirtschaft, sondern auch für andere Bereiche wie Kultur, Wissenschaft und Bildung oder Gesundheit entscheidenden Umdeutung von Leistung: Ihr Wert, ja ihre Machbarkeit ergeben sich neuerdings nicht mehr aus reflektierten Kriterien der verschiedenen Sachgebiete beziehungsweise aus dem, was Menschen überhaupt vermögen, sondern aus dem Ergebnis auf dem Markt. Dies steht als Forderung am Anfang, koppelt sich damit von dem, was Menschen bewusst wollen oder auch nur können, ab und verliert so den Bezug zur Realität: sei es einzelner gesellschaftlicher Bereiche, sei es ganz generell der Menschen. Wenn das Marktziel dann stärker ist, müssen sich die Menschen eben fügen.

Die Zuspitzung auf den Selbstmord zeigt die zerstörerische Kraft einer Logik, die auch im Zusammenbruch des Finanzmarktes ihr Desaster erlebt hat und Millionen von Menschen in schwere Bedrängnis bringt. Die Logik heißt blinde Unterwerfung unter ein anonymes Marktgeschehen, ohne Regeln und ohne politische Gestaltung. Auch hier stehen wir wie in anderen aktuellen Herausforderungen vor der Frage: Freiheit oder Unterwerfung?

Das wird am Zusammenhang, den unser Thema zeichnet und den ich bereits als These genannt habe, deutlich: Es gibt eine gegenseitige Abhängigkeit von Arbeit, Anerkennung und Zusammenhalt der Gesellschaft.

Wir haben mit der Arbeit aus unserer heutigen Erfahrung begonnen. Obwohl Arbeit nicht für alle Zeiten und Kulturen das gleiche bedeutet, können wir heute zumindest sagen, dass sie weltweit als unverzichtbare Grundlage für unser Leben verstanden wird und dass sie von der Arbeitsteilung – umgekehrt auch von der Zusammenarbeit – nicht zu trennen ist. In der westlichen Tradition ist sie seit der Neuzeit zunehmend zur Grundlage dafür geworden, was Menschen ihr Eigentum und die Grundlage für ihre freie Verfügung nennen, über sich selbst und abgeleitet auch über Sachen. Der Lohn, den ich mir erarbeitet habe, darf mir nicht weggenommen werden. Das Bild, das ich gezeichnet habe, gehört mir. In dem, was ich tue, bringe ich mich zum Ausdruck, und wenn ich das nicht mehr kann, weil ich den ganzen Tag immer nur drei Hebel bediene, was mich todmüde, aber zugleich zu einer geistlosen Maschine macht, dann werde ich unglücklich.

Arbeit geschieht in größeren Sinn-Zusammenhängen, auf die hin sie bedacht werden muss. Die Produktion von Einzelteilen hat nur Sinn, wenn daraus ein funktionstüchtiges Auto wird, und das hat heutzutage nur Sinn, wenn es umweltschonend produziert wird und wenig Energie verbraucht. Denn eine Produktion, die den Menschen Energie und Umwelt raubt, mag kurzfristig hohen Gewinn bringen, langfristig aber wirkt sie zerstörerisch. Zerstörung ist das Gegenteil von Sinn. Umgekehrt bietet Arbeit an einem sinnvollen Produkt den Menschen das Gefühl, dass ihre Tätigkeit Sinn hat. Das ist ein wesentlicher Teil ihres Daseins. Dazu gehört auch, dass sie davon leben und dass sie sie überhaupt ausführen können, dass sie nicht über ihre physischen oder psychischen Kräfte geht. Psychische Krankheiten, die heute als Volkskrankheit Nummer eins grassierenden Depressionen, in denen Menschen sich als rettungslos überfordert empfinden, keine Anerkennung und keinen Sinn mehr in ihrem Leben entdecken können, sind ein Anzeichen dafür, dass wir nicht weiter machen dürfen wie bisher. Dass wir unsere Arbeit und den marktwirtschaftlichen Rahmen, in dem sie geschieht, dringend umgestalten müssen. Es sei denn, wir finden uns weltweit mit zunehmender Zerstörung ab. Das wollen wir schon um unserer Kinder und Enkel willen nicht. Für die Umgestaltung gibt es konkrete Vorschläge. Auch auf sie komme ich zurück.

II. Arbeit, Anerkennung und Sinn

Wie hängen Arbeit, Anerkennung und Sinn zusammen? Der polnische Philosoph Leszek Kolakowski hat sein dreibändiges Werk »Hauptströmungen des Marxismus« mit dem Satz begonnen: »Karl Marx war ein deutscher Philosoph«. Damit wollte er darauf hinweisen, dass die Arbeit, die im Mittelpunkt von Marx' Werk steht, in Deutschland besonders wichtig ist. Weder in Italien, noch in Polen würde man so an ihr hängen. Familie, Spiel, Muße – dies wären Alternativen, die man nicht kleinreden sollte. Sicher aber ist, dass sie von der Organisation der Arbeit in einer Gesellschaft abhängen. In der Antike konnte sich die Oberschicht Spiel und Muße leisten, weil Sklaven die notwendige Arbeit erledigten. Heute wollen wir, dass alle ein gleiches Recht auf ein gelungenes Leben haben, dass Arbeit von allen getätigt und die Chance für Familie, Spiel und Muße allen offenstehen muss. Diese geschichtliche Kraft des Anspruchs auf Gerechtigkeit, das heißt auf gleiche Freiheit, ist die Gegenkraft gegen die

Unterwerfung unter eine blinde kapitalistische Marktdynamik. Auf sie können wir bauen und sie müssen wir zugleich appellierend und erklärend freisetzen.

Der Arbeitsmarktforscher Günther Schmid hat jüngst darauf hingewiesen, dass junge Menschen zunehmend auf Arbeit aus sind, die ihnen Anerkennung verschafft. Personalchefs von großen Unternehmen bemerken, dass eine wirksame Unternehmensethik, die sich an den allgemeinen Menschenrechten orientiert, einen Vorteil darstellt, um intelligente Mitarbeiter zu gewinnen. Es dient ihrer positiven Selbsteinschätzung – als moralische Subjekte – wie ihrer gesellschaftlichen Anerkennung, wenn sie in einem Unternehmen arbeiten, das einen guten Ruf genießt. Anerkennung hat hier die Bedeutung: Das Selbstwertgefühl steigt, wenn man von anderen, wenn man aus der Gesellschaft Anerkennung erfährt.

Früher galt das bereits, wenn man jenseits individueller Verdienste zu einem ehrenhaften Stand – im Handwerk, im Adel oder in der Geistlichkeit – gehörte. Heute haben diese Standeszugehörigkeiten ihre Bedeutung weitgehend verloren. Selbst Professoren, die in den Sozialstatistiken in Sachen Prestige noch relativ hoch angesiedelt sind, treffen nicht mehr automatisch auf Wertschätzung bei ihren Mitbürgern. Übrig geblieben ist aus der Standesanerkennung immerhin, dass man eben in einem »ordentlichen« Unternehmen oder einer geachteten Universität arbeiten möchte, deren Reputation auf die eigene Person abstrahlt.

Anerkennung gewinnt man in der Arbeitswelt aber auch und gerade von den eigenen Kolleginnen und Kollegen. Es sei denn, die Arbeitsorganisation führt nach dem Wettbewerbsprinzip um einer marktzentrierten Leistungssteigerung willen dazu, dass Gruppe gegen Gruppe und in der Gruppe jeder gegen jeden in Konkurrenz steht. Dann mag noch der Beitrag zum jeweiligen Arbeitsergebnis anerkannt werden, aber nicht mehr die Person als ganzer Mensch. Dazu müsste die Arbeitsleistung in eine grundlegende Solidarität eingebettet sein, die zur Anerkennung des ganzen Menschen führt, nicht nur seines Beitrag für den eigenen oder den Gruppenvorteil. Viele Menschen beklagen den Verlust dieser grundlegenden Solidarität, die sie für die Sinnhaftigkeit ihrer Arbeit und ganz einfach für den Schutz, wenn es ihnen schlecht geht, brauchen. Dadurch auch für ihre Sicherheit.

In der Industrieproduktion gibt es zwei Modelle, Teamarbeit auszugestalten. Entweder man wählt das japanische Modell, das ganz auf die Ausnutzung des Leistungsvorteils der Gruppe abzielt und dabei die in die

Gruppenarbeit eingebaute Konkurrenz der Teammitglieder untereinander ausnutzt, oder man folgt dem skandinavischen Modell, das mit der Teamarbeit auch die Solidarität unter den Kolleginnen und Kollegen stärken will und sich davon eine höhere Motivation und Zufriedenheit erhofft. Man kann die Arbeit also auch so gestalten, dass sie Solidarität stärkt.

Anerkennung in Solidarität schafft dann auch Sicherheit. Auf sie sind wir in immer unsichereren Zeiten dringend angewiesen. Deshalb müssen wir die Verabsolutierung des Wettbewerbsprinzips, die unsere ganze Gesellschaft, nicht nur, aber insbesondere von der Arbeitswelt her entsolidarisiert, zugunsten der Anerkennung von persönlichen Leistungen überwinden. Das gilt übrigens auch für die Bildung, in der Kinder und Jugendliche für ihre je individuelle Leistung gewürdigt werden müssen, um dadurch ermutigt weitere Anstrengungen unternehmen zu können.

Das Bedürfnis nach Anerkennung zeigt, dass wir nicht als selbstgenügsame Individuen isoliert leben können, sondern auf die anderen angewiesen sind, deren Anerkennung wir erhoffen. Jedes Lob erfreut und stärkt uns, jeder abschätzige Blick kränkt. Wir brauchen die anderen, und eine Arbeit, die solche Anerkennung verschafft, bringt die Menschen einander näher, stärkt den Zusammenhalt. Eine Gesellschaft ohne gegenseitige Anerkennung, eine Erwerbsarbeit ohne die Anerkennung eines »gerechten« Lohnes, von dem wir leben können, zerfällt.

Arbeit, die jedenfalls in der Moderne immer arbeitsteilig verfährt, darf die Menschen in einer freiheitlichen Bürgergesellschaft nur über die Befriedigung ihrer praktischen oder materiellen Bedürfnisse zusammen führen. Der Philosoph Hegel hat die bürgerliche Gesellschaft zu Beginn des 19. Jahrhunderts – im Grunde negativ – als so genanntes System der Bedürfnisse bestimmt. Wir brauchen einander um der Befriedigung unserer letztlich egoistischen Bedürfnisse willen. Ein solcher Zusammenhalt reicht aber nicht aus, bedarf denn auch bei Hegel eines autoritären starken Staates, der die Gesellschaft »von oben« zusammenhält. In einer Bürgergesellschaft wollen wir heute eine solche starke Obrigkeit nicht mehr. Wir wollen freiwillig und eigenständig zusammenhalten. Dazu ist die solidarische Anerkennung in der Arbeit, von ihr und durch sie eine entscheidende Voraussetzung. Eben: Freiheit oder Unterwerfung unter eine entsolidarisierende verabsolutierte und allgegenwärtige Konkurrenz. Freiheit oder Depression.

Unser Bedürfnis nach Anerkennung zeigt, dass wir auf die anderen angewiesen sind. Aber das birgt auch Gefahren. Denn wenn wir uns abhängig davon machen, was andere von uns denken oder über uns sagen, dann haben wir keinen eigenen inneren Maßstab, nach dem wir uns richten und gegebenenfalls auch eine falsche Einschätzung von anderen abweisen können. Dann werden wir zu einem schwachen Rohr im Winde. Im Grund ist dann auch unsere Anerkennung anderer nicht viel wert, weil wir kein wirklich eigenständiges Urteil fällen. Wir brauchen also zugleich unseren eigenen inneren Kompass. Woher bekommen wir den?

Faktisch durch unsere Erziehung, vielleicht auch durch einen religiösen Glauben, aber zum Teil auch durch unsere eigene Arbeit. Indem wir sie leisten – und je selbstbestimmter, desto mehr –, bestätigen wir uns selbst unsere eigenen Fähigkeiten, bringen wir »zum Ausdruck«, was in uns ist, können wir unsere eigene »Macht«, unser »Leistungsvermögen« anschauen und erfahren. Das befriedigt uns gerade auch im Gebrauch unserer eigenen Freiheit. Das verschafft uns Selbstsicherheit, Selbstvertrauen und ein Selbstwertgefühl, das uns wiederum erlaubt, auf andere zuzugehen und mit ihnen zusammenzuarbeiten. So bietet die in der Arbeit gewonnene Selbstanerkennung nicht nur die Grundlage für ein im Selbstvertrauen verankertes selbstständiges Urteil. Sie begünstigt über das Selbstvertrauen auch den Zusammenhalt der Gesellschaft, weil Bürger offen und vertrauensvoll aufeinander zuzugehen und miteinander politisch zu kooperieren vermögen. Umgekehrt: Wer Selbstanerkennung nicht erleben kann, wer hoffnungslos in der Arbeitslosigkeit steckt, fühlt sich unwert und ausgegrenzt. Das sind in Deutschland, Europa und global viel zu viele. Auch deshalb müssen wir das Erzübel der Arbeitslosigkeit überwinden.

Die Notwendigkeit, eigenständig zu urteilen, aber auch die Tatsache, dass die Maßstäbe und Werte, nach denen wir uns und unsere Mitmenschen anerkennen, sich im Laufe der Jahrhunderte verändert haben und immer unsicherer geworden sind, hat Philosophen wie Charles Taylor dazu gebracht, heute von einer besonderen Kultur der Authentizität zu sprechen. Das Wort »authentisch« wirkt auf viele verwaschen. In Anlehnung an Herder bestimmt Taylor Authentizität als eine Lebensweise, in der ich versuche, meine Identität, das Besondere meiner Individualität, nicht einfach von anderen zu übernehmen, sondern als eigene originelle und anhaltende Daseinsweise zu entwickeln. Manche tragen zum äußeren Zeichen dessen einen auffallenden Hut, andere binden sich einen knalligen Schal um, wieder andere machen sich allein durch ihre Verlässlichkeit bemerkbar. Deshalb nennen wir Personen authentisch, die ihrem inneren Gesetz folgen und diesem auch in verschiedenen Situationen treu bleiben.

Das heißt nicht, dass sie sich verschließen, aber sie bemühen sich um ihren eigenen, wahrhaftig durchgehaltenen Weg. Dazu gehört allerlei Selbstvertrauen. Auch authentische Personen wünschen sich die Anerkennung von anderen, aber sie machen sich nicht davon abhängig. Freilich brauchen sie den Dialog mit den anderen, um ihre eigene Identität auch in der Entgegensetzung zum anderen zu entwickeln.

Eine Gesellschaft hält umso zuverlässiger zusammen, je mehr sie ihren Mitgliedern die Chance gibt, sich zu authentischen verlässlichen Individuen zu entwickeln. Denn das verschafft ihnen die Möglichkeit, sich als unersetzbare Personen, nicht einfach als austauschbare Instrumente zu begreifen und zu fühlen. Wer von sich den Eindruck haben muss, er sei in all seinen Beziehungen ersetzbar, wird unglücklich. Wir brauchen das Gefühl – das sich auf uns als ganzen Menschen bezieht – für andere nicht einfach austauschbar zu sein. Wer sich in seiner Arbeit oder in der Arbeitslosigkeit nur als austauschbares Rädchen im Getriebe fühlt, hat es schwer, sich als authentisches Individuum zu fühlen, wird nicht glücklich, wird auch kein guter Bürger in der Demokratie.

III. Zusammenhalt: Arbeit, Anerkennung, Familie

In der Regel geht es uns allerdings vor allem in unseren persönlichen, eher intimen Beziehungen darum, uns als unersetzbar zu empfinden: in der Freundschaft, in der Liebe, in der Familie. Deshalb sind sie für uns so kostbar. Aber sie sind bedroht, weil eine Arbeitswelt, die dem Selbstlauf einer kapitalistischen Gewinndynamik überlassen wird, wie wir schon heute sehen, den Raum und die Zeit für die Pflege persönlicher Beziehungen auffrisst. Der persönliche und der Arbeitsbereich können daher nicht mehr getrennt voneinander betrachtet werden.

Mehr: Wie die Familienberichte des Deutschen Bundestages zeigen, sind gute persönliche Beziehungen, sind gelingende Familien eine Energiequelle ersten Ranges, auch für die Arbeit, eine unverzichtbare Quelle, die wir für die psychische und physische Gesundheit der Menschen und für Zusammenhalt und Fortbestand unserer Gesellschaft genauso ernst nehmen müssen wie Öl, Gas oder Solarenergie. Der letzteren ähnelt diese Energiequelle, wenn wir gelingenden partnerschaftlichen Familien realistische Chancen geben, sich ebenfalls zu regenerieren. Denn Umfragen und Untersuchungen über Zukunftstrends zeigen übereinstimmend, dass persönliche Beziehungen, Familie und soziale Netze eine immer größere Bedeutung für die Menschen gewinnen. Das ist eine durch und durch rationale Reaktion auf das zunehmende Arbeitsrisiko von Männern und Frauen – bis in die Mittelschicht hinein –, beruflich plötzlich abzustürzen, jedenfalls in der Arbeitswelt nicht mehr das Sicherheitsnetz für Zufriedenheit und Erfüllung zu finden, das ihnen die letzten Jahrzehnte zumindest teilweise geboten haben.

Allerdings in Deutschland – mehr als in anderen europäischen Ländern – unter der Bedingung einer Rollenteilung, nach der Frauen zu Hause für die Energieressource Familie sorgen und die Männer »draußen« in der Arbeitswelt für den materiellen Unterhalt. Diese aus den fünfziger Jahren des vergangenen Jahrhunderts stammende Rollenteilung, in der Frauen rechtlich noch die Erlaubnis ihrer Ehemänner einholen mussten, wenn sie berufstätig werden wollten, ist als Regel gründlich zusammengebrochen. Ein Zurück dahin gibt es nicht, wie Elisabeth Beck-Gernsheim nüchtern feststellt. Natürlich bleibt es in einer freien Gesellschaft Eltern überlassen, über die Aufgabenverteilung in ihrer Familie selbst zu entscheiden. Aber alleinstehende Mütter haben in dieser Hinsicht gar keine Wahl mehr, und aus vielen verschiedenen Gründen ziehen die meisten Frauen und neuerdings auch mehr und mehr Männer eine Rollenmischung von Familien- und Berufstätigkeit vor.

Wenn wir für den Zusammenhalt der Gesellschaft also die Möglichkeit, Familien zu gründen und zu leben, stärken wollen, dann müssen wir vor allem eine Organisation der Arbeitswelt schaffen, in der beiden Eltern – das heißt allen Erwachsenen, die verlässlich für Kinder, aber gegebenenfalls auch für die Großeltern sorgen – genug Zeit für die Pflege der persönlichen Beziehungen bleibt. Dazu brauchen sie die Möglichkeit, in der Rush-hour des Lebens, also etwa zwischen dem 25. und dem 50. Lebensjahr, beide ihre Berufsarbeit so einzuteilen, auch zu beschränken, dass sie sie mit der Familienzeit vereinbaren können. Angesichts dessen, dass wir alle gesünder älter werden, wäre es nur zu vernünftig und »organischer«, dass während der Familienzeit beide Eltern die Berufsarbeit reduzieren und den Höhepunkt ihrer Karriere in die Zeit zwischen dem 50. und dem 65. Lebensjahr verlegen, vielleicht sogar bis zum siebzigsten Lebensjahr freiwillig schrittweise weniger weiterarbeiten oder sich dann ehrenamtlich engagieren. Karrierehöhepunkte bedeuten häufig Führungsaufgaben, für die wir, wenn wir älter sind und noch dazu Familienerfahrung mitbringen, erheblich besser ausgestattet sind. Das geht natürlich nur, wenn die Arbeit die Menschen vorher nicht so verschleißt, dass sie früher aufhören müssen. Aber einen solchen Verschleiß darf es sowieso nicht geben.

Olaf Scholz hat die neue Aufgabe, den Menschen einen souveränen und planvollen Umgang mit ihrer Arbeitszeit durch Gesetzgebung zu erleichtern, in Angriff genommen. Mit dem »Gesetz zur Verbesserung der Rahmenbedingungen für die Absicherung flexibler Arbeitszeitregelungen« verfolgt er die Idee, mit Tarifverträgen die Errichtung von »Arbeitszeitbanken« zu fördern. Hier könnte man Zeiten ansparen für spätere Weiterbildungsabschnitte, aber eben auch die gedrängte Zeit zwischen dem 25. und 50. Lebensjahr, in der Familie und Beruf intensiv zusammenfallen, entlasten. Dazu sollte man das Konto auch »überziehen« können. Das wäre ein Einstieg, der noch mehr Regelungen zu offenen Fragen nach sich ziehen muss – für die Versicherung von Lebensrisiken, aber auch angesichts der Tatsache, dass man während der Familienzeit mehr Geld braucht als später, wenn man nur noch für sich selbst zu sorgen hat. Vermutlich muss dazu der Bereich der so genannten öffentlichen Güter – die um des Gemeinwohls der gesamten Gesellschaft, z. B. um ihres Fortbestands durch gelingende Familien willen kostenlos zur Verfügung stehen müssen – politisch und öffentlich intensiver debattiert und schließlich erweitert werden. Was in der früheren Rollenteilung kostenlos von Frauen als »gemeinsames Gut« (so nennt es der 6. Familienbericht) zur Verfügung gestellt worden ist, wird vermutlich in Zukunft wenigstens zum Teil als öffentliches Gut vom Staat erbracht werden müssen. Das gilt für die Bildung vom frühestens Zeitpunkt an, aber auch für die finanzielle Unterstützung von Familien in Alltagsdingen wie Mobilität, Krankenpflege etc.

Der gesamte Bereich der Pflege und Versorgung, der für den gesellschaftlichen Zusammenhalt und überhaupt für ein gelingendes Leben unverzichtbar ist, muss unterstützt, kann aber nicht einfach öffentlich ersetzt werden. Denn zu Sorge und Pflege gehört persönliche Zuneigung, die nur teilweise durch professionelle Dienstleistungen erbracht werden kann. Natürlich gibt es wunderbare Kindergärtnerinnen und Lehrerinnen und – übrigens häufig aus Osteuropa angereiste – Alten- und Krankenpflegerinnen, die ihren Dienst liebevoll tun. Die weibliche Form, in der ich gesprochen habe, war nicht zufällig. Aber in Zukunft wird die Aufgabe der Sorge – der Familienforscher Hans Bertram verwendet den englischen Begriff des »care-taking« – von Frauen und Männern gemeinsam übernommen werden, vom Babywickeln bis zum Füttern alter oder gebrechlicher Menschen.

Der Kindererziehung tut dies bestimmt gut, weil Kinder eben auch Väter brauchen. Zunehmend empfinden überdies Männer den Reiz von Vaterschaft, und Unternehmen begreifen, dass persönlich ausgeglichene

Mitarbeiter mit sozialer Kompetenz – die uns niemand so gut beibringt wie unsere Kinder – letztlich auch für das Arbeitsergebnis wertvoller sind als junge Menschen mit zeitlich ausgepressten Tagen und ohne die Chance, sich in persönlichen Beziehungen zu regenerieren.

Eine neue Verteilung der Rollenbilder für die Familie entspricht auch den neuen Erfordernissen auf dem Arbeitsmarkt, wo zunehmend Dienstleistungen im Versorgungsbereich verlangt werden. Gefragt sind also mehr und mehr Tätigkeiten, für die Frauen kompetent sind. Männer müssen in diese Berufe gleichsam hineinwachsen, um auch hier Geld verdienen zu können. Wenn sich Rollenbilder wandeln, erhöht sich umgekehrt die Chance, die Aufteilung des Arbeitsmarktes in typisch weibliche und männliche Berufe mit den eingangs genannten unvertretbaren Lohnunterschieden zwischen Männern und Frauen zu überwinden.

Auch der Zusammenhalt zwischen den Generationen gewinnt von einer Mischung der Rollen von Männern und Frauen. Wenn unsere Arbeitsbiographien flexibler werden, was sich einerseits aus der makroökonomischen Entwicklung fortgeschrittener Marktwirtschaften ergibt und andererseits für gelingende Familien gewünscht wird, dann kann man sich auch in der Familie in der Pflege abwechseln. Wir lernen, dass wir in unserem Leben wohl mehrere Berufe ausüben werden, weil der gesellschaftliche Wandel dies erfordert. Wir müssen also auch lernen, unterschiedliche Rollen zu spielen, und finden vielleicht auch in einem Leben, das immer länger dauert, Gefallen daran. Im wohlverstandenen eigenen Interesse können wir so wirtschaftliche Entwicklung und Arbeitsorganisation einerseits, Gerechtigkeit zwischen den Geschlechtern wie zwischen den Generationen, Sorge für die Kinder sowie Ruhe für die Pflege persönlicher Beziehungen, nicht zuletzt innerhalb der Partnerschaft klug miteinander verbinden.

Deutlich wird hier, dass die bisher notgedrungene Lebensweise vieler Frauen, ganz unterschiedliche Rollen miteinander zu verbinden und damit auch eine vielseitige Kompetenz zu entwickeln, die besten Chancen bietet, unsere Gesellschaft zusammenzuhalten, unsere Zukunft gemeinsam zu gestalten und dadurch zu gewinnen. Wenn es gelingt, diese Rollenflexibilität mit einer zureichenden materiellen Absicherung zu verbinden, eröffnet sich dadurch eine mehrfache Gewinnperspektive: Die Vielfalt erlaubt interessante Abwechslung, die Welten von Frauen und Männern nähern sich einander an mit der Chance zu besserem gegenseitigem Verständnis, materielle Unsicherheiten können durch psychische Absicherungen, durch solidarische persönliche Beziehungen abgefedert werden und der gesellschaftliche Zusammenhalt wird obendrein durch so genannte Überkreuzloyalitäten gefestigt.

So nennt man in einer soziologischen Tradition eine Situation, in der Menschen in verschiedenen sozialen Gruppen, Berufen, Milieus zu Hause sind und sich ihnen verbunden fühlen. In Konfliktfällen können sie die unterschiedlichen Denkweisen und Rollenerfordernisse besser nachvollziehen und miteinander vermitteln. Wenn Mütter und Väter Kindergärten, stressende Berufssituationen oder die geduldige Pflege von Kranken aus eigener Erfahrung kennen, wenn ganz allgemein Menschen in unterschiedlichen Bereichen zu Hause sind, dann wächst die Chance, in Konflikten zu gemeinsamen Lösungen zu kommen, dann erstarrt die Gesellschaft nicht in undurchdringlichen Versäulungen, dann bricht sie nicht auseinander, dann hält sie zusammen.

Familien haben zu verschiedenen Zeiten in unterschiedlichen Formen zusammengelebt, aber immer eine zentrale Funktion für den Fortbestand, die Wertetradition, für den Zusammenhalt und für die Gestalt der Gesellschaft gehabt. Vor uns liegen gerade in der Krise und durch die Krise große Chancen: Wenn wir sie nicht als kleinen Betriebsunfall bagatellisieren, sondern begreifen, dass sie uns eben vor die Wahl stellt zwischen Freiheit und Unterwerfung, also unser Leben wieder in die Hand zu nehmen oder uns in blinder Unterwerfung unter eine ungeregelte Konkurrenzwirtschaft zu zerstören, dann sehen wir alle Bausteine für eine gelingende Zukunft vor uns liegen.

Arbeit, Anerkennung und Zusammenhalt sind voneinander abhängig. Sie können gelingen, wenn wir die Märkte transparent für einen fairen Wettbewerb und politisch zugunsten von Nachhaltigkeit gestalten, wenn wir die Produktion wieder von den Menschen her und mit ihnen zusammen bestimmen, wenn Arbeit für alle die Chance zur Selbstbestätigung und zur gegenseitigen Anerkennung bietet, wenn wir unsere Arbeitsbiographien intelligent gestalten, in Abstimmung mit den Flexibilitätserfordernissen sowohl von Unternehmen, als auch der Erfordernisse, in partnerschaftlichen Familien, überhaupt gelingenden menschlichen Beziehungen leben zu können, menschliche Zuneigung und Pflege nicht zu kurz kommen zu lassen, schließlich damit den Zusammenhalt der Gesellschaft zu stärken.

An die Stelle von Angst kann die solidarische Befreiung für eine bessere Welt treten, bei uns in Deutschland, in Europa, in der Welt. Gemeinsam können wir es. Wir müssen es nur wollen!

5   Die Globalisierung gestalten und gemeinsam gewinnen[*]

I. Drastische Probleme – und dennoch: an der Schwelle zu einer helleren Epoche

2009 wurde offiziell zum Darwin-Jahr erklärt, und mitunter beschleicht mich das Gefühl, dass dies mehr bedeuten könnte als nur die Ehrerbietung für einen großen Gelehrten und Naturforscher in seinem 200. Geburtsjahr.

Die schwere Rezession, die wir durchlaufen, legt die innere Verfasstheit unserer Gesellschaft schonungslos offen. Was wir zu sehen bekommen, ist nicht unbedingt schön. Allerorten sehen wir Loyalitäten, die wir für belastbar gehalten hatten, aufbrechen, müssen wir mitansehen, wie das »rette sich, wer kann« zum dominanten Prinzip wird.

Das ist Deutschland im Jahr 2009: Von hinten kommt die mächtige Lawine angedonnert und vorne drängeln sich alle beim Versuch, einen der begehrten Plätze in der Schutzhütte zu ergattern. Im Moment erscheint es an der Oberfläche noch ruhig, doch spätestens wenn die Abwrackprämien ausgezahlt und die Kurzarbeitsregelungen ausgelaufen sind, wird sich die allgemeine Anspannung ihren Weg bahnen.

Die Menschen können nicht anders handeln. Jeder mittelständische Unternehmer muss sich fragen, ob er oder sein Konkurrent die Rezession übersteht, jede Bank muss es vorziehen, dass ein anderes Institut als das eigene in die Knie geht. Jeder Werker bei Bosch, Schaeffler-Conti oder im gerade besonders gebeutelten Maschinenbau muss hoffen, dass nicht sein Arbeitsplatz abgebaut wird, sondern einer aus dem Schwesterwerk, der anderen Produktionslinie oder einer ausgelagerten Fabrik irgendwo in Osteuropa.

Wie gesagt: Das ist alles sehr menschlich. Und trotzdem kommen wir so nicht weiter.

Meine Diagnose ist: Der allgegenwärtige Wettbewerb, den wir in den vergangenen Jahren als Wunderwaffe zur Mehrung von Wohlstand gepriesen haben, erweist sich in der Krise als unsere Geißel.

Die gegenwärtige Krise hat tiefere Ursachen als nur die Fehlspekulationen einiger hundert Bankiers. Wir müssen sie zum Anlass nehmen, um

---

[*]   Rede in der Bucerius Law School, Hamburg, 5. April 2009

den Ort, an dem wir stehen, grundlegend neu zu bestimmen. Was wir in diesen schweren Zeiten brauchen, ist eine *neue Kultur der Gemeinsamkeit*. Nur so können wir das Schlimmste überstehen, nur so haben wir Aussicht auf eine bessere Zukunft.

Weil unsere Gesellschaft in den vergangenen fünfundzwanzig Jahren eine Entsolidarisierung durchlaufen hat, müssen wir das Füreinander-Einstehen neu einüben. Weil unser Land seit den achtziger Jahren viel von seiner inneren Wärme verloren hat, müssen wir erneut Zuwendung für einander lernen. Weil die Regeln und Institutionen der Sozialen Marktwirtschaft verdorrt sind, müssen wir diese neu beleben. Und weil so viel Vertrauen verloren gegangen ist, müssen wir es durch die Verlässlichkeit unseres Handelns und Sprechens neu begründen. Dann haben wir Aussicht auf eine bessere Zukunft.

Ich möchte anhand einer kleinen Beobachtung, die ich in der jetzigen Krise machen konnte, zeigen, was ich meine: Offensichtlich kommen Unternehmen, in denen Vertrauen und Kooperation herrschen, besser durch die Rezession. Denn in einer Firma, die durch wechselseitiges Misstrauen zwischen Management und Belegschaft gekennzeichnet ist, muss die Kapitalseite beim ersten Anzeichen einer Absatzeinbuße Personalanpassungen ankündigen und diese dann in scharfen Schnitten – die nicht selten in einen zähen Kleinkrieg münden – gegen den Widerstand der Belegschaft durchsetzen.

In einem Unternehmen dagegen, in dem ein vertrauensvoller Umgang herrscht, können sich Management und Belegschaft darauf verständigen, so lange wie möglich alle Beschäftigten an Bord zu halten. Verschlechtert sich dann die Situation so sehr, dass Arbeitsplatzabbau unumgänglich ist, handeln beide Seiten eine möglichst sozialverträgliche Lösung aus. Das Management kann sich hierbei sicher sein, dass die Arbeitnehmer die Unumgänglichkeit der Maßnahmen akzeptieren. Umgekehrt weiß die Belegschaft, dass die Betriebsleitung alles versucht hat, um die Arbeitsplätze zu erhalten, Entlassungen also tatsächlich nur die ultima ratio sind. Einen vorbeugenden Arbeitsplatzabbau, das *hire and fire* des Manchester-Kapitalismus, gibt es hier nicht. Das trägt zur Rettung von Stellen bei.

Es ist also die Ressource Vertrauen, die Unternehmen helfen kann, besser durch die Krise zu kommen und Jobs möglichst lange zu erhalten. Dies ist, jedenfalls für Unternehmen mit aussichtsreichen Marktchancen in der Zukunft, besonders wichtig, weil wir davon ausgehen müssen, dass Arbeitsplätze, die in der Rezession vernichtet werden, in unserem Land nicht wieder neu entstehen werden. Die werden im nächsten Boom anderswo geschaffen. Deshalb müssen wir alles tun, um Arbeits- und Ausbildungsplätze auch in der Krise zu halten.

Zum Glück haben wir immer noch viele Unternehmen in Deutschland, die nach diesem kooperativen Muster funktionieren. Volkswagen, Daimler, Bosch und Bertelsmann sind zu nennen, aber auch viele mittelständische Erfolgsfirmen, die das Rückgrat unserer Volkswirtschaft bilden. Gerade um diese Firmen mit ein paar hundert Beschäftigten, die aber oftmals Weltmarktführer sind, müssen wir uns besonders kümmern. Und es bleibt nur zu hoffen, dass sich auch für Opel eine Lösung findet, die die Menschen dort in Arbeit und diese traditionsreiche Marke am Leben hält.

Denn eines scheint mir gewiss: wir stehen an einer Epochenschwelle. Wenn wir in einigen Jahren die gegenwärtige Krise überwunden haben, wird die Welt eine andere sein. Wenn wir nur wollen, kann sie eine bessere werden. Doch bis dahin werden wir noch viele schmerzliche Verluste hinnehmen müssen: Nachbarn, Freunde oder Verwandte von uns werden ihre Arbeit verlieren, manche unserer Kinder nach Schul- und Ausbildungszeit lange nach einem Job suchen. Viele Spargroschen, die wir in Aktien, Fonds oder Lebensversicherungen zurückgelegt haben, werden ihren Wert verlieren.

Wir sollten diese Abschiede – die kleinen und die großen – von den uns vertrauten Dingen und Werten zum Anlass für eine Neubesinnung nehmen.

Ich bin davon überzeugt, dass der gerade beendete G-20-Gipfel eine Reihe von zukunftsweisenden Ergebnissen für die Neuordnung der globalen Finanzwelt erbracht hat. Denn offenbar haben alle Teilnehmer verstanden, dass wir zu einer neuen Gemeinsamkeit kommen müssen, wenn wir nicht in die Katastrophe rennen wollen. Gemeinsamkeit ist nun nicht mehr nur ein moralisches Gebot. Sie wird zu einer Frage unserer Zukunftsfähigkeit. Nehmen wir dieses Postulat ernst, können wir die Tür zu einer Erneuerung unseres Gemeinwesens aufstoßen. Wir haben dann alle Chancen, in eine hellere Epoche einzutreten.

Dazu müssen wir freilich die Kraft aufbringen, und wir können sie aufbringen. Der neuen Kultur der Gemeinsamkeit geht es mehr um die Sorge für als um den Wettkampf gegen andere. Sie trägt mehr weibliche Züge als die bisherige Kultur der Konkurrenz. Sie will Beziehungen pflegen, nicht für die Karriere nutzen. Sie will gemeinsam mit den anderen gewinnen, nicht gegen sie. Gewinnen gegen eine Kultur des entfesselten, zerstörerischen Wettbewerbs und der Angst, zu verlieren, wenn man nicht erster ist; gegen den Trieb, andere zu beherrschen, anstatt mit ihnen partnerschaftlich zusammenzuarbeiten, und gegen die Illusion, so weitermachen zu können wie bisher, wenn wir überleben und auch gut leben wollen.

»Gemeinsam gewinnen« – das klingt auf den ersten Blick unlogisch. Und ist doch die einzige Alternative, die uns bleibt. Denn im uns antrainierten Konkurrenzdenken kann es Gewinner nur da geben, wo auch Verlierer sind. Die Konkurrenzlogik behauptet, wir müssten überall gegeneinander antreten und die anderen hinter uns lassen, um das meiste aus uns herauszuholen. Man denke nur an Finanzgeschäfte, die nach dem Schneeball-Prinzip funktionieren. Den letzten beißen da immer die Hunde. Das hat in den vergangenen Jahrzehnten viele, zu viele, in unserem Land zu Verlierern gemacht.

Die neue Logik muss heißen: Gemeinsam schaffen wir es am besten. Der Zusammenhalt ist wichtig, denn er ist produktiv. Vor allem: Er schafft Vertrauen. Der Wille zur Gemeinsamkeit ist die faszinierende Idee, die unseren freiheitlichen Gemeinwesen per Gesellschaftsvertrag zugrunde liegt. Die gegenseitige Ergänzung in der Arbeitsteilung, die Freude am gemeinsamen Projekt und daran, es zu verwirklichen, nicht gegen andere, sondern mit ihnen: Sie geben uns die Kraft, uns anzustrengen, unser Bestes zu geben, Widerstände zu überwinden, uns gegenseitig zu stützen. Sie helfen uns, Regeln zu vereinbaren, die allen zugute kommen, Kompromisse zu finden, bei denen keiner das Nachsehen hat. Die Logik der Gemeinsamkeit durchschaut, wieviel kindliche Unsicherheit, wieviel unreflektierte Eitelkeit die hochgezüchtete Konkurrenzkultur der Gegenwart antreibt und wieviel Selbstzerstörung daraus folgt. Vertrauensbildende Gemeinsamkeit gegen entfesselte selbstzerstörerische Konkurrenz – das ist die Devise für eine neue hellere Epoche.

II. Wege in die Krise

Um den Weg über die Schwelle zu ihr zu finden, müssen wir zunächst zu verstehen suchen, wie sich unsere gegenwärtige kulturelle Krise aus der ökonomischen Globalisierung und der Finanzkrise, in die sie gemündet ist, entwickelt hat.

Deutungen der Krise

In Gesprächen mit Bankiers habe ich immer wieder gehört, die Finanzkrise wäre viel weniger einschneidend ausgefallen, wenn die Bush-Administration sich im vergangenen Jahr dazu entschieden hätte, die Investment-Bank Lehmann Brothers zu retten. Die amerikanische Regierung habe damals die für das Gesamtsystem zentrale Rolle von Lehman unterschätzt. Ganz ungeachtet der Tatsache, dass diese Einschätzung von Menschen vorgetragen wird, die sonst auf die »Selbstheilungskräfte des Marktes« setzen: eine derartige Deutung suggeriert, dass nach ein paar Reparaturarbeiten durch den Staat eigentlich alles hätte so weiter gehen können wie bisher.

Dies ist die banalste Analyse der gegenwärtigen Krise. Gegen sie spricht die Tatsache, dass viele Experten seit Jahren wussten, dass die Trennung von Risiko und Haftung insbesondere im Geflecht der Schattenbanken, die den strengen Transparenzregeln der Geschäftsbanken entzogen waren, zu einer immer größeren Labilität des internationalen Kredit- und Finanzmarktes geführt hat. Hinzu kamen immer ausgefeiltere Währungsspekulationen und ein bis dato unvorstellbares Anwachsen von frei flottierendem Kapital, das nach schneller Verwertung und hoher Rendite suchte. Dabei war das Bewusstsein, hier mit unkalkulierbaren Risiken zu hantieren, bei denjenigen, die diese Finanzprodukte schufen, durchaus noch vorhanden. Eben daraus resultierte ihr Bestreben, die Risiken ungesicherter Kredite schnell und unerkennbar verpackt an andere weiterzugeben. De facto wollte man den Schwarzen Peter möglichst rasch wieder loswerden. Unser Kindheitsspiel »Schwarzer Peter« belohnt – wir wissen es – die listige Täuschung der Mitspieler. Das macht Spaß im Spiel, im Ernst zerstört es das für jede Kooperation notwendige Vertrauen.

Dieser flächendeckende Vertrauensverlust erklärt auch das bis heute anhaltende gegenseitige Misstrauen im Bankensektor. Man weiß um die eigenen »faulen« Kredite und fürchtet sich vor denen der anderen. Deshalb wünschen sich viele Banken, ihre faulen Kredite und toxischen Wertpapiere in so genannten Bad Banks abwerfen zu können. Ich bezweifele allerdings nachdrücklich, dass die Schaffung von Bad Banks das Vertrauen wieder herstellen kann. Denn dessen Verlust rührt ja nicht aus technischen Defekten, sondern aus der Erfahrung, dass Menschen, im Falle der Bankiers die eigenen Kolleginnen und Kollegen, sich nicht vertrauenswürdig verhalten haben, sondern den Schwarzen Peter ungeniert weiterschoben. Infolgedessen kann niemand wissen, mit welchen Tricks der Konkurrent – Bad Banks hin oder her – weiter arbeitet. Bad Banks bergen daher die Gefahr, dass die eigentliche Ursache des Vertrauensverlusts verdeckt und gerade nicht behoben wird.

Um Vertrauen wirklich zurückzugewinnen, brauchen wir umfassende Transparenz auf den Finanzmärkten, die Möglichkeit aller Akteure, sich ein eigenes Bild zu machen und die zukünftige Glaubwürdigkeit der Mitspieler zu überprüfen. Das gilt für die Beziehungen unter den Banken, aber auch für den Umgang mit den Kunden. Hier ist in der Vergangenheit viel Schindluder getrieben worden, etwa wenn 85jährigen Damen hochkomplexe Derivate verkauft wurden. Dies zeigt: Vertrauen braucht immer auch Kontrolle. Die Vorschläge dafür liegen auf dem Tisch: Keine Schattenbanken mehr, konsequente Überprüfung der Arbeit der Ratingagenturen, eine Mindestkapitalvorhaltung der Geschäftsbanken und eine Verbraucherinformation, die diesen Namen verdient. Für einen überzeugenden Neuanfang ist es aber vor allem notwendig, dass die Bankiers sich selbst und der Öffentlichkeit erklären, wie es aus ihrer Sicht und aus ihrer fachlichen Bewertung zum radikalen Verlust des Vertrauens gekommen ist. Ein derartiges Wort habe ich aus dem Kreis führender Bankiers bislang nicht vernommen. Solange dieses ausbleibt, gibt es wenig Chancen für neues Vertrauen.

Die Insolvenz von Lehmann Brothers jedenfalls war nur der Tropfen, der das Fass zum Überlaufen brachte. Die Ursachen für den Ausbruch der Krise liegen weitaus tiefer. Im Kern resultiert die Finanzkrise aus einem schon lange andauernden vertrauensunwürdigen Verhalten, das in verantwortlichen Positionen vieler Banken rund um die Welt zur gängigen Norm geworden war und die Finanzmärkte zu undurchschaubaren und daher zwangsläufig labilen Gebilden machte.

Nur schlechte Moral der Bankiers?

Liegt die Krise also im individuellen moralischen Versagen der Bankiers begründet? Haben sie plötzlich einfach alle Prinzipien des »ehrbaren Kaufmanns« über Bord geworfen? Haben sie aus Gier gehandelt und damit das gesamte Finanzsystem zu Fall gebracht? Reicht es, wenn wir sie und ihr Handeln nun einfach moralisch anprangern?

Moralische Anklagen der Banker hören wir häufig und sie scheinen auf den ersten Blick plausibel. Ich möchte aber eindringlich davor warnen, eine ganze Gruppe unserer Gesellschaft pauschal zu verurteilen. Ich möchte ebenfalls davor warnen, Großtrends wie die aktuelle Krise mit individuellem moralischem Versagen zu erklären. Das griffe viel zu kurz. Gier hat es immer gegeben – die Weltliteratur ist voll davon. Unendlich viele sozialwissenschaftliche Forschungen zeigen uns: Wenn wir wirklich etwas bessern wollen, müssen wir die Umstände identifizieren, die moralisches Versagen befördern. Warum haben die Banken ihre traditionellen Arbeitsprinzipien über Bord geworfen? Wenn wir die Umstände für ihr Verhalten nicht ergründen und diese konsequent ändern, bleiben alle moralischen Appelle wirkungslos. Schlimmer, sie lenken von der eigentlichen Aufgabe ab und verstellen den Ausweg aus der Krise.

Systemische Gründe der Krise: Von der Wirtschaft zur Kultur

Dies ist keine Absage an moralische Überlegungen. Moral als Teil menschlicher Kultur spielt sehr wohl eine zentrale Rolle, wenn wir die gegenwärtige Krise angemessen bestimmen wollen. Deutschland, Europa, wir alle brauchen eine kulturelle Wende, und die enthält auch moralische Einstellungen. Wir brauchen eine neue Kultur der Gemeinsamkeit, für die sich an vielen Stellen weltweit auch schon Anknüpfungspunkte finden. Deshalb können wir durchaus zuversichtlich sein. Aber um das Licht am Ende des Tunnels zu erreichen, dürfen wir nicht nur predigen. Wir müssen in Kenntnis der komplexen Ursachen und strukturellen Bedingungen die richtigen Anknüpfungspunkte in der Realität und auch die richtigen Partner finden, mit denen wir die neue Gemeinsamkeit aufbauen können.

Wirtschaft und Kultur – die Frage des verlorenen Vertrauens zeigt dies deutlich – sind eng miteinander verknüpft. Die großen Ökonomen von Adam Smith über David Ricardo bis Karl Marx ebenso wie die großen Soziologen, allen voran Max Weber, haben über diesen kulturellen Aspekt der Wirtschaft nachgedacht und geforscht. Dabei ging es ihnen darum, zu bestimmen, was Menschen bewegt, wie die Wirtschaft ihre Interessen beeinflusst und welche Motive eine gemeinwohlorientierte Wirtschaft braucht. Wenn die Wirtschaft nahelegt, vielleicht erzwingt, dass ich mich rücksichtslos wie ein Raubtier verhalte, um Erfolg zu haben, hat eine Moral der Solidarität und Selbstlosigkeit wenig Chance. Was hat sich in den letzten dreißig Jahren in unserer Wirtschaftskultur geändert und uns die heutige Situation beschert? Wie ist aus dem neuen Globalisierungsschub vom Ende der siebziger Jahre die Finanzmarktkrise hervorgegangen?

Natürlich gibt es für komplexe Entwicklungen immer ein ganzes Bündel von Ursachen. Im Fall der Finanzkrise kann man allerdings die Politik der Deregulierung klar ins Zentrum stellen. Sie hat zu einer Entfesselung der weltweiten Konkurrenz geführt. Sie reicht heute kulturell bis in unser

Privatleben hinein, prägt ganze Gesellschaften und – so will ich zeigen – begünstigt eine strukturelle Verantwortungslosigkeit.

Deregulierung

Vergessen wir nicht: Bis zum Ausbruch der momentanen Krise hatte die Forderung nach »Deregulierung« noch bei vielen einen guten Klang. Der heute von allen herbeigerufene Staat galt als bürokratische Fessel gegen die Entwicklung einer produktiven Wirtschaft. Im Finanzmarkt mit seinen undurchschaubaren Produkten ebenso wie in den Hedgefonds sah man eine wundersame Quelle von wirtschaftlichem Reichtum. Dass dabei unerklärlich hohe Profite abfielen, schien mit der Schaffung von neuen Werten gerechtfertigt und wurde allgemein zur Nachahmung empfohlen. Ich glaube es ist gut, sich an die populären und wirkmächtigen Argumente aus zu dieser Zeit zu erinnern, um es sich jetzt mit den aktuellen Vorschlägen nicht zu leicht zu machen. Der Zeitgeist wandelt sich manchmal schnell. Es ist gefährlich, ihm einfach zu folgen.

Die Entfesselung der weltweiten Konkurrenz durch die Deregulierung war für den neuen Schub der Globalisierung seit dem Ende der siebziger Jahre von vielen, auch von den meisten Regierungen, gewollt. Eben weil sie meinten, sich dem nicht entziehen zu können und damit die wirtschaftliche Leistungsfähigkeit ihrer Länder zu steigern.

Aber diese Steigerung hat über den Preis- anstelle des für unser Land so erfolgreichen und wichtigen Qualitätswettbewerbs nach und nach die Institutionen des sozialen Ausgleichs und des Zusammenhalts wie die Sozialversicherungen, den Flächentarifvertrag und die Mitbestimmungsregelungen unterminiert. Das lag ganz im Sinne der so genannten Angebotsökonomie, die um der Entfesselung der Wirtschaftskraft willen alles, was als Belastung der Kapitalseite galt, loszuwerden empfahl.

Die hohe Arbeitslosigkeit, die im Zuge des globalen Wettbewerbs und des Strukturwandels entstand, höhlte die Position der Gewerkschaften aus. Gleichzeitig schwächte die Globalisierung und Deregulierung die Nationalstaaten, die in einen Standortwettbewerb miteinander eintraten und fortan die grenzüberschreitend handelnden Unternehmen kaum noch ihren politischen Entscheidungen unterwerfen konnten. Zwar erwarteten Unternehmen von den Staaten die Bereitstellung der für sie notwendigen Infrastruktur, aber für deren Finanzierung fühlten sie sich nicht mehr verantwortlich. Im Gegenteil: Sie sahen sich um des besten betriebswirtschaftlichen Erfolges und der höchsten Kapitalrendite willen angehalten, ihre Steuern dort zu zahlen, wo es am billigsten war, und die Verluste da anzumelden, wo sie daraus einen Vorteil ziehen konnten. Staaten waren nicht mehr Orte der Gemeinsamkeit, sondern Standorte, die es für das Partikularinteresse möglichst effektiv auszunutzen galt.

Der Finanzmarkt begann, über den Gütermarkt zu herrschen

Diese Entwicklung war nicht einfach Ausdruck schlechter Moral oder mutwilliger Gemeinwohlverletzung, sondern die Folge der entfesselten Konkurrenz. Hier kommt die Entwicklung der Finanzmärkte ins Spiel. Denn deren Deregulierung verschärfte die Konkurrenz auf den Produktions- und Gütermärkten und zog eine beinahe inhuman zu nennende Verengung der Unternehmensziele nach sich: Vom *stakeholder value* zur Konzentration allein auf den *shareholder value*.

Mit der Deregulierung der Finanzmärkte suchte nämlich das grenzüberschreitend mobile Kapital – darunter Pensionsfonds, Wertpapiere und große Vermögen amerikanischer Universitäten – nun seine jeweils ergiebigste Anlage. Jetzt ging es ausschließlich darum, möglichst schnell möglichst viel Geld zu erwirtschaften – ohne Rücksicht auf die Menschen, ohne Rücksicht auf die langfristige Entwicklung der Unternehmen, ohne Rücksicht auf den Raubbau an der Natur. Sonst zogen die Anleger ihr Kapital wieder ab.

Aus Unternehmern, die sich zuvor bemühten, so gut sie konnten das große Ganze im Blick zu behalten, wurden mehr und mehr Manager, die dem Gesetz der raschen und hohen Kapitalrendite gerecht werden mussten, wenn sie ihre Position nicht verlieren wollten. Vorstandsvorsitzende wurden seit Mitte der neunziger Jahre immer häufiger zum Rücktritt gedrängt, wenn sie die geforderte Rendite nicht schnell genug erbrachten. Die Quartalsberichte an die Börse wurden zum Taktgeber allen Denkens und Handelns. Personalabbau steigerte den Börsenwert, ganz gleich, ob damit Effizienzgewinne verbunden waren, und natürlich unter Ausblendung der sozialen Kosten.

Keinesfalls alle lebten bei uns über ihre Verhältnisse.

Von der entfesselten Konkurrenz zur Verantwortungslosigkeit

Diese kurzfristige Orientierung sprach jeder nachhaltigen Entwicklung Hohn. Sie führte in eine geistige und moralische Perversion, da sie vor allem scharfsinnige Rücksichtslosigkeit honorierte. Was die Treiber dieser Entwicklung übersahen war, dass sie selbst mehr und mehr zu Getriebenen wurden – die sich allerdings mit exorbitant hohen Vergütungen abzusichern verstanden. In den Hochzeiten der Sozialen Marktwirtschaft verdiente der Vorstandsvorsitzende eines Konzerns etwa 35 Mal so viel wie ein durchschnittlicher Arbeitnehmer, nach der Jahrtausendwende hatte er es auf das 350fache gebracht. Mit Leistungsgerechtigkeit ist dies nicht mehr zu rechtfertigen. Es bedurfte der großen Krise, um klar zu machen: Eine Gesellschaft kann ohne eine fundamentale Gerechtigkeit nicht zusammenhalten.

Zu beachten ist ferner die Verschiebung zwischen Real- und Finanzwirtschaft. Diente letztere lange nur dazu, Unternehmen des produzierenden Gewerbes bei der Refinanzierung zu helfen, schwang sich die Finanzwirtschaft nach der Jahrtausendwende zur Herrscherin über die Realwirtschaft auf. Die Finanzmarkt-Abhängigkeit der Unternehmen wuchs exorbitant. Dies brachte Finanzmanager – ich erwähne nur das Stichwort Cerberus – dazu, ihre Machtposition weidlich auszunutzen.

Doch Macht verführt zu Realitätsverlust – überall. In der Politik wie in der Wirtschaft und im persönlichen Leben. Der aus Böhmen vor den Nationalsozialisten geflohene Harvard-Professor Karl Deutsch hat Macht einmal als die Fähigkeit definiert, nicht lernen zu müssen. Wer viel Macht hat meint, sich um die Realität außerhalb seiner selbst nicht mehr kümmern zu müssen. Die Notwendigkeit von Machtbeschränkung, auch in den unternehmensinternen Entscheidungen, ist also eine der wichtigsten institutionellen Schlussfolgerungen, die wir aus der Finanzkrise ziehen müssen. Sie wirkt mehr als moralische Appelle.

Denn wie tief die Versuchung zu Maßlosigkeit und Bereicherung seit Jahrtausenden in uns Menschen verankert ist, lehrt uns das christliche Grundgebet des »Vater Unser«: »Unser tägliches Brot gib uns heute … … und führe uns nicht in Versuchung, sondern erlöse uns von dem Bösen« – dies sind die Bitten, welche die Gläubigen im Bewusstsein ihrer Schwäche an Gott richten. Allerdings gibt es Versuchungen, denen wir einfach ausgesetzt sind und andere, die wir uns selbst schaffen und die wir bei ihrer Entstehung kontrollieren können. Dafür müssen wir Rahmenbedingungen setzen. Mit Blick auf die Finanzmärkte: Wenn wir es beim gegebenen Arrangement der Versuchung belassen, wird die scheinbar verpönte Gier sich, sobald sie kann, wieder durchsetzen. Es gibt ja manche, die auch in der Krise ganz unverhohlen angekündigt haben, bei nächster Gelegenheit so weiterzumachen wie bisher. Die kulturelle Prägung sitzt einfach zu tief.

Wirtschaft und Kultur: Die aktuelle Krise ist eine Kulturkrise

Damit sind wir beim Kern der Krise angekommen, nämlich beim Übergreifen der wirtschaftlichen auf die kulturelle Entwicklung und das soziale Wertegefüge. Die radikale Entfesselung der globalen Konkurrenz nicht nur auf den Güter-, sondern vor allem auch auf den Finanzmärkten hat schleichend zu einer Zerstörung der Institutionen und der kulturellen Einstellungen geführt. Doch wir brauchen diese Einrichtungen und Haltungen, um den sozialen Zusammenhalt zu wahren, um verantwortlich zu handeln, um gemeinsam auf dieser Erde zu überleben. Damit ist der Kapitalismus an einem Wendepunkt angekommen: Die befreiende Wirkung, die der wirtschaftliche Wettbewerb gegenüber staatlicher Machtkonzentration in der Planwirtschaft, ganz allgemein gegenüber undurchsichtiger Bürokratie und verfestigten Privilegien erreicht und erreichen soll, wurde durch Maßlosigkeit zu einer Zerstörung aller Bindungen und einer strukturellen Verantwortungslosigkeit pervertiert, die wir für ein freiheitliches, gerechtes, solidarisches und friedliches, überhaupt für ein sinnvolles Leben brauchen. Damit wurden die dazu gehörigen Werte ausgehöhlt.

Die kulturelle Hegemonie der entfesselten Konkurrenz muss durch den Grundkonsens einer neuen Gemeinsamkeit überwunden werden. Vom Primat des Profitdenkens beherrscht, haben wir uns dem entfesselten Wettbewerb als einzigem Leistungsmotor und auch als einzigem Wertmaßstab auf allen anderen Lebensgebieten unkritisch unterworfen und so die Ökonomisierung aller unserer Lebensbereiche zugelassen. Dadurch ist uns die Freiheit verlorengegangen, bewusst und gemeinsam unser Zusammenleben nach durchdachten Kriterien und vereinbarten Regeln zu bestimmen.

Wir haben nicht gefragt, ob uns die zügellose Effizienzsteigerung, die der globale Wettbewerb angeblich erzwang, gut tut. Wir haben auch nicht überdacht, ob wir wirklich nur noch möglichst billige Konsumgüter bei möglichst hohen Kapitalrenditen anstreben und ob wir dafür die immer größere Kluft zwischen Arm und Reich, den Raubbau an der Natur, an unserer Gesundheit, am Klima der Atmosphäre, an den Energievorräten, aber auch an unseren zwischenmenschlichen Beziehungen in Kauf nehmen wollen.

Verlust der Freiheit durch Unterwerfung unter die entfesselte Konkurrenz

Die Unterwerfung unter die entfesselte globale Konkurrenz hat uns um unsere Freiheit gebracht. Und zwar überall dort, wo wir diesem Imperativ blind gefolgt sind. Das betraf nicht nur die Finanzmanager, die sich dem schnellen leichten Erfolg verschrieben und eine der Grundtugenden demokratischer Politik – die Mäßigung – darüber vergaßen. Das betraf überhaupt nicht nur die Wirtschaft. Das betraf zum Beispiel auch viele Wissenschaftler, die sich nur noch an Rankings und der Konkurrenz um die höchst dotierten Aufträge und Forschungsvorhaben orientierten, ohne dabei zu prüfen, welchen Beitrag sie für die Herausforderungen unseres gemeinsamen Überlebens auf der Erde leisten sollen. Das betraf auch die zunehmend auf Effizienz getrimmte Ausbildung an den Hochschulen, nicht zuletzt in den Wirtschaftswissenschaften. Vor allem in der Ausbildung künftiger Manager bekräftigte sie in zahlreichen als Eliteausbildung etikettierten Turbo-Programmen die Dominanz der Stromlinienförmigkeit, die sich nunmehr als strukturelle Verantwortungslosigkeit entpuppt hat. Ohne nachdenklich zu fragen, welche Art von Leistung den unterschiedlichen Lebensbereichen und ihren Besonderheiten gerecht werden kann, *wie* sie gemessen und *ob* sie überhaupt immer gemessen werden kann. Diese Fragen haben ausgerechnet in der Wissenschaft, die der Ort für eine derartige Nachdenklichkeit sein müsste, keinen Raum mehr gefunden, schienen den Betrieb nur aufzuhalten, weil sie für Rankings nichts erbringen würden. Es fehlte das Kind, das des Kaisers neue Kleider durchschaut und gerufen hätte: Der Kaiser ist ja nackt. Einige Erwachsene haben immer wieder gerufen, aber sie hatten nicht die Wirkung des Kindes.

Die entfesselte Konkurrenz hat unser Gesichtsfeld auf den kleinen Sektor eingeschränkt, auf dem wir Konkurrenzvorteile gewinnen wollten. Damit hat sie eine strukturelle Verantwortungslosigkeit befördert, weil die Tugend der »Umsicht« ausgeblendet wurde.

Die entfesselte Konkurrenz hat die Schulen unter einen ihnen bislang unbekannten Effizienzdruck gesetzt, den Jugendlichen den Freiraum eingeschnürt und die persönliche Anerkennung verweigert, die sie ganz unabhängig von ihrer Leistung für ihr Gedeihen brauchen. Sie hat ihnen die Wärme genommen, die ihnen Sicherheit und Selbstwert vermitteln sollte, so dass sie sich nicht gekränkt an ihren Computer zurückziehen und ihr Schwächegefühl mit Gewaltspielen abreagieren müssen.

Die entfesselte Konkurrenz hat inzwischen auch zu verrückten individuellen Selbstoptimierungsstrategien geführt. Zum Beispiel dann, wenn junge Menschen ihren persönlichen Wert an der Länge der Liste ihrer Freundschaftseinträge im Internet messen und miteinander vergleichen. Doch welche reale Erfahrung von Freundschaft steht dahinter?

Den Weg in die Krise sind wir gegangen – zum Teil ohne es zu merken. Wir wollten auf Warnungen nicht hören. Vielleicht konnten wir auch nicht, weil wir uns im Käfig der Konkurrenz fühlten und es jedem für sich allein nicht gelungen wäre, aus diesem anonymen Zwang herauszufinden. Deshalb eben brauchen wir jetzt den neuen Anlauf zu einer Kultur der Gemeinsamkeit. Denn heraus aus der Krise schaffen wir es nur gemeinsam. Das dramatische Scheitern der entfesselten Konkurrenz, die unsere Welt fast an die Wand gefahren hat, bietet uns dafür eine einmalige Chance. Im jetzigen Moment, zwischen dem Ausbruch der Krise und der vollen Entfaltung ihrer Folgen, erscheint die Zeit wie angehalten. Die Hyper-Beschleunigung, die unser Leben jahrelang geprägt hat, hat sich verflüchtigt und eröffnet die Chance zur Reflektion. Wir sollten sie nutzen.

Denken müssen wir dabei im globalen Maßstab, denn die Finanzkrise offenbart uns, dass wir endgültig in der Weltgesellschaft angekommen sind: Immobilienspekulationen in Amerikas Mittlerem Westen bringen nicht nur deutsche Firmen ins Wanken, sondern vernichten auch die Pensionsansprüche britischer Stahlwerker und die Zukunftsaussichten chinesischer Näherinnen.

III. Wege aus der Krise: die Globalisierung gemeinsam gewinnen.

Wege aus der Krise verlangen nicht den Verzicht auf Markt und Wettbewerb. Im Gegenteil: Sie brauchen Markt und Wettbewerb, aber sie verlangen die Rückgewinnung des Maßes, eine neue Balance zwischen Konkurrenz als fairem und sportlichem Wettlauf gegeneinander und Politik als gemeinsamer Verabredung von Regeln und Prioritäten. Der globale Wettbewerb der Güter und der Ideen ist ein hohes Gut – unter der Bedingung, dass wir ihm wieder zivilisierende Fesseln anlegen. Dass wir vertrauensstiftende Institutionen wie die Mitbestimmung, auch im europäischen und globalen Kontext, reparieren und wiedererrichten. Die müssen wir gemeinsam vereinbaren. Das ist nicht leicht. Wie gelangen wir aus einer Kultur, die Gegnerschaft und Misstrauen hervorgebracht und begünstigt hat, in die ganz andere Kultur der Gemeinsamkeit und des Vertrauens?

Was schafft Gemeinsamkeit? Anknüpfungspunkte in der Realität

Die Ausgangsfrage hierfür lautet: Was bringt Menschen dazu, gemeinsam zu handeln? Am leichtesten scheint dies zu fallen, wenn man einen gemeinsamen Feind hat. Die Europäische Gemeinschaft hat nach dem Zweiten Weltkrieg in dieser Hinsicht von der Gegnerschaft gegen den

Kommunismus profitiert. Unsere neue Herausforderung aber liegt darin, dass uns der Weg, Gemeinsamkeit durch gemeinsame Feindschaft herzustellen, versperrt ist. Die letzten Monate haben uns zu eindringlich und zwingend gezeigt, wie eng wir *alle* auf dieser Erde von einander abhängen.

Reicht diese Einsicht in die gegenseitige Abhängigkeit, vielleicht auch in die Bedrohung durch Energieknappheit, Klimazerstörung, Wassermangel und buchstäbliche Verwüstung, die erforderliche Gemeinsamkeit auch im Alltag und auf Dauer, auch ohne spektakuläre, vielmehr schleichende Bedrohung zu stiften? Wahrscheinlich nicht, es sei denn, wir würden auf dem Weg zur Gemeinsamkeit immer wieder gute Erfahrungen machen, positive »Anreize« bekommen und lockende Perspektiven auftun. Dies sind die »Anknüpfungspunkte«, von denen ich am Anfang gesprochen habe.

Meine Überlegungen folgen hier dem Grundgedanken von Immanuel Kant und seiner Schrift »Idee zu einer allgemeinen Geschichte in weltbürgerlicher Absicht«. Kant wollte die Geschichte als Fortschritt zum Weltbürgertum verstehen, das war seine »weltbürgerliche Absicht«. Er wusste auch, dass sie von sich aus keine Richtung hat. Aber er suchte und fand in ihr Anhaltspunkte dafür, dass ein Fortschritt hin zum Weltbürgertum möglich ist, und die wollte er nutzen. Kant war also ein Visionär, der die Realität genau auf ihren Gehalt für die Verwirklichung seiner Visionen prüfen wollte.

Ich möchte am Beispiel eines neuen Umgangs mit Natur und Energie, mit unserer Umwelt – besser: »Mit«-Welt – erläutern, wo gegen die bisherige Kultur entfesselter Konkurrenz eine neue »Kultur der Gemeinsamkeit« im Dienste einer Wende in der Realität anknüpfen kann.

Eine neue Kultur der Gemeinsamkeit für Klima und Umwelt

Die Schäden, die bei einem »Weiter so!« im Umgang mit der Umwelt entstehen, sind dramatisch. Spätestens in dreißig Jahren wird die globale Erwärmung alle Länder bedrohen, vornehmlich allerdings die Entwicklungsländer. In Afrika leiden schon jetzt über 200 Millionen Menschen an Hunger, ihre Ernten werden künftig um die Hälfte zurückgehen. Und in den peruanischen Anden werden die Gletscher demnächst verschwunden sein. Acht Millionen Menschen aus Lima gewinnen bisher ihr Trinkwasser zu hundert Prozent aus diesen Gletschern. Eine Viertelmillion Menschen werden in den asiatischen Küstengebieten von Hochwasser und Überflutungen bedroht sein. Die Preise von Rohstoffen werden trotz der momentanen Krise auf Dauer steigen, bald wird es heftige Verteilungskämpfe darum geben. Wenn es nicht zu einer globalen Katastrophe kommen soll, müssen wir jetzt umsteuern.

In dem dringlich gebotenen ganz anderen Umgang mit Natur, Energie und Klima schlägt das Herz der neuen Kultur der Gemeinsamkeit. Hier brauchen wir zuallererst einen Paradigmenwechsel. Er nimmt auf, was sich hinter dem Postulat der »Nachhaltigkeit« – der Begriff hat inzwischen eine eindrucksvolle Karriere gemacht – versammelt. Der Paradigmenwechsel rückt in unseren Entscheidungen und Handlungen vor allem den Faktor »Zeit« ins Zentrum – das heißt die Gemeinsamkeit mit den Generationen der Zukunft wie der Gegenwart. Nachhaltigkeit bedenkt die Endlichkeit unserer Mittel, die Gefahr kurzfristiger Erfolgsorientierung und die verantwortliche Verbundenheit der jetzigen und zukünftigen Menschen. Wenn wir so mit Blick auf das Gemeinsame handeln, haben wir bei allem die »Nebenwirkungen und Risiken«, aber auch die Chancen im Blick für die Menschen auf allen fünf Kontinenten, für die organischen Kreisläufe der Natur, für die durch neue Produktionstechniken eröffnete Möglichkeit eines Recycling von Produkten, um Rohstoffe zu sparen, für die physische und psychische Erholung der arbeitenden Menschen, deren Kraft ebenso endlich ist wie die Rohstoffe der Natur. Aber auch für die Stärkung von Freiheit und rechtsstaatlicher Demokratie, auf die wir für eine effiziente Wirtschaft, vor allem aber für ein sinnvolles Leben angewiesen sind wie auf die saubere Luft zum Atmen. Gemeinsamkeit bestimmt hier auch die Richtung unserer Analyse, unserer Ortsbestimmung. Sie verbietet jede perspektivische Verengung.

Gemeinsamkeit als Ressource für erfolgreiche Praxis

Die Vielfalt der Gesichtspunkte, die so bei allen unseren Entscheidungen und Handlungen in Zukunft zu bedenken ist, können wir gar nicht allein, jeder für sich, berücksichtigen. Wir brauchen die Kooperation von Politik, Wirtschaft, Zivilgesellschaft, auch von Wissenschaft und Kultur, um sie zusammenzubringen. Die gemeinsame Sicht und Diagnose motiviert für späteres gemeinsames Handeln. Dieser Zugang bietet heute wichtige praktische Chancen, von Unternehmen, über die Schule bis zum Krankenhaus. Aber dazu dürfen wir uns nicht mehr überall als Konkurrenten begreifen.

Die neue Kultur der Gemeinsamkeit verlangt von uns Empathie über kulturelle Unterschiede hinweg, Einfühlungsvermögen in die Situation und Bedürfnisse anderer, weil in einer Welt der gegenseitigen Abhängigkeit hierarchische Befehlsgewalt, militärische Drohung, eine Herrschaft über andere durch schnell wirkende »mechanische« Hebel nicht mehr funktionieren. Stattdessen brauchen wir die Bereitschaft zum geduldigen Aushandeln. Olof Palme, Willy Brandt und Gro Harlem Brundtland haben als Vorsitzende von drei Unabhängigen UN-Kommissionen in ihren abschließenden Berichten zur »Gemeinsamen Sicherheit« (Palme), zum »Gemeinsamen Überleben« (Brandt) und zur »Gemeinsamen Zukunft« (Brundtland) schon Ende der achtziger Jahre des vorigen Jahrhunderts eindringlich auf die zukunftsweisende Ressource »Gemeinsamkeit« verwiesen.

Doch die Forderung nach Gemeinsamkeit gilt eben nicht nur für die Politik, sondern auch für die Wirtschaft, die Bildung, die Wissenschaft und alle anderen gesellschaftlichen Bereiche.

Was unterstützt unser Ziel, in Zukunft nachhaltig und kooperativ zu handeln?

Anknüpfungspunkte und Partner für eine neue Kultur der Gemeinsamkeit

Die dominante Entwicklung zur entfesselten Konkurrenz hat nicht alles beherrscht. Gleichzeitig und gegen sie sich hat seit den achtziger Jahren das globale Bewusstsein für die Gefahren und die Notwendigkeit, sie gemeinsam zu bewältigen, deutlich geschärft. Dies gilt für die Wirtschaft, die Verbraucher und vor allem die vielen Bürgerinnen und Bürgern, die sich weltweit in Bürgerinitiativen zusammengetan haben, um Abhilfe zu schaffen. Während überdies vor einigen Jahrzehnten die Diskussion um die »Grenzen des Wachstums« und die Bewahrung der Natur vornehmlich mit der Forderung nach Verzicht geführt worden ist, haben inzwischen zahlreiche technologische Innovationen gezeigt, dass wir nicht zurück müssen in die Steinzeit, um zu überleben. Die Politik hat hier oft und dankenswerterweise eine richtungsweisende Rolle gespielt. Heute wissen wir: Wir können unseren Wohlstand und unsere Lebensqualität weiter entwickeln, wenn wir dabei nur intelligent verfahren. Deshalb geht es schon seit längerem nicht mehr um die einfache Frage: Wachstum – ja oder nein? Sondern darum, gemeinsam ein bekömmliches Wachstum zu gestalten, das wir schon angesichts der noch steigenden Weltbevölkerung dringend brauchen.

Für ein solches verträgliches Wachstum gibt es gewaltige Potenziale: Fünfzig Prozent der Kosten im produzierenden Gewerbe fallen durch den

Verbrauch von Material, Energie und Rohstoffen an, nur 25 Prozent durch Lohnkosten. Gerade im Bereich des Energieverbrauchs gibt es ein enormes Einsparungspotenzial. Eine kluge, weitsichtige Wettbewerbspolitik kann hier die Weichen in die richtige Richtung stellen. Einsparen ohne zu frieren, das ist die Devise! Hier öffnet sich der richtige Weg in die Zukunft für ein intelligentes wirtschaftliches Wachstum, für die Verbindung von Sparen und Wachsen.

Testfall Atomenergie

Dies freilich würde eine im Sinne der Kultur der Gemeinsamkeit geführte Debatte darüber erfordern, welche Technologien wir wollen und welche wir für schädlich halten. Ein negatives Beispiel ist der Versuch, angesichts der Klima-Verheerungen die Atomenergie wieder zu beleben und so CO_2-Emissionen zu vermeiden. Die Kernkraft ist nicht nur seit Jahrzehnten eines der gesellschaftlich kontroversesten Themen überhaupt und steht damit der Kultur der Gemeinsamkeit diametral entgegen. Sie bürdet auch den nachfolgenden Generationen Lasten auf, die wir heute nicht überblicken. Vor allem aber spricht gegen sie die Blockade, die ein leichtfertiges Versprechen billiger Energie der notwendigen kulturellen Wende zur Gemeinsamkeit, der Sorge für Effizienz und Einsparen um der kommenden Generationen willen, mit einem verantwortungslosen »Weiter so!« in den Weg legen würde.

Manchmal genügen ganz kleine Zeichen, wie das, was die Familie Obama mit ihrem Gemüsegarten vor dem Weißen Haus gesetzt hat. Durch diesen kleinen Schritt hat die Präsidentenfamilie Millionen von amerikanischen Kindern gezeigt, dass Gemüse im Boden wächst und gedeiht. Auch das gehört zum Bewusstseinswandel.

»Externe Kosten« und »öffentliche Güter«

Das Denken der Kultur der Gemeinsamkeit muss sich auf allen Ebenen von neuen Gesichtspunkten leiten lassen. Ein Anknüpfungspunkt für diese neue Kultur ist der durchaus marktwirtschaftliche Vorschlag, die so genannten externen Kosten der Herstellung von Gütern in die betriebswirtschaftliche Rechnung einzubeziehen. Dies ist eine alte Idee. Umso merkwürdiger ist es, dass sie noch nicht umgesetzt wurde. Können wir es uns wirklich leisten oder auf irgendeine Weise rechtfertigen, dass Verschmutzung von Flüssen und Grundwasser, dass Gesundheitszerstörung von Bergarbeitern, dass verpestete Luft, dass Verwüstung von Böden Hinterlassenschaften von privatem Gewinn sind und in der Folge als »externe Kosten«, die angeblich mit dem Unternehmen und seinem betriebswirtschaftlichen Erfolg nichts zu tun haben, öffentlich behoben werden müssen? Hier gibt es handfeste Möglichkeiten für einen Neubeginn, wir müssen es nur wollen und mutig angehen.

Die aktuelle Krise hat uns drastisch gezeigt, dass Unternehmen eben nicht nur Orte zur Gewinnerzielung sind, an denen die Kapitaleigner im Falle des Fehlschlags die Risiken tragen. Im Gegenteil: Die Risiken tragen immer auch die Menschen, die am Sitz der Firma arbeiten und wohnen, die krank werden und die sich nicht schnell mal nach Südostasien zurückziehen können. Deshalb brauchen wir eine neue Organisation der Kostenverteilung, der Entscheidungsverantwortung und der Haftung. Sie muss die öffentlichen Güter, für die der Staat verantwortlich ist, in die Gestaltung, Berechnung und Haftung der privaten Wirtschaft einbeziehen.

Was alles zu diesen öffentlichen Gütern zu zählen ist, muss politisch ausgehandelt werden. Bei Adam Smith ging es um die Infrastruktur, das Recht, innere und äußere Sicherheit auch gegen Ungerechtigkeit und Unterdrückung und um Bildung. Heute muss es um mehr gehen. Das konnte man seit langem erkennen. Aber erst die Krise bietet uns die Chance, den Paradigmenwechsel endlich zu vollziehen, den wir so dringend brauchen.

Wie können wir öffentliche Güter, wie können wir die neue Gemeinsamkeit nicht nur national – was heute nicht mehr reicht –, sondern global politisch aushandeln? Damit ist die abschließende Frage aufgeworfen, wie eine globale demokratische Politik aussehen kann, mit der wir die Globalisierung gestalten können, um sie gemeinsam zu gewinnen.

IV. Globale demokratische Politik zur Gestaltung der ökonomischen Globalisierung

Das G-20-Treffen in London Ende dieser Woche war Mut machender Teil einer neuen Regierungsweise. Auch wenn die G-20 nur einen kleinen Teil der Weltbevölkerung repräsentieren: Die dort verabredeten Beschlüsse zeigen beispielhaft, wie wir künftig über nationale Grenzen hinweg wieder den Primat der Politik über die Wirtschaft zur Geltung bringen können. Das heißt nichts anderes als die Globalisierung gemeinsam zu gestalten. Wie das gehen kann, darüber denken viele schon seit Jahren nach, praktizieren es auch schon in Ansätzen. Das sind die Kant'schen »Anknüpfungspunkte« in der Realität, die wir nun aufnehmen und weiterentwickeln müssen. Sie werden in Deutschland noch wenig besprochen, auch, weil sie in der Regel mit einem englischen Begriff bezeichnet werden, den man schlecht übersetzen kann: *good global governance*.

Die weltumspannende und alle – auch die Entwicklungsländer – einschließende Politik der Zukunft verlangt keinen Weltstaat, der den Globus beherrschen kann. Diesen Weltstaat wird es nicht geben, und den soll es auch nicht geben, weil er viel zu mächtig und nicht mehr kontrollierbar wäre. Die Gestaltung der Globalisierung, die ja nichts anderes als eine Verdichtung der Kommunikation und des Austauschs über die Erdteile hinweg ist, wird unübersichtlicher und komplizierter werden als Politik im Nationalstaat, wie wir sie kennen. Sie verlangt die Bereitschaft zur Gemeinsamkeit, weil globale politische Kooperation zu größeren Teilen als bisher auf Freiwilligkeit angewiesen ist. Sie kann aber in der Erfahrung der Krise auch mehr als bisher darauf bauen, weil wir unsere gegenseitige Abhängigkeit so drastisch erleben. Allerdings noch nicht so, dass wir auch zureichend an die Ärmsten denken, in Bangladesch oder in Zentralafrika, die gegenwärtig noch keine Macht in die Waagschale werfen können. Hier müssen unsere Vernunft und unser Herz Gemeinsamkeit stiften.

Kerne der politischen Willensbildung sind immer noch die Nationalstaaten. Sie bieten bisher die wichtigste Legitimationsgrundlage für demokratische Politik. Die Europäische Union als Verbund von Nationalstaaten muss die Erfahrungen der Krise zum Anlass nehmen, um endlich zu einer gemeinsamen Wirtschafts-, Finanz- und Außenpolitik vorzustoßen. Nationale Egoismen haben vor dieser großen Aufgabe zurückzustehen.

Die internationalen Organisationen, die sich ihrerseits von den Nationalstaaten her legitimieren, formulieren noch keine gemeinsame global wirksame Politik, weil sich die Nationalstaaten weder untereinander noch mit den Politiken ihrer internationalen Organisationen zureichend abstimmen können. Sie sind zu sehr gebunden an ihre eigenen Interessengruppen und Wahlperioden, um sich den globalen öffentlichen Gütern angemessen widmen zu können.

Um dem abzuhelfen, haben sich seit Jahren verschiedene Regierungskonferenzen herausgebildet. Die neue US-amerikanische Administration weckt Hoffnungen, auch wenn sie ihrerseits an nationale amerikanische Interessen gebunden ist. Aber prinzipiell hat sie sich endlich wieder für internationale Zusammenarbeit ausgesprochen und auch für einen radikalen Wandel in der Klima- und Umweltpolitik. Diese neue Chance müssen wir nutzen und aktiv mit eigenen Vorschlägen vorangehen.

Des Weiteren gibt es seit einigen Jahren eine zunehmend globalisierte

Medienkultur, etablierte internationale Konsultationen und auch einen Internationalen Gerichtshof. Sie alle schärfen das Bewusstsein für die Notwendigkeit, die Menschen- und Bürgerrechte, aber auch die vereinbarten sozialen Standards, global umzusetzen und ihnen dadurch mehr Verbindlichkeit zu verleihen.

Nichtregierungsorganisationen und Privatsektor als zusätzliche Akteure einer »good global governance«

Um dies anzustoßen und zu kontrollieren, kommt der organisierten Zivilgesellschaft, das heißt, vor allem den gemeinnützigen Nichtregierungsorganisationen, eine immer größere Bedeutung zu. Sie ermangeln zwar anders als die demokratisch gewählte Politik der Legitimation zur Gesetzgebung, bieten aber, wenn sie vertrauenswürdig handeln, die Möglichkeit, an einer konstruktiven Gestaltung der globalen Wirtschaft mitzuarbeiten. Sie können dafür Koalitionen über nationalstaatliche Grenzen und Legislaturperioden hinweg aufbauen und die Einhaltung vereinbarter Regelungen glaubwürdig überwachen. Hier können wir bald einen qualitativ neuen Punkt erreichen: Verstanden sich Nichtregierungsorganisationen lange Zeit vor allem als Kontrolleure, könnten sie in der neuen Kultur der Gemeinsamkeit auch proaktiv an der Politikformulierung teilnehmen.

Auch private Unternehmen beginnen angesichts ihres drastisch gewachsenen Einflusses, nicht zuletzt aus wohlverstandenem eigenem Interesse, ihre zunehmende Verantwortung für eine den Menschen bekömmliche Wirtschaft zu erkennen und wahrzunehmen. Herausragende Unternehmerpersönlichkeiten, gerade auch im Mittelstand, bringen über ihre eigenen Unternehmen hinaus in ihren Verbänden Verabredungen in Bezug auf Sozialstandards, Arbeitsbedingungen oder Umweltschutz zum Tragen, deren Realisierung über die traditionelle Politik, die sich grenzüberschreitend koordinieren müsste, sehr viel schwerer fallen würde.

Das neue Arrangement für die Gestaltung der Globalisierung liegt deshalb in einem *Zusammenspiel der drei Akteure Politik, Privatsektor und organisierte Zivilgesellschaft*. Dabei wäre die Rolle der beiden zusätzlichen Akteure Privatsektor und Zivilgesellschaft nicht, die legitimierte Politik zu ersetzen, sondern ihr in einer »antagonistischen Kooperation«, die uns aus der deutschen »sozialen Marktwirtschaft« vertraut ist, bei der globalen Lösung von Problemen zu helfen. Der UN Global Compact ist dafür ein konkretes Beispiel.

Wir haben also schon eine Reihe von Institutionen und Akteuren, mit denen wir die Globalisierung gestalten können. Daran können wir anknüpfen. Aber wir brauchen eben die neue Kultur der Gemeinsamkeit für beharrliche Initiativen und die Geduld für Verhandlungen und Kompromisse, weil Institutionen allein nicht genügen. Es gibt kein perfektes Arrangement, das quasi mechanisch für Gerechtigkeit und Solidarität sorgen würde, wir sind jeder an unserem Ort Akteure für diese dringende Aufgabe. Wir müssen uns zu unserer Freiheit entscheiden und bekennen.

Unsere gegenwärtige Krise ist das Resultat einen riesigen weltweiten Vertrauensverlustes. Alle freiwillige Kooperation aber braucht als wichtigste Ressource Vertrauen. In andere und in uns selbst. Wir können es wieder aufbauen, wenn wir vier wesentliche Bedingungen erfüllen: Wir müssen uns erstens ehrlich, zweitens kompetent, drittens verlässlich und viertens gerecht verhalten. Darin liegt unsere Bürger-Verantwortung, die uns die Politik nicht abnehmen kann. Als Bürgerinnen und Bürger sollten wir dies als unser aller tägliche Aufgabe mehr als ernst nehmen.

Das Wort Bürgerbeteiligung bekommt so einen ganz neuen Sinn, denn auf diese Weise können wir unmittelbar beitragen zum Gelingen der Globalisierung und ihr eine neue und positive Richtung geben. Unser Ziel muss es sein, dass wir die Globalisierung nicht länger passiv als eine Sache, die einfach über uns kommt, begreifen. Wir müssen sie vielmehr als einen zumindest potenziellen Gewinn für alle Menschen sehen und auch so handeln. Das aber heißt: wir brauchen eine Dynamik nach oben, nicht nach unten. Dies gilt für die Löhne, die soziale Sicherung und die Mitbestimmung am Arbeitsplatz. Die Globalisierung darf nicht länger mit der Vertiefung der Kluft zwischen Armen und Reichen einhergehen, sondern muss uns helfen, den Weg zur Weltgesellschaft zu beschreiten. Das Potenzial dafür bietet sie.

V. Fazit. Das ursprüngliche Versprechen des Freihandels: Gemeinsam gewinnen

Gelingt uns dies, stehen wir an der Schwelle einer neuen, einer helleren Epoche der Globalisierung. Wir müssen es nur wollen. Die Finanzmarktkrise hat uns brutal auf den grundlegenden Irrtum einer darwinistischen Laissez-Faire-Wirtschaft gestoßen. Wir haben uns blind einer entfesselten Konkurrenz unterworfen, die uns gegenseitig zu Feinden gemacht hat und die schlussendlich die gesamte Natur zerstören wird, wenn wir nicht innehalten. Aber die Krise gibt uns eine unerwartete Chance, unsere Freiheit zur Politik zurückzugewinnen. Unsere Entscheidung für eine neue Kultur der Gemeinsamkeit kann der entfesselten Konkurrenz die zivilisierenden Fesseln der politischen Gestaltung anlegen. Wenn wir uns an das ursprüngliche Versprechen des Freihandels, das der Globalisierung der Gütermärkte zugrundeliegt, wieder erinnern und danach handeln, begreifen wir, dass ihr Vorteil gerade im gemeinsamen Gewinn liegt, darin dass jeder einzelne von uns mehr davon hat, wenn wir uns zusammentun und unsere unterschiedlichen Fähigkeiten dadurch für alle produktiver machen. Aber eben nach Regeln und nicht als das gegenwärtig vorherrschende Nullsummen-Spiel, bei dem, was die einen gewinnen, die anderen verlieren müssen. Der aktuelle Zusammenbruch befreit uns dazu, den Wert der Gemeinsamkeit, der dem Gesellschaftsvertrag unserer freiheitlichen Demokratien ursprünglich zugrunde liegt, wiederzuentdecken und diesen Vertrag zu erneuern. Er muss und kann allen zugute kommen, wenn er geachtet und gepflegt wird. Wer nur auf seinen Vorteil spekuliert, bricht dieses Versprechen.

In der Globalisierung muss es keine Verlierer geben. Die Erste Welt kann und darf sich zwar nicht mehr auf Kosten der Dritten bereichern, aber sie muss auch nicht an Lebensqualität verlieren. Denn diese hängt zum einen an einem intelligenteren Wachstum als bisher, zum anderen aber immer mehr an immateriellen Gütern wie Vertrauen, Freundschaft, gelungenen Beziehungen. Das spüren die Menschen bei uns zunehmend.

In Zukunft geht es nicht mehr um den Sieg des Ehrgeizes gegen andere, sondern um den Sieg der Vernunft für uns alle. Denn Zukunft haben wir nur gemeinsam!

6 Einigkeit und Recht und Freiheit.
Wie wir in Zukunft leben wollen*

*»Einigkeit und Recht und Freiheit für das deutsche Vaterland!
Danach lasst uns alle streben, brüderlich mit Herz und Hand!
Einigkeit und Recht und Freiheit sind des Glückes Unterpfand;
Blüh' im Glanze dieses Glückes, blühe deutsches Vaterland!«*

Es hat lange gedauert bis wir Deutschen den Text unserer Nationalhymne – oder zumindest ihre dritte Strophe – flüssig und ohne ungute Gefühle singen konnten. Manche mögen sich an den 10. November 1989 erinnern, den Tag nach der Maueröffnung, als auf den Stufen des Schöneberger Rathauses Willy Brandt, Helmut Kohl und Walter Momper vor der versammelten Menge die Hymne spontan anstimmten. Ein kräftiger Gesang erwuchs daraus damals nicht. Den Durchbruch erlebte die Hymne als Lied des wiedervereinigten Deutschlands erst ein Jahr später, als die deutsche Mannschaft bei der Fußball-WM 1990 in Italien siegte. 2006, bei der einzigartig friedlichen und freudvollen Weltmeisterschaft in Deutschland wurde sie dann ganz selbstverständlich bei jeder Gelegenheit gesungen, was auch im Ausland vorbehaltlos akzeptiert wurde.

I. Drei Anläufe: Geschichte der deutschen Nationalhymne

Dabei ist das Hoffmann-von-Fallersleben-Lied schon lange die Nationalhymne der Deutschen. Doch jahrzehntelang war sie ein umkämpfter Ort, aufgeladen mit unterschiedlichen Deutungen und Erwartungen und weit davon entfernt, ein Lied aller Deutschen zu sein.

Das galt für die Zeit nach 1945. In Westdeutschland gab es heftigen und durchaus nachvollziehbaren Widerstand dagegen, das alte Deutschland-Lied als Nationalhymne der neu gegründeten Bundesrepublik wieder einzuführen. Und in der DDR kam dies schon gar nicht in Frage. Im Verbund mit dem Horst-Wessel-Lied hatte das Deutschland-Lied im Zweiten Weltkrieg die nationalsozialistische Politik der mörderischen Zerstörung und Erniedrigung musikalisch orchestriert. »Deutschland, Deutschland über alles«, die erste Strophe des Liedes – das konnte nach 1945 nicht mehr gesungen werden. Der erste Bundespräsident, Theodor Heuss, wandte sich

---

* Rede in der Paulskirche, Frankfurt am Main, 26. April 2009

entschieden gegen die Wiedereinführung des Deutschland-Liedes, konnte sich aber gegen Konrad Adenauer nicht durchsetzen. Dieser ließ sie in einer Art Handstreich im Berliner Titania Palast einfach anstimmen und führte sie damit praktisch erneut ein. Er habe, so sagte Heuss damals resigniert, die Traditionsverhaftetheit der Deutschen unterschätzt.

Aber die Hymne gewann dennoch keine wirkliche Popularität, zumal die allein zugelassene dritte Strophe weitgehend unbekannt war. In den fünfziger Jahren sangen viele Westdeutsche – politisch provokant – einfach die erste Strophe weiter und störten sich offenbar nicht an der Kontinuität zum Nationalsozialismus. Im Übrigen gab es ja kein einiges Deutschland mehr. Für die DDR dichtete Johannes R. Becher eine neue Hymne mit der Musik von Hanns Eisler, die aber auch seit den siebziger Jahren »verstummte«, weil die darin enthaltene Zeile »Deutschland einig Vaterland« der DDR-Führung im Lichte der dauerhaft angestrebten Zweistaatlichkeit nicht mehr zeitgemäß erschien.

Weit weniger bekannt ist, dass die Einführung des Deutschland-Liedes zu Beginn der Weimarer Republik ähnlich zögerlich und unschlüssig verlief. Peter Reichel, ein großer Kenner der politischen Symbolik, beschreibt das anschaulich in seiner »Kleinen Geschichte deutscher Nationalsymbole«. Das schon im Kaiserreich weithin bekannte Fallersleben-Lied, das bislang eher der Demokratiebewegung des Vormärz zugerechnet wurde, erfuhr im November 1914 eine radikale Umdeutung. Denn da berichtete die Oberste Heeresleitung, dass die vielen tausend jungen deutschen Kriegsfreiwilligen, die bei Langemarck sinnlos und in wohlgeordneten Kolonnen in die Maschinengewehrgarben der Briten marschierten, mit den Worten »Deutschland, Deutschland über alles« auf den Lippen gestorben seien. Der propagandistisch geschürte Langemarck-Mythos, der das heroische Bild der opferbereiten »singenden Helden« beschwor und für die antirepublikanische Rechte der Weimarer Republik zur Ikone wurde, bescherte dem Fallersleben-Lied eine chauvinistische, aggressiv-nationalistische Umdeutung.

Trotz dieser politischen Belastung entschieden sich in der Weimarer Republik so überzeugte Republikaner wie die Zentrumspolitiker Konstantin Fehrenbach und Johann Koch sowie der Sozialdemokrat Wilhelm Sollman nach erheblichem Zögern schließlich doch für das Fallersleben-Lied als Nationalhymne, weil es populärer war als die in Frage kommenden Alternativen. Wie fünfundzwanzig Jahre später nach dem Zweiten Weltkrieg unterstrichen sie dabei angesichts des chauvinistischen Missbrauchs des

Deutschland-Liedes durch die antirepublikanischen Nationalisten die Notwendigkeit eines entschiedenen politischen Neuanfangs. 1922, in der emotionalen Aufwallung nach dem Mord an Walther Rathenau, wollte Reichspräsident Friedrich Ebert als Oberbefehlshaber der Reichswehr aber mit der Einführung der Nationalhymne – bezeichnenderweise ebenfalls ihrer dritten Strophe – die einigende Kraft eines Symbols, das in der Bevölkerung verankert war, für eine republikanische Mobilisierung nutzen. Er verkündete:

»Einigkeit und Recht und Freiheit! Dieser Dreiklang aus dem Munde des Dichters gab in Zeiten innerer Zersplitterung und Unterdrückung der Sehnsucht aller Deutschen Ausdruck. (…) Sein Lied, gesungen gegen Zwietracht und Willkür, soll nicht Missbrauch finden im Parteikampf (…) soll auch nicht dienen als Ausdruck nationalistischer Überhebung. (…) In Erfüllung seiner Sehnsucht soll unter den schwarz-rot-goldenen Fahnen der Sang von Einigkeit und Recht und Freiheit der festliche Ausdruck unserer vaterländischen Gefühle sein. (…) Der feste Glaube an Deutschlands Rettung und die Rettung der Welt soll uns nicht verlassen.«

Schon Ebert empfand das Dilemma, mit dem knapp dreißig Jahre später Adenauer und Heuss konfrontiert waren: Die Hymne bot offensichtlich Anknüpfungspunkte für aggressiv nationalistische Strömungen, auch wenn sie von ihrem Autor nicht so gemeint war und auch ihr Ursprungskontext nicht in diese Richtung deutete. Sie hatte – dennoch oder gerade wegen dieser Zweideutigkeit? – über die Jahre hinweg eine Popularität erlangt, die es den Anhängern des jeweiligen Neuanfangs verwehrte, sie zu ersetzen. Das zeigt, wieviel Kontinuität an Personal und Symbolen auch bei grundlegenden Regimewechseln gebraucht wird. Statt die jungen Demokratien mit einer eigenen, auf sie zugeschnittenen Hymne auszustatten, hofften die demokratischen Politiker Weimars und Bonns auf die Kraft des einigenden Symbols, die auf längere Sicht für die Republik arbeiten würde. Im Falle der Weimarer Republik hat diese Hoffnung getrogen.

Doch was hatte der Autor Hoffmann von Fallersleben mit seinem Lied ursprünglich gemeint? Bildet unsere Nationalhymne noch heute einen Anknüpfungspunkt, der uns unmittelbar etwas zu sagen hat, aus dem wir für unser Zusammenleben lernen können? Oder ist das Lied nur noch ein historisches Relikt, das wir mit uns herumschleppen? Was meinen wir, wenn wir unsere Hymne singen? Meinen wir überhaupt etwas dabei? Kann sie uns für die Zukunft Orientierung geben?

Sicher ist: Das Lied, welches Hoffmann von Fallersleben 1841 auf der

Insel Helgoland dichtete, entsprang einer freiheitlichen und demokratischen Denktradition. Es sprach den Geist des Vormärz, der ersten breit angelegten Demokratiebewegung in Deutschland, die 1848 hier in der Paulskirche ihren eindrucksvollen Höhepunkt fand. Hoffmanns Leben selbst zeigt, dass er damals in klarer Opposition zur Monarchie stand. 1842, ein Jahr, nachdem er das Deutschland-Lied verfasst hatte, wurde er von der preußischen Regierung pensionslos seiner Professur in Breslau enthoben. Ein Jahr später verlor er sogar die preußische Staatsbürgerschaft und wurde ausgewiesen.

Aus dem Deutschland-Lied spricht also Wunsch nach verfassungsmäßiger, sprich: rechtsstaatlicher politischer Freiheit, nationaler Einheit und nach Volkssouveränität. Und das durchaus im Geiste internationaler Völkersolidarität. Die räumliche Erstreckung in der ersten Strophe: »Von der Maas bis an die Memel, von der Etsch bis an den Belt« markierte Hoffmans Vorliebe für die so genannte großdeutsche Lösung. Sie strebte danach, Österreich in die nationale Einigung einzubeziehen und alle Menschen deutscher Zunge auf diese Weise in einem Staat zu vereinigen. Daher auch die Entscheidung für die Haydn-Melodie, die doch als österreichische monarchistische Hymne »Gott erhalte Franz den Kaiser« durchaus eine Gegenposition gegen die republikanischen Ideen popularisieren wollte. Hoffmann von Fallersleben war nicht für einen radikalen republikanischen Bruch. Eine gewisse Unklarheit lang auch darin, dass seine deutsche Einheit angesichts des österreichischen Vielvölkerstaats auch Menschen nicht deutscher Zunge eingeschlossen hätte.

Das verweist allerdings nicht nur auf die Unentschlossenheit Hoffmann von Fallerslebens, sondern ganz allgemein auf die Schwierigkeit der Debatte über die deutsche Einigung, für die im 19. Jahrhundert keine friedliche und dauernde Lösung gefunden worden ist. Die Erinnerung an die heftigen und zum Teil verzweifelten Auseinandersetzungen um die Herbeiführung der deutschen Einheit kann uns vor Augen führen, wieviel glücklicher unsere heutige Situation in dieser Hinsicht ist, wo wir als Deutsche gemeinsam in einem einigen und demokratischen Staat leben. Es geht uns also besser, jedenfalls wenn uns die deutsche »Einigkeit« als Wert noch wichtig ist. Doch ist sie das? Wollen wir sie wirklich und tief aus unserem Herzen heraus?

Weshalb lag denn Hoffmann an der »Einigkeit«? Es heißt, er wünschte sie wie seine Vormärz-Freunde, um die Kleinstaaterei zu überwinden. Richtete sich das gegen die geistige Borniertheit, die in Deutschlands

Mini-Monarchien den Ton angab? Gegen ökonomische Zollfesseln? Ging es um politische Selbstbestimmung, die Hoffmann sich nur als nationale denken konnte, weil nur sie von dynastischer Willkür zu befreien vermochte? Offenbar galt ihm politische Selbstbestimmung, wie die dritte Strophe sagt, als »Unterpfand des Glückes«. Sehen wir heute auch noch einen Zusammenhang zwischen politischer Freiheit und Glück? Verteidigen wir sie engagiert gegen Fremdbestimmung, woher sie auch rühre? Es hat nicht immer den Anschein.

Um aus unserer Nationalhymne Orientierung zu gewinnen, ist die Antwort auf die Frage aber wichtig. Ich will meine Antwort zur Debatte stellen. Zunächst durch einen nochmaligen Blick auf die Geschichte und auf die schwierigste Passage des Liedes. Denn was bedeutet Hoffmans provozierendes »über alles« in der ersten Strophe? Soll Deutschland sich erheben über alle anderen Völker, wie dies im Nationalsozialismus ja tatsächlich geschah? Wohl nicht. Über die Enge von Partikularinteressen und Provinzialismus? Und so zu einem deutschen Gemeinwohl finden?

Soweit wir das rekonstruieren können, stand Hoffmann und seinen Vormärz-Freunden die *politische* Einigung als Bedingung dafür vor Augen, überhaupt in Freiheit und Recht leben zu können. Dazu reichte die kulturelle, die sprachliche Einheit, die die Deutschen zu jener Zeit miteinander verband, nicht. Wir Nachgeborenen haben aus der Geschichte gelernt, dass die Trennung der kulturellen von der politischen Freiheit, die Konzentration der Freiheit auf die Innerlichkeit für die spätere Errichtung einer deutschen Demokratie in der Tat eine erhebliche Belastung darstellten; dass die Trennung der Kultur von der Politik, die im Bürgertum vielfach mit einer bis heute nachwirkenden Geringschätzung von Politik einherging, insbesondere dem Bildungsbürgertum bis ins 20. Jahrhundert hinein die Chance genommen hat, sich in die Verantwortung für das politische Gemeinwohl einzuüben. Thomas Manns »Betrachtungen eines Unpolitischen«, die diese Trennung noch ganz am Ende des Kaiserreiches demonstrieren, geben Zeugnis davon, auch wenn Thomas Mann selbst sich schließlich zum »Vernunftrepublikaner« durchgerungen hat.

Insofern ist Hoffmann von Fallersleben im nachhinein Recht zu geben: Die politische »Einigkeit«, damals: die Bildung eines einheitlichen deutschen Staates auf der Grundlage der Volkssouveränität, wäre die entscheidende Bedingung für rechtsstaatliche politische Freiheit gewesen. Die 1871 von Bismarck herbeigeführte deutsche Einheit – übrigens die kleindeutsche, ohne Österreich – gründete nicht in der Volkssouveränität, sie kam von oben. Dass Hoffmanns Lied so aggressiv umgedeutet wurde, hatte nicht zuletzt seinen Grund darin, dass es zur politischen Einigkeit in Recht und Freiheit, anders als er es sich gewünscht hatte, nicht gekommen war.

II. Wollen wir Deutsche politische Einigkeit?

Deswegen können wir auch heute für unsere Orientierung bei Hoffmann von Fallersleben anknüpfen. Doch tun wir das? Wollen wir heute die politische Einigkeit? Betrachten wir sie als Voraussetzung, um in Recht und Freiheit zu leben? Am drängendsten stellt sich diese Frage wohl mit Bezug auf Ost- und Westdeutschland und die Art und Weise, wie wir als Deutsche mit unterschiedlichen Erfahrungen und Prägungen miteinander leben.

Ehrlicherweise müssen wir wohl bekennen, dass die Westdeutschen, die seit Gründung der Bundesrepublik in Recht und Freiheit leben konnten, dieser westdeutschen »Kleinstaaterei« nicht generell abgeneigt waren. Ihr Glück hing von der deutschen Wiedervereinigung nicht ab. Die meisten von ihnen hielten sich gewissermaßen schon für genug Deutschland. Für die Mehrheit der Ostdeutschen galt das nicht, was immer man heute über die so genannte Ostalgie sagen mag. Denn Recht und Freiheit waren für die Ostdeutschen nur über das Vehikel der politischen »Einheit« zu gewinnen. Die Idee zweier freiheitlicher deutscher Staaten auf Dauer blieb eine künstliche Schimäre, was auch der DDR-Führung klar war. Deshalb war für diese anders als für Polen oder Ungarn eine freiheitliche Politik so gefährlich, weil sie stets mit dem Risiko der Selbstaufgabe der DDR verbunden war. »Wir sind das Volk« als Ausdruck demokratischer Volkssouveränität ging 1989 gleichsam unvermeidbar in »Wir sind *ein* Volk« über und bestätigte diese Befürchtung. Auch West-Berlin war als freiheitliche Insel in der DDR zu künstlich, um dauerhaft überlebensfähig zu sein. Da ich in West-Berlin aufgewachsen bin, weiß ich, wovon ich rede. Politische »Einheit« blieb für die Berliner in Ost und West das Ziel, um der Freiheit und des Rechtes willen.

Aber sind »Einigkeit« und »Einheit« dasselbe? Was eint uns Deutsche seit dem 3. Oktober 1990? Auf den ersten Blick können wir sagen: Wir haben ein gemeinsames Staatsgebiet, eine gemeinsame Staatsangehörigkeit, eine gemeinsame Verfassung, eine gemeinsame Sprache. Nach Aristoteles klassischer Definition reicht das für ein politisches Gemeinwesen nicht aus. Nötig ist zusätzlich ein gemeinsamer politischer Wille, der Wille, gemeinsam politisch zu leben und zu handeln.

III. Gemeinsamer Wille in einer pluralistischen Demokratie: Grundkonsens

Haben wir im vereinigten Deutschland einen solchen gemeinsamen politischen Willen? Und worauf sollte, worauf kann er sich überhaupt beziehen? Doch wohl nicht auf alle Abstimmungen im Parlament – wir leben ja in einer pluralistischen Demokratie mit faktischen und auch legitimen unterschiedlichen Interessen, die sich auf materielle wie auf ideelle Dinge richten können. Wir leben in einer parlamentarischen Demokratie mit einer gewollten Vielfalt von Parteien. Die legitimen Unterschiede zwischen ihnen sind zugleich Bedingung unserer Freiheit. Sie dokumentieren sich in unterschiedlichen Voten und oft langwierigen Prozessen im Parlament. Schon diese Folge unseres Pluralismus mögen viele nicht, weil sie die sachlichen politischen Unterschiede hinter den persönlichen Polemiken nicht mehr erkennen können.

Es gibt Ausnahmen wie in allerjüngster Zeit in der Finanzkrise. Wenn alles auf dem Spiel zu stehen scheint, wenn es »ums Ganze geht«, dann wissen wir offenbar über Parteigrenzen hinweg: Wir müssen schnell gemeinsam und gemeinwohlverpflichtet handeln. Nicht nur in Deutschland, sondern in Europa, ja global. Dieses Ganze ist aufgrund der faktischen gegenseitigen Abhängigkeit im 21. Jahrhundert aber offenbar nicht mehr allein das »Vaterland«. Ist es deshalb überflüssig geworden? Haben und brauchen wir noch den Willen, gemeinsam in Deutschland zu leben und politisch zu handeln?

In den letzten Jahren konnten in der Tat Zweifel darüber aufkommen, ob der Mehrheit der Deutschen an gemeinsamer deutscher Politik noch lag – sowohl in Bezug auf den Unterschied zwischen Ost und West, als auch mit Blick auf die Konkurrenz des Weltmarktes, die Politik überflüssig zu machen schien. Die Finanzkrise hat uns jedoch eindringlich an die Grundlagen unseres demokratischen Gemeinwesens erinnert. Sie hat uns gezeigt, dass Einigkeit von Vorteil ist, weil wir alle mehr davon haben, weil wir aufeinander angewiesen sind, weil wir unsere Freiheit und Sicherheit nur gemeinsam gewinnen können, auch und gerade in unserem Staat, der für die Gemeinsamkeit steht.

IV. Vertrauen als entscheidende Ressource für einige Politik

Denn die entscheidende Bedingung dafür, einen Weg aus der Krise zu finden, ist die Erneuerung des Vertrauens zwischen der Gesellschaft und der Politik, also jenen Frauen und Männern, die Wahlämter innehaben. In allen Umfragen kommt als nächstliegender Vertrauensträger der Nationalstaat, kommen die nationalen Politikerinnen und Politiker in Betracht. Im europäischen Verein zwar und weltweit möglichst abgestimmt. Aber das Vertrauen richtet sich zunächst spontan auf den Nationalstaat als den Ort der existenziellen Zugehörigkeit und der erwarteten Aktion. Er behält also seine – gerade auch emotionale – Bedeutung, und dies unabhängig von den berechtigten Zweifeln daran, ob er denn angesichts der ökonomischen Globalisierung die Erwartungen, die an ihn gerichtet sind, als einzelner, unabhängig für sich, überhaupt noch erfüllen kann. Auf die Ressource solcher vertrauensvollen nationalen Zugehörigkeit können wir jedenfalls nicht verzichten. Aber wir werden sie angesichts der zunehmenden Vielfalt in unserer Gesellschaft neu begründen müssen.

Denn ein Mangel an Vertrauen besteht ja nicht nur zwischen Gesellschaft und Politik. Bei Lichte betrachtet rührt dieser nämlich aus einem Mangel an Vertrauen innerhalb der Gesellschaft selbst: zwischen den Banken, gegenüber der Wirtschaft, überhaupt gegenüber den wichtigen Entscheidungsträgern, gegenüber den Ärzten, gegenüber der Wissenschaft, gegenüber den Schulen, gegenüber den muslimischen Nachbarn, gegenüber neuen fundamentalistischen christlichen Initiativen, gegenüber einem neuen aggressiven Atheismus, gegenüber den Arbeitslosen, die angeblich gar nicht arbeiten wollen, gegenüber den Fremden, die wir nicht verstehen. Man könnte die Reihe eine Weile fortsetzen. In unserer Gesellschaft herrscht viel Misstrauen und Vorurteilsbereitschaft. Wir müssen uns deshalb alle, jeder an seiner Stelle, daran beteiligen, neues Vertrauen zu schaffen.

Das ist nicht einfach. Denn mit Blick auf eine glückliche Zukunft wird es darauf ankommen, unser vertrauensvolles Zusammenleben, unsere nationale Zugehörigkeit und Loyalität nicht nur zu erneuern, sondern sie zugleich mit den neuen durchgreifenden Veränderungen zu vereinbaren, die sich faktisch und auch gefühlsmäßig aus der ökonomischen Globalisierung und der weltweiten gegenseitigen Abhängigkeit ergeben. Die Nationalstaaten werden sich mehr und mehr in größeren Einheiten wie die EU integrieren, ihr Einfluss auf die global agierende Wirtschaft wird deutlich abnehmen und die mit der Globalisierung einhergehenden Wanderungsbewegungen werden unser Volk wie alle anderen Völker in erheblich »buntere«, vielfältigere Gesellschaften verwandeln. Aus: »Wir *sind ein* Volk« wird, wenn wir gemeinsam daran arbeiten, werden: »Wir *vereinigen uns zu einem* Volk, und zwar immer erneut durch gemeinsames politisches

Handeln, woher wir auch kommen und wozu wir uns auch bekennen!« Das wird freilich nicht von alleine passieren. Unser Land braucht in dieser veränderten Situation zur Stärkung gemeinsamen Handelns mehr innere Brücken, die Zusammengehörigkeit schaffen. Wenn wir nicht mehr über *eine* Identität sprechen können, sondern vielfältige Identitäten in den Blick nehmen müssen – ostdeutsche, westdeutsche, migrationsgeprägte und nicht zuletzt diejenigen von Heimatvertriebenen –, dann gibt es auch nicht mehr selbstverständlich *eine* Realität. Es braucht dann Instanzen in der Gesellschaft, die diese unterschiedlichen Lesarten zusammenführen und zu einem modernen deutschen Selbstverständnis verdichten, das einerseits plural ist, andererseits aber das Verbindende und Gemeinsame betont und bestärkt. Es bedarf der Moderation der unterschiedlichen Diskurse und Lebenswelten, die unsere Gesellschaft heute ausmachen. Ziel wäre es demnach, nationale Gemeinsamkeit innerhalb eines zusammenwachsenden Europas immer neu herzustellen. Das geht nur, wenn wir in Freiheit handeln können. Deswegen heißt es in Zukunft nicht mehr: Von der Einigkeit zur Freiheit, sondern: durch politische Freiheit zur Einigkeit – das ist der Weg.

Was kann das heute heißen? Wie können wir zur Einigkeit gelangen und worin kann unsere »Einigkeit« trotz größerer »Buntheit« in Zukunft liegen? Wobei diese »Buntheit« sich nicht nur auf die so genannte ethnische Herkunft und auf unterschiedliche religiöse Bekenntnisse bezieht, sondern eben ganz allgemein auf die größere Differenzierung und Individualisierung in unserer Gesellschaft, die spätestens seit dem 19. Jahrhundert eine langfristige Entwicklung der Moderne darstellt.

V. Einigkeit in Vielfalt

Unser wohl wichtigster Bezugspunkt für gemeinsames politisches Handeln ist unsere Verfassung, unser ursprünglich mal als bloßes Provisorium verabschiedetes Grundgesetz. Weil die Verfassung so wichtig ist, gab es 1989/90 bei der deutsch-deutschen Vereinigung den durchaus verständlichen Wunsch, dieses Grunddokument unserer »Einigkeit« noch einmal gemeinsam zu beraten und zu beschließen. Eine Volksabstimmung über das nun gemeinsame Grundgesetz hätte damals die Chance einer größeren Anerkennung der DDR-Bürger und durch sie geboten. Dass es nicht dazu kam, lag wohl vornehmlich an der Sorge davor, dass das Grundgesetz in einer Volksabstimmung in West und Ost nicht die Zustimmung erreichen würde, die es gleichsam »ungemessen« im Laufe der Jahre als demokratische Autorität in Westdeutschland erworben hatte. Hier waren wir wohl in Sachen »Einigkeit« zu kleinmütig. Richard Schröder weist allerdings darauf hin, dass die einzige frei gewählte Volkskammer der DDR mit Zwei-Drittel-Mehrheit für den deutsch-deutschen Einigungsvertrag und damit für die Übernahme des Grundgesetzes gestimmt hat.

Interessant scheint mir nun, dass das Grundgesetz auf die uns bewegende Frage nach dem Verhältnis von Vielfalt und Einheit höchst innovative Antworten bereithält, da es diese in den Bezugsrahmen der freiheitlichen, rechtsstaatlichen, sozialen und pluralistischen Demokratie einordnet. Der Politikwissenschaftler Ernst Fraenkel, der in den 1930er Jahren in die USA emigrieren musste, hat nach dem Zweiten Weltkrieg als Professor am Otto-Suhr-Institut der Freien Universität Berlin engagiert Generationen von Studierenden mit Realismus, Witz und Scharfsinn für die Demokratie begeistert. Ihm ging es darum, eine plausibel durchdachte Vermittlung zwischen der Einheit staatlichen Handelns und der faktischen und legitimen Pluralität der Gesellschaft, der Vielfalt ihrer Interessen und Wertüberzeugungen zu begründen. Aus dieser Pluralismustheorie ist bis heute der Hinweis grundlegend, dass demokratische Politik einen Grundkonsens braucht, um den notwendigen und ebenso legitimen politischen Konflikt im Einzelnen durchzufechten und lebendig zu halten. Faktisch vermisste Fraenkel in der Bundesrepublik der 1950er Jahre den fundierten Streit, der in der demokratischen Tradition des Liberalismus dazu beitragen soll, Machtmissbrauch zu verhindern und die bestmögliche, am Gemeinwohl orientierte Lösung zu finden. Denn ohne Streit werden die Vor- und Nachteile einzelner politischer Vorschläge nicht sichtbar. Das Ziel des Gemeinwohls kann nicht von oben bestimmt, es muss im Streit ermittelt werden. Ohne Streit kommen wir also auch nicht zu einer substanziellen Einigkeit!

Ich habe den Eindruck, dass wir heute diese positive Rolle des Streits in der Sache nicht mehr ernst nehmen. Häufig pervertieren wir ihn zum persönlichen Schlagabtausch, oder wir bauen Pappkameraden auf und reden an einander vorbei, so dass sich die Öffentlichkeit desinteressiert abwendet. In dieser Abwendung scheint oft eine untergründige Sehnsucht nach »Führung« auf, die in der autoritären Tradition des Obrigkeitsstaates verankert ist und bis heute fortlebt. Oft ohne dass wir es wissen oder merken. Dem müssen wir dringend entgegenwirken; durch einen neuen Anlauf zum sachlichen Streit, vor allem aber dadurch, dass die Bürgerinnen und Bürger sich daran beteiligen, ihn öffentlich mit führen und nicht den sogenannten Berufspolitikern überlassen! Zur *Einigkeit* des demokratischen Grundkonsenses gehört die Zustimmung zum sachlichen Streit im Interesse des Gemeinwohls, nicht seine Diskreditierung als Parteiengezänk, nicht die Sehnsucht nach einem, der sagt, wo's langgehen soll. Wir brauchen also mehr Streit in der Sache, um uns in der Substanz besser zu verstehen.

VI. Recht und Gerechtigkeit

»Einigkeit und *Recht* und Freiheit«: Besonders wichtig ist in der freiheitlichen Demokratie der Streit für den Grundkonsens über unser gemeinsames Rechts- und Gerechtigkeitsverständnis. Das heißt zunächst engagiertes Eintreten für den Rechtsstaat, auch dort, wo er unserem spontanen Verständnis von Gerechtigkeit nicht entspricht, weil ein Gericht zum Beispiel die Entlassung einer langjährigen Kassiererin wegen einer Bagatelle bestätigt. Die allgemeine Aufregung über dieses Urteil zeigt zugleich, wie sehr die Glaubwürdigkeit des Rechtsstaates davon abhängt, dass Richter wie Anwälte, die dem Recht dienen sollen, ihn glaubwürdig praktizieren. Viele tun das und müssen dabei auch gegen einen »Volkszorn« halten, der nicht nur von Gerechtigkeit, sondern von Rachegefühlen gespeist ist, die der Rechtsstaat gerade zivilisieren muss.

Diese Aufgabe der Zivilisierung und der Wahrung individueller Bürgerfreiheit hat der Rechtsstaat auch gegenüber Versuchungen der politischen Exekutive, Sicherheit gegen Freiheit auszuspielen und dabei die Freiheit in Frage zu stellen. Wir müssen uns heute fragen, ob die demokratische und rechtsstaatliche Grundentscheidung, bei allen Bürgern von der Unschuldsvermutung auszugehen, zum Beispiel bei den Antiterrorgesetzen noch voll beachtet wird. Sätze, die wir manchmal hören, wie: »Wer nichts zu verbergen hat, braucht nichts zu befürchten« scheinen auf den ersten Blick plausibel, bezeugen vielleicht ein Grundvertrauen in unseren Staat; vielleicht aber auch eine Schnüffel- und Unterwerfungsbereitschaft, die der rechtsstaatlichen Demokratie entgegensteht und den Bürgern unter der Hand die Beweislast für ihre Unschuld aufbürdet. Dann sind wir auf der schiefen Ebene. Aus unserem freiheitlichen Rechtsstaat darf kein »fürsorgender« Präventivstaat werden, der die Bürger prinzipiell unter Verdacht stellt. Hier bedarf es auch in Zukunft einer großen Sensibilität dafür, dass Freiheit die Grundlage unseres Zusammenlebens ist.

Daraus folgt für uns: Der Rechtsstaat richtet an uns alle als Bürger hohe Ansprüche: er fordert von uns, immer wieder nachzudenken und Toleranz zu üben. Dem müssen wir gerecht werden. Wir dürfen ihn nicht einfach als Sache der Berufspolitiker oder der professionellen Juristen betrachten. Denn ohne ihn sind der Willkür und der Unterdrückung Tür und Tor geöffnet. Die einfache Begründung dafür lautet: Rechtsstaat beruht auf Machtteilung. Ohne sie geben Menschen der Versuchung nach, sich anderen zu unterwerfen, sie willkürlich zu behandeln, sie zu schikanieren. All das kommt auch im Rechtsstaat vor, er bietet dagegen keine Garantie. Aber er bietet die beste Chance, gegen Unrecht anzugehen. Es ist unsere Aufgabe als Bürger, über seine angemessene Ausübung zu wachen. Ein demokratischer Rechtsstaat ist ohne Bürgerengagement nicht zu machen.

Recht heißt aber mehr als Rechtsstaat. Das spüren wir jeden Tag, wenn wir uns über Ungerechtigkeit ärgern. Recht verlangt über die Institution Rechtsstaat hinaus, dass die Bürger in einem demokratischen Gemeinwesen Gerechtigkeit für alle aktiv wollen, sie nicht nur desinteressiert oder zähneknirschend hinnehmen. Sonst bricht unsere Gesellschaft auseinander. Deshalb ist der Grundkonsens über Gerechtigkeit so wichtig. Er ist nie ein für allemal gegeben, sondern muss in den politischen Einzelentscheidungen immer erneut errungen werden. Freilich besteht eine Chance dazu nur, wenn eben allen Bürgern, auch den wohlhabenden, an Gerechtigkeit gelegen ist, wenn sie unser grundgesetzliches Prinzip, dass wir ein Sozialstaat sein wollen, wirklich bejahen – und ihn nicht nur mit einem Lippenbekenntnis dulden.

In den vergangenen Jahren hatte man zuweilen den Eindruck, dass dieser Wille zur Gerechtigkeit erheblich erlahmt war, sei es mit dem nur vermeintlich plausiblen Argument, dass der globale Wettbewerb sie als politisches Ziel obsolet gemacht habe, dass er überhaupt Politik immer weniger zulasse. Sei es, dass man die Forderung nach Gerechtigkeit unter das Stichwort Neid-Debatte stellte. Oder man hinterfragte prinzipiell die Rolle der Gewerkschaften als Repräsentanten der Arbeitnehmer, die als unorganisierte Einzelne den Arbeitgebern machtmäßig unterlegen sind, indem man sie als bürokratische Fesseln wirtschaftlicher Produktivität diffamierte. In der öffentlichen Debatte fielen so wichtige Begriffe wie »Sozialpartnerschaft« und »antagonistische Kooperation«, die eine Parität zwischen Kapital und Arbeit anstreben, mehr und mehr unter den Tisch. Lange Zeit hatten sie zum Grundwortschatz der Sozialen Marktwirtschaft gehört.

Die Soziale Marktwirtschaft ist im Übrigen ein gutes Beispiel für einen Grundkonsens, der in politischen Entscheidungen nach durchaus scharfen politischen Kontroversen gefunden wurde und zu einem zentralen Gerechtigkeitsvehikel in der Bundesrepublik Deutschland geworden ist. Zu ihr gehörte auch die ganz allgemein für die politische Demokratie so wichtige Mitbestimmung als gleiche Freiheit der Bürger zur politischen Entscheidung.

Mehr als zwanzig Jahre deregulierter ökonomischer Globalisierung haben unsere freiheitliche Republik um ihren Grundkonsens über die Notwendigkeit von Gerechtigkeit, grundlegender: von Politik gebracht. Dieser Irrweg stellte sich durch die Finanzkrise so drastisch als Sackgasse heraus, dass der Boden für einen diesbezüglichen Grundkonsens nun wieder bereitet ist. Jetzt muss Deutschland einen neuen Anlauf nehmen!

Freilich können wir nicht einfach in die sechziger Jahre der westdeutschen Bundesrepublik zurückkehren. Wir müssen jetzt Vorschläge für eine ordnungspolitische Erneuerung der Sozialen Marktwirtschaft unter den Bedingungen der Globalisierung öffentlich debattieren und praktisch umsetzen. Daran sollte sich auch die Wissenschaft beteiligen. Eine globale soziale Marktwirtschaft muss neue Gerechtigkeitsdimensionen – etwa hinsichtlich der Generationen, des Klimas, der Rohstoffe, der Energie – einschließen. Damit würde die nationalstaatlich gegründete soziale Gerechtigkeit in europäische Strategien und eine globale Politik eingebettet und somit auf heute angemessene Weise neu formuliert werden. Zugleich wird unsere nationalstaatliche Zugehörigkeit zur europäischen, ja perspektivisch zur globalen erweitert, was die nationale keineswegs überflüssig oder funktionslos macht.

Aus zwei Erfahrungen haben wir die Unersetzbarkeit wie die Notwendigkeit der Erweiterung unserer nationalen Zugehörigkeit in den letzten Jahrzehnten lernen können. Die erste lautet: Unsere Zugehörigkeiten – wir können sie auch Identitäten nennen – sind nicht kompakt, nicht eindimensional, sondern beziehen sich auf durchaus unterschiedliche Orte, soziale Gruppen und Werte. Sie sind einander nicht hierarchisch zugeordnet, sondern können in Spannung zueinander geraten. Wir sind Schweriner, Mecklenburger, Deutsche, Europäer, Frauen oder Männer, Katholiken, Mütter, Väter oder Kinderlose, Menschen mit Behinderungen, Berufstätige, Parteimitglieder, sind aus unterschiedlichen Ländern eingewandert, gehören unterschiedlichen Konfessionen oder keiner an, sondern vielleicht einem Schachklub. Diese Vielfalt unserer Identitäten hält alle Arten von Konflikten bereit, in uns und untereinander. Bei Lichte betrachtet war das zur Zeit Hoffmanns von Fallersleben allerdings auch so sehr der Fall, dass eine politische Einigung, dass »Einigkeit und Recht und Freiheit für das deutsche Vaterland« eben nicht zustande kamen. Die Vielfalt unserer Zugehörigkeiten ist also nichts Neues, aber wir müssen sie jetzt ausdrücklicher miteinander vereinbaren, weil die Welt so eng zusammengerückt ist. Die große Frage ist: Stört das unsere Zusammengehörigkeit als Deutsche?

VII. Chancen der Vielfalt

Ich möchte behaupten: nein. Im Gegenteil. Denn nationale Zusammengehörigkeit, das ist die zweite Erfahrung, wird nicht umso stärker, je enger oder abgeschotteter, sondern je eigenständiger und freiwilliger sie praktiziert wird. Je vielschichtiger die Loyalitäten sind, die wir als Individuen in uns selbst vereinbaren, vereinbaren müssen, um unsere innere Einheit zu bewahren, desto stärker werden wir. Desto besser können wir auch gefühlsmäßig nachvollziehen, was in anderen Menschen vorgeht, desto besser können wir uns mit ihnen verständigen, desto tragfähiger wird der freiheitliche Zusammenhalt, desto erfolgreicher können wir in Deutschland gemeinsam politische Ziele verfolgen, gemeinsam handeln, gemeinsam – im Sinne von Hannah Arendt – Macht entfalten. Diese Macht richtet sich nicht gegen andere, sondern erlaubt uns, zusammen mit anderen unser Gemeinwesen zu gestalten. Wenn wir eine türkische Mutter haben oder einen arabischen Vater, verstehen wir besser, dass Geringschätzung von Türken und Arabern kränkt. Wenn wir religiös engagiert, aber mit einem Atheisten befreundet sind, gelingt es uns eher, die menschliche Brücke zu nicht gläubigen Menschen zu schlagen.

Neuerdings erkennt auch die Wirtschaft mehr und mehr den Wert der Vielfalt, der »diversity«. Ein zentrales Thema ist hier die Beteiligung von Frauen an den Unternehmensentscheidungen. Auf der Vorstands- und Aufsichtsratsebene sind sie noch völlig unterrepräsentiert. Eine Studie von McKinsey hat festgestellt, dass sich die »Diversity«-Programme der großen Unternehmen positiv auf die Motivation der Mitarbeiter, auf die Kundenzufriedenheit und auf das Image des Firmennamens auswirken. Der Führungsstil von Frauen entspricht überdies den zukünftig auch international wichtigen Fähigkeiten mehr als der traditionelle ihrer männlichen Kollegen, deren Stärke vor allem darin liegt, Einzelentscheidungen zu treffen und Kontrolle auszuüben. Frauen geht es mehr um die Entwicklung und Inspiration ihrer Mitarbeiter, um partizipative Entscheidungsfindung und um die Berücksichtigung von Erwartungen und Belohnungen der Mitarbeiterinnen und Mitarbeiter. Es zahlt sich auch ganz wörtlich aus, wenn sie in den oberen Etagen mitentscheiden. Dann bestünde auch endlich eine Chance, gleichen Lohn für gleiche Arbeit durchzusetzen.

Der freie Umgang mit Vielfalt schwächt also nicht, sondern stärkt. Viele unterschiedliche Zugehörigkeiten in uns zu vereinbaren, beeinträchtigt unsere Zugehörigkeit zu Deutschland nicht, selbst dort nicht, wo sie z. B. territorial oder national über Deutschland hinausgehen. Denn Deutschland ist selbst keine autarke Insel im Weltenmeer, sondern politisch eingebunden in die EU, in internationale Abkommen und Organisationen und wirtschaftlich integriert ist es sowieso. Loyalität oder Verantwortung für Deutschland kann heute jedenfalls nicht mehr der Abschottungsdevise »right or wrong my country« folgen – wenn sie das je konnte –, sondern muss im wohlverstandenen langfristigen Interesse deutsche mit nicht deutschen Prioritäten oder Präferenzen abwägen, möglichst gemeinsame Ebenen und Kompromisse finden. Die gegenwärtige Finanzkrise zeigt uns das nur zu deutlich. Je komplexer unsere eigenen Identitäten, desto bessere Dolmetscher werden wir, desto besser können wir Brücken bauen innerhalb unseres Landes und nach außen, desto effektiver können wir Verantwortung für Deutschland übernehmen. Deshalb dient eine prinzipielle Entscheidung dafür, niemanden auszuschließen, sondern alle einzubeziehen, sowohl in Deutschland als auch in den internationalen Beziehungen unserem Land am besten. Deshalb bietet die Entscheidung zur Einigkeit als Inklusion von Vielfalt das Unterpfand unseres Glückes.

VIII. Durch politische Freiheit zur Einigkeit

Löst sich damit das Deutschsein in lauter innere und äußere Beziehungen oder Brücken auf? Nein, aber was sich bei genauer Betrachtung unserer Welt des 21. Jahrhunderts auflöst, ist eine Sicht des Deutschseins, die einen substanziellen historisch gewachsenen Kern vermutet, der allen Deutschen eigen wäre und aus ihrer quasi biologischen Herkunft rührte. Niemand hat diesen Kern bisher benennen können, auch diejenigen nicht, die verlangen, ein deutsches Leitbild anzuerkennen, um als Deutscher zu gelten. In Frank-Walter Steinmeiers neuem Buch habe ich dazu einen klugen Satz gefunden:

»Die Rede von der ›Leitkultur‹ ist nicht nur eine vormoderne, sondern eine vordemokratische Legende. (...) Man schafft die kulturelle Pluralität nicht aus der Welt, trägt aber sehr dazu bei, die Unterschiede zu politisieren und zu dramatisieren. Damit beschwören (...) Kulturkämpfer stets das

Gegenteil dessen herauf, was sie uns verheißen: Nicht eine gemeinsame Identität als Deutsche, sondern die Eröffnung neuer Fronten im Kampf um kulturelle Vorherrschaft ist die Folge.«

Denn zu Deutschen werden wir, wenn wir uns auf Deutsch verständigen können und uns entscheiden, als Deutsche in und für Deutschland Verantwortung zu übernehmen. Natürlich werden die meisten bisherigen Bewohner Deutschlands einfach als Deutsche geboren, ob sie Verantwortung übernehmen oder nicht, und auch wenn sie nicht besonders korrekt Deutsch sprechen. Sie sind Deutsche auf dem Papier. Aber fühlt sich mit Deutschland verbunden, wer nicht Teil hat an den öffentlichen Angelegenheiten dieses Landes? Identifiziert sich jedwede in Deutschland geborene Person mit in Deutschland geborenen Eltern von vornherein mehr oder substanzieller mit Deutschland als eine eingewanderte türkische Mutter, die sich in Kreuzberg mit anderen türkischen Müttern zusammentut, um mutig des Nachts Drogen-Dealern das Handwerk zu legen, um türkische wie deutsche Jugendliche zu schützen und den Berliner Bezirk zu einem sicheren Ort zu machen?

Ich behaupte: in Zeiten zunehmend bunter Gesellschaften entsteht emotionale und tragende nationale Zugehörigkeit in dem Maße, wie wir unsere Freiheit praktizieren – nicht nur von der Politik, sondern auch für die Politik. Wie wir uns engagieren für die Regelung öffentlicher Angelegenheiten, wie wir Verantwortung übernehmen für das Gemeinwohl in unserem Land, in unserer Stadt, in unserem Stadtteil. Dadurch erst identifizieren wir uns mit Deutschland, dadurch erst entwickeln wir emotionale Bindungen an unser Land, sonst benutzen wir es vielleicht als Ort, um eigene Vorteile zu gewinnen, und bringen im Übrigen unser Geld ins Ausland, um Steuern zu sparen. Dann sind wir nur »bourgeois« in unserem privaten Interesse, nicht »citoyen« als deutsche Staatsbürger.

Warum heißt es in unserer Nationalhymne »Einigkeit und Recht und Freiheit sind des Glückes Unterpfand«? Weil unsere Teilhabe an den politischen Entscheidungen – in der Kommune, im Land oder im Bund, in der Wirtschaft, in der Kultur, im Gesundheitswesen oder in den Schulen – uns die Chance bietet, unsere Freiheit als individuelle Selbstbestimmung zur Mitbestimmung an der Politik und am Recht zu erweitern, nicht nur egoistisch für unser privates Wohl zu sorgen, auch nicht einfach Spielball anonymer Marktmacht zu sein. Glück muss nicht heißen, dass wir uns unaufhörlich glücklich fühlen. Es bedeutet eher, dass unser persönliches Leben und das Geschick Deutschlands glücken.

Unterpfand heißt auch nicht Garantie, aber doch Chance. Und Mitbestimmung bedeutet nicht, dass ich mich einfach durchsetzen kann. Sie verweist mich auf die Kooperation mit den anderen, die besser gelingt, wenn ich dank meiner inneren Brücken auch äußere schlagen kann. Hier schließt sich der Kreis: Komplexe Identitäten, vielfältige Zugehörigkeiten schwächen die deutsche Zugehörigkeit nicht, sondern stärken sie, gerade auch in der Befähigung zum politischen Engagement. In der verantwortlichen Identifizierung mit Deutschland, im politischen Engagement für das Recht, in der Wahrnehmung unserer Freiheit schaffen wir die Einigkeit, legen wir den Grund für Deutschlands Glück und für unseres.

Aber wo bleibt der Stolz, ein Deutscher zu sein? Bedeutet unsere Idee vielleicht eine schlichte Wiederaufnahme des Verfassungspatriotismus, dem oft Abstraktheit und Verkopfung vorgeworfen wird? Bringt uns eine deutsche Zugehörigkeit, die aus politischer Teilhabe rührt, dazu, solidarische Opfer zu bringen für unser Land? Können wir auf politische Teilhabe stolz sein wie auf Beethoven und Mozart? Ja, denn wir beweisen mit unserer Verantwortung zugleich unsere Solidarität. Ja, wir können stolz sein, jedenfalls eher, als wenn wir unser Land aus privater Zurückgezogenheit beobachten. Wenn wir uns durch Teilhabe engagieren, geben wir Deutschland immer auch einen Teil von uns – unsere Zeit, unser Können –, identifizieren wir uns mit dem, woran wir gearbeitet haben, und Identifikation enthält immer auch emotionale Verbundenheit. Ich identifiziere mich nur mit einem Menschen, wenn ich ihm auch zugetan bin. Um unser Projekt Deutschland zu stützen sind wir bereit zum Opfer. Dasselbe gilt für den Stolz. Wenn unser Stolz aus unserer Teilhabe rührt, ist er, weil wir selbst etwas gegeben haben, jedenfalls besser begründet als der auf Beethoven und Mozart, sogar auf den Sieg unserer Nationalmannschaft – über den wir uns natürlich trotzdem herzlich freuen können. Eigenes politisches Engagement begründet Stolz oder Zufriedenheit allemal besser, als wenn wir unser Selbstwertgefühl dadurch zu stärken versuchen, dass wir uns die Leistungen anderer zuschreiben. Ein verlässliches, selbstbewusstes und gleichzeitig reflektiertes Nationalgefühl entsteht in starken Individuen.

Deshalb wollen wir, dass sich diejenigen, die an unserem Grundkonsens mitarbeiten, in Deutschland zu Hause fühlen können, auch mit ihrem religiösen Bekenntnis und mit Gotteshäusern – selbst wenn diese ein Minarett statt eines Kirchturms haben. Das verstehen übrigens gerade jene gut, die ihrerseits gläubig sind, die nicht den ansonsten indifferent betrachteten Glauben nur instrumentalisieren wollen, um Fremde draußenzuhalten. Die Parole »Deutschland ist kein Einwanderungsland« hat solches Sich-Zu-Hause-Fühlen zu lange verhindert. Ich frage mich, ob wir heute in der Realität schon angekommen sind, wenn wir das Wort »Einwanderung« nach wie vor verschämt vermeiden und den unklareren, zugleich auch verunsichernden Begriff »Zuwanderung« oder Migration verwenden, der eine Offenheit der Entscheidung suggeriert und nur unsere frühere Abwehr verdeckt, mit der wir uns selbst geschadet haben.

Im 19. Jahrhundert haben Nationalstaaten die Anhänglichkeit und Loyalität ihrer Bürger faktisch durch die Organisation wohlfahrtsstaatlicher Sicherheit, durch Kommunikation, durch öffentliche Diskussion gemeinsamer Themen gewonnen. Seit dem Ende des 19. Jahrhunderts verband sich das bei Nationalisten und der politischen Rechten mit aggressiver Überheblichkeit gegenüber den Nachbarnationen. Soziale Sicherheit ist für uns Deutsche heute mehr und mehr auf europäische, ja globale Sozial- und Sicherheitsstandards angewiesen. Gerade die Europäische Union muss sich verstärkt darum kümmern, wenn sie ihren Bürgern nicht fremd bleiben will. Das verlangt nach einer öffentlichen europäischen Debatte darüber. Angesichts der Schwierigkeiten, Sicherheit europäisch zu gestalten, wachsen Wünsche, sich wieder in die Festung des Nationalstaats zurückzuziehen. Dies würde zu einer verheerenden Schwächung der Europäischen Union und zu fatalen neuen Gefahren nationalistischer Regression führen, die wir weder riskieren wollen noch angesichts unserer weltwirtschaftlichen Verflechtung riskieren dürfen. Auch deshalb wird und muss unsere deutsche Zugehörigkeit sich mit der europäischen verbinden.

Das Grundgesetz, dessen 60. Geburtstag wir in diesem Jahr feiern dürfen, hat uns dafür den Weg geebnet. Wir können seinen Vätern und wenigen Müttern von Herzen dankbar sein für diese Verfassung, die eine großartige Autorität gewonnen hat. Gerade Demokratien brauchen Autoritäten, die der Täuschung entgegenwirken, dass die Wahrheit immer bei der Mehrheit liegt. Sie brauchen Institutionen – wie das Grundgesetz –, die von allen respektiert werden, brauchen Persönlichkeiten, die gegen den Strich bürsten, die zugunsten unserer Grundwerte geistig herausfordern, Zivilcourage ermutigen, Einsichten nicht nur haben, sondern sich auch für sie engagieren. Die nicht autoritär blinde Nachfolge einfordern, sondern zum Zweifeln anregen und damit die Kompetenz der Bürger mehren. Wir sind dankbar für die Autorität unseres Grundgesetzes. Aber der Auftrag bleibt, uns mit Gerechtigkeitssinn dafür einzusetzen, dass sie schließlich auch denjenigen Bürgern Ostdeutschlands, die sie noch nicht als ihre Verfassung annehmen können, als Unterpfand von Einigkeit und Recht und Freiheit ans Herz wächst.

IX. Wie wollen wir zusammen leben?

Lassen Sie uns in Deutschland neu beginnen! Wir wollen Freiheit statt der Unterwerfung unter die Kräfte eines anonymen globalen Marktes. Wir werden diese Freiheit nicht mit einem Ruck erlangen, aber mit der sanften Macht kluger Orientierung und Beharrlichkeit. Wir wollen in unserem Land freundlich miteinander leben, die Vielfalt als Chance und Reichtum nutzen, uns nicht misstrauisch und mit Verdacht begegnen, sondern als Bürger, die sich gemeinsam und mit Freude für die öffentlichen Angelegenheiten einsetzen. Wir wollen unsere Gegensätze mit Argumenten austragen, nicht mit persönlichen Beleidigungen. Wir wollen die Kultur der entfesselten Konkurrenz durch eine neue Kultur der Gemeinsamkeit überwinden, für die uns die Natur, wie uns die Wissenschaft selbst in der Nachfolge Darwins lehrt, durchaus gut ausgestattet hat. Wir müssen uns dazu also nicht verbiegen, sondern nur intelligent und mit Kraft die Verbiegungen insbesondere der letzten Jahrzehnte wieder politisch richten. Wir wollen als Menschen leben, nicht als Leistungsroboter, mit Zeit für unsere Familien, unsere Kinder und unsere Freunde. Ohne immer alles zu berechnen. Darauf können wir unsere Arbeitsbiographien durchaus intelligent einrichten. Gerade in der jetzigen Krise kann Flexibilität der Arbeitszeit solidarisch Wunder wirken. Wir wollen in einem Land leben, in dem die Türen offenstehen können. Wir wollen, dass Einigkeit und Recht und Freiheit wirklich zum Unterpfand unseres Glückes werden!

Der berühmte Soziologe Reinhard Bendix, den die Nationalsozialisten aus Berlin vertrieben haben und der die letzten Jahrzehnte seines Lebens an der Universität Berkeley gelehrt hat, erzählte mir kurz vor seinem Tod, dass er sich immer gewünscht habe, ein Buch zu schreiben, dessen Titel aus nur einem Wort bestünde. Als Titel seines letzten Buches wählte der Emigrant aus Deutschland das Wort »Belonging« – »dazugehören«.

Der Weg, nationale Zugehörigkeit und deutsche Einigkeit durch politische Freiheit lebendig zu machen, erlaubt es, auch in der Erfahrung der Globalisierung des 21. Jahrhunderts durchaus noch an Hoffmann von Fallersleben anzuknüpfen. Politische Einigkeit ist als Grundkonsens Voraussetzung für unseren freiheitlichen und sozialen Rechtsstaat. Sie ist zugleich immer erneutes Ergebnis unserer Teilhabe an den öffentlichen Angelegenheiten. Politische Freiheit bietet die Chance, uns mit unserem Land zu identifizieren, es auch zu lieben und unser politisches wie privates Glück darin zu schmieden. Sie schenkt uns den Raum für eine Zugehörigkeit, die sich weder in ängstliche Borniertheit flüchtet noch in Beziehungslosigkeit auflöst. Sie erlaubt uns das Glück reicher und vielfältiger Identitäten, das uns selbst und den anderen nützt. Sie macht das Fenster weit auf für ein helles weltoffenes Deutschland in einem hellen weltoffenen Europa.

Dieses Deutschland wollen wir. Danach lasst und alle streben brüderlich – oder geschwisterlich – mit Herz und Hand!

Teil II
Beiträge zur öffentlichen Debatte:
Freiheit in Solidarität und Gerechtigkeit

1 Was hält die Gesellschaft zusammen?*

Was hält unsere Gesellschaft zusammen? Diese Frage ist zwar keineswegs neu, aber die Bedingungen, unter denen sie gestellt wird, wandeln sich ständig. Im Feudalismus waren es die gemeinsame Ackerscholle und die alle gleichmachende Untertanenschaft unter den Fürsten, die sozialen Zusammenhalt herstellten. Im frühen Industriekapitalismus war es die von Millionen geteilte Erfahrung der Fabrikarbeit, die die Menschen zusammenschweißte. Und in den modernen Wohlfahrtsstaaten der Nachkriegszeit sorgte vor allem die Teilhabe an den Institutionen des Sozialstaats für Ausgleich, Gerechtigkeit und damit auch für soziale Kohäsion. Dies war freilich eine ganz andere Form von Sozialität als die urwüchsigen Formen des Zusammenlebens, welche die dörflichen Welten des 18. und 19. Jahrhunderts prägten. Der große Soziologie Theodor Geiger unterschied in seinem berühmten Buch »Die Gesellschaft zwischen Pathos und Nüchternheit« zwischen sozialen Bindungen erster und zweiter Ordnung. Die Bindungen erster Ordnung gründeten vor allem auf unmittelbarer Kenntnis der anderen – man sprach in der Dorfkneipe miteinander, traf sich bei Taufen, Hochzeiten und Beerdigungen. Soziale Bindungen zweiter Ordnung sind laut Geiger abstrakter: Bewohner einer Großstadt begegnen einander nicht mehr täglich, ihr Zusammenhalt ist diffuser, da er auf der gemeinsamen Zugehörigkeit zu bestimmten Institutionen – etwa der Sozialversicherung – und ähnlich strukturierten Arbeits- und damit Lebensverhältnissen basiert.

Die damit einhergehenden Veränderungen für den Charakter des sozialen Zusammenhalts hat in den 1960er Jahren scharfsinnig der damalige US-Präsident Lyndon B. Johnson erkannt. Er wollte die USA von einer *great community*, die sich noch am Ideal unmittelbarer Kommunikation der dörflichen townhall-Demokratie orientierte, zu einer *great society* transformieren, in der Gemeinsamkeit und Zusammenhalt nicht mehr durch unmittelbare Begegnung, sondern durch die Medien, durch geteilte Werte und durch den Staat vermittelt werden sollten. Die Expansion des Wohlfahrtsstaates erfolgte in dieser Zeit auch deswegen, weil er mehr und mehr zum Vermittler zwischen den immer unüberschaubarer werdenden Lebenswelten der Bürgerinnen und Bürger werden sollte. Der Sozialstaat,

---

* Referat auf der Bundeskonferenz der Arbeiterwohlfahrt in Berlin, 23. November 2008

der alle umfasste, war gerade in Europa seit den 1950er Jahren einer der wesentlichen Garanten von Zusammenhalt.

Heute ist all dies in Frage gestellt. Vielerorts ist der Staat auf dem Rückzug, die Globalisierung – und auch die Ideologie des Marktradikalismus – beraubten ihn seiner einstigen Macht. In Zukunft müssen wir, ob wir das wollen oder nicht, über die Stiftung von Gemeinsamkeit ohne umfassende Garantie des Staates nachdenken. Wir tun dies unter schwierigen Bedingungen. Die rasanten Umbrüche, die mit dem Stichwort »Globalisierung« nur unzureichend beschrieben sind, die tiefgreifenden Umwälzungen in den Erwerbsbiografien und die Erfahrung der Massenarbeitslosigkeit erschüttern und verunsichern die Menschen in ihrem Alltag. Sie merken, dass viele alte Gewissheiten nicht mehr greifen, seit uns der kalte Wind des globalisierten Marktes ins Gesicht bläst.

Der Ausweg aus diesem Dilemma kann nur darin bestehen, dass wir unser Schicksal als Bürgerinnen und Bürger stärker selbst in die Hand nehmen. Darin liegt auch eine Chance. Als freie Menschen können wir uns ohne Zwänge fragen: Wie wollen wir in Zukunft Gerechtigkeit und Inklusion, Solidarität und Fortschritt erreichen? Wie gestalten wir eine lebenswerte Gesellschaft, die nicht ausgrenzt und in der die Fähigkeiten aller am besten zur Geltung kommen? Wie können wir Leistung abrufen, ohne alles über einen Kamm zu scheren und die je individuellen Fähigkeiten zu ignorieren, auch ohne die, die weniger leisten können, zu überfordern?

Ich glaube, dass wir als Zivilgesellschaft die Kraft haben, Zusammenhalt auch ohne die umfassende Garantie des Staates zu organisieren. Wenn wir dies denn wollen. Dabei kommt es auf jede einzelne Person an, nicht nur auf soziale Gruppen, nicht nur auf besondere Schichten, sondern auf jeden Einzelnen, und zwar so, wie er im lokalen, regionalen, nationalen, europäischen und globalen Zusammenhang steht und lebt.

Ich will im Folgenden drei Begriffe benennen, ohne die es meiner Meinung nach gar nicht geht. Diese heißen *Inklusion, Engagement* und *Aufmerksamkeit für den anderen*.

Lassen Sie mich zum besseren Verständnis eine kleine Geschichte aus meinem Leben erzählen: Meine Mutter war von Beruf Fürsorgerin, mein Vater Lehrer, später Oberschulrat, und eine Maxime ihrer gemeinsamen Erziehung von uns Kindern lautete: Schaut Euch um, seid aufmerksam, nehmt wahr, wie es den Leuten um Euch herum geht! Aus der Distanz betrachtet, würde ich sagen, dass vor allem meine Mutter das lebte, was wir heute »Inklusionsprinzip« nennen und Gott sei Dank mehr und mehr zu einem Maßstab von gelungener Politik machen: Niemanden draußen lassen! Aufpassen, dass niemand beiseitestehen muss! Es war sicher diese Grundhaltung, deretwegen sich meine Eltern dafür entschieden, im letzten Kriegsjahr ein jüdisches Mädchen bei uns zu Hause zu verstecken. Die gleiche Haltung, dieses unmittelbare Mitgefühl, brachte meine Mutter Anfang der 1950er Jahre dazu, spontan eine junge Frau aus Schlesien bei uns aufzunehmen. Meine Mutter sah sie bei einer Schultheateraufführung hemmungslos weinen – nach siebenjähriger Gefangenschaft in der Sowjetunion hatte sie ausgerechnet dort an diesem Abend zum ersten Mal ihre Tochter wieder getroffen. Ihre Familie zog zu uns – wir hatten eine Zweieinhalb-Zimmer-Wohnung in Berlin und zwei kleine zusätzliche Räume – und lebte über ein Jahr lang bei uns.

Ein solches Sich-Aufschließen für andere, ein Verantwortungsgefühl für mehr als nur die eigenen Belange – das habe ich von und mit meiner Mutter gelernt. Sie war eine wunderbare Trösterin. Und sie konnte mit jedem zusammen sein. Alles Schichten-spezifische, jeder Standesdünkel war ihr fremd und zuwider: ein sehr sozialdemokratisches Grundgefühl, das sie meinem Bruder und mir mitgegeben hat.

Meine Mutter lebte uns auch vor, was Engagement heißt: Nach dem Krieg versuchte sie in mehreren Anläufen, neue Parteien zu gründen – nicht sehr erfolgreich, aber mit hohem persönlichen Einsatz. Als Kinder waren mein Bruder und ich darüber durchaus nicht nur glücklich: Ihre Aktivität bedeutete ja auch, dass sie häufig keine Zeit für uns hatte – und leider neigte sie zum Zuspätkommen, was ich entsetzlich fand, als ich klein war. Aber davon abgesehen oder darüber hinaus war da immer das Vorbild, das Lebensgefühl großer, wacher und freundlicher Aufmerksamkeit für den anderen.

Ich bin der Überzeugung, dass gerade diese Aufmerksamkeit für den Nächsten – welche ja auch eine fundamentale Regel des Christentums, des Judentums und des Islams ist – in Verbindung mit Verantwortungsgefühl und Engagement unsere Gesellschaft zusammenhält. Dies gilt nicht nur für den privaten Bereich, sondern gerade auch für den politischen, denn das Private lässt sich nicht vom Politischen, von der Ordnung der öffentlichen Angelegenheiten trennen.

Hier sehen wir auch, dass das Politische zur Zeit keineswegs auf dem Rückzug ist, gar nicht sein kann, weil Politik als die Regelung unserer gemeinsamen Angelegenheiten eine dauernde Aufgabe bleibt. Im Gegenteil – der Rückzug des Staates aus vielen Bereichen eröffnet politische Räume, die wir als selbstbewusste Zivilgesellschaft füllen müssen.

Worum muss es in einer aufgeklärten Bürgergesellschaft gehen? Der Bürgergesellschaft liegt der wichtige Gedanke zugrunde, dass nicht der Staat der Gesellschaft die Richtung vorgibt, sondern dass die Gesellschaft den Staat als eine Institution begreift, um ihre gemeinsamen Angelegenheiten zu regeln.

Deshalb geht es auch nicht um Zivilgesellschaft *statt* Staat, sondern um ein kooperatives Miteinander verschiedener Formen gesellschaftlicher Steuerung. Allzu oft wird die Rede über die Bürgergesellschaft nämlich auch missbraucht, um staatliches Handeln zu delegitimieren. Das ist ein politisch-ideologischer Irrweg. Wir brauchen den Staat – und zwar nicht nur zur Gewährleistung der nationalen Sicherheit, sondern auch in der physischen Daseinsvorsorge und in allen Belangen, in denen Fragen des Gemeinwohls verbindlich zu regeln sind. Der Staat bietet hier die robustesten Lösungen für die öffentliche Daseinsvorsorge und die Sicherung des Zugangs zu den öffentlichen Gütern. Auch die europäischen Sozialstaatsmodelle haben den Staat stets als Instrument der Gesellschaft begriffen und sind nicht zuletzt deshalb immer ein besonderer Garant für gesellschaftliche Solidarität geblieben. Aber wir müssen permanent prüfen, was die Gesellschaft besser regeln kann. Für mich ist die Zivilgesellschaft der eigentliche Ort der sozialen Teilhabe.

Damit sind wir bei uns selber und den eigenen Defiziten. Was wir in diesem Land dringend brauchen, ist eine den gegenwärtigen Herausforderungen gewachsene Bürgergesellschaft, die den Staat von manchen Aufgaben entlastet – dass dies nicht nur notwendig, sondern in manchen Bereichen auch gewollt ist, muss man klar sagen. Hier sind wir alle und jeder einzelne von uns gefragt. Denn nur auf den ersten Blick herrscht beim Thema Bürgergesellschaft in Deutschland große Einigkeit: Politik, so die einhellige Auffassung, kann nicht alle anstehenden Probleme alleine lösen. Wir brauchen mehr Bürgerengagement. Wir müssen uns selbst in Bewegung setzen, wenn wir Bewegung in unser Land bringen wollen. So oder so ähnlich lauten die gängigen Aufforderungen.

Aber unter der Oberfläche hat die bürgergesellschaftliche Einigkeit in unserem Land schnell ein Ende. Bürgergesellschaft und Bürgerengagement sind in Deutschland eben noch keine Selbstverständlichkeiten. Weder historisch noch aktuell.

Dabei wird sie so dringend gebraucht. Denn in den vergangenen Jahren ist deutlich geworden, dass wir Zukunft nur jenseits der alten nationalstaatlichen Schemata haben. Ursächlich ist hierfür vor allem die Globalisierung, in deren Verlauf wirtschaftliche Zusammenhänge zunehmend den Regulierungsmöglichkeiten des Staates entwachsen. Hier stehen wir vor der Aufgabe, eine neue »governance« zu ermöglichen, durch die und in der politische Ansprüche nach wie vor artikulierbar und durchsetzfähig bleiben. Zivilgesellschaftliche Initiativen sind angesichts der rasanten Veränderungen in der Vergangenheit oft schneller und effektiver gewesen, wenn es darum ging, den Primat des Politischen und des Gemeinwohls zu behaupten und legitime langfristige Interessen zu verteidigen.

Weil sich um uns alles ändert, müssen sich auch die traditionellen Institutionen der Zivilgesellschaft ändern. Die Professionalisierung ehrenamtlicher wie auch hauptberuflich ausgeübter gesellschaftlicher Arbeit gehört für mich integral dazu. Viele NGOs haben damit begonnen, die eigene Arbeit zu hinterfragen und auf der Grundlage gründlicher Analyse Qualitätsstandards zu entwickeln, die helfen sollen, das bürgerschaftliche Engagement zu fördern und zugleich – ganz im Sinne der Kooperation von Staat und Zivilgesellschaft – kooperative Arbeitsprozesse zwischen Hauptamtlichen und Freiwilligen zu organisieren.

Keine Frage: zwischen Staat und Zivilgesellschaft besteht nicht nur Kooperation, sondern auch ein beständiges Spannungsverhältnis, und ich begrüße dies ausdrücklich. Bestünde es nicht, wären wir auch in der Demokratie nur Untertanen und staatlichen Weisungen und Deutungen alternativlos ausgesetzt. Doch ganz ohne Staat kann die Zivilgesellschaft eben auch nicht ihr Bestes geben. Sie sollte beständig ermuntert und aktiviert werden, sie darf sich dabei aber nicht unterordnen.

Denn der Staat ist nicht das Maß aller Dinge. Und zuviel Staatsvertrauen kann auch in der Demokratie gefährlich sein. Ein Maß Skepsis gegenüber staatlichen Regeln tut uns deswegen allen gut, und ich sehe auch heute, in der Demokratie, so manche Infragestellung staatlich gesetzter Regeln durchaus unter dem Aspekt, dass sich hier eine lebendige Zivilgesellschaft unzureichend begründeten Kontrollansprüchen selbstbewusst widersetzt. Dies zeigt mir, dass wir eine Bürgergesellschaft haben, die – wenn es hart auf hart kommt – Willkürhandlungen zu widerstehen vermag.

Wie aber dann das Verhältnis zwischen Staat und Zivilgesellschaft am Erfolgreichsten regeln? Ganz im Sinne eines Goethe-Wortes meine ich, dass die Regierung die beste ist, »die uns lehrt, uns selbst zu regieren«. Hier kommen Einrichtungen wie die Wohlfahrtsverbände ins Spiel, die man soziologisch als »intermediäre Institutionen« bezeichnen könnte. Sie empfangen Geld vom Staat – nicht als einzige Einnahmequelle, aber auch – und investieren es nach eigenen, von ihnen formulierten Kriterien in bürgerschaftliches Engagement. Zwischen dem Staat als zentralem Verwalter der gesellschaftlichen Ressourcen und der Gesellschaft wird so ein Puffer geschaltet, der verhindert, dass die Menschen direkt am staatlichen Tropf hängen. Das finde ich eine hervorragende Konstruktion und wünsche mir, dass sie Schule macht.

Denn wenn wir verhindern wollen, dass unsere Gesellschaft angesichts der großen Herausforderungen auseinanderbricht, müssen wir auch Gemeinsinn organisieren, und dies lässt sich nicht staatlich verordnen. Das Besondere an der »Ressource« Solidarität ist ja gerade, dass sie sich aus sich selbst heraus entwickeln muss. Also brauchen wir Freiräume, die materielle wie ideelle Freiheit schaffen, denn sie sind die Voraussetzung dafür, dass sich Gemeinsinn entfalten kann.

Ein Wandel weg von verdruckst-verdrossenem, autoritätsfixiertem oder desinteressiertem Ohne-Mich hin zu einer Kultur der Zuständigkeit wird nicht über Nacht gelingen, er wird nicht spektakulär eines Morgens eingetreten sein, sondern sich graduell, kaum merklich, vollziehen. Aber trotzdem wäre es gut, wenn diejenigen, die junge Menschen erziehen, sich immer wieder fragen würden: Wozu erziehe ich da eigentlich? Und wenn sie von dem Pathos, einen freien, selbstbewussten und mitfühlenden Staatsbürger zu erziehen, immer aufs Neue ein wenig ergriffen wären, würde das überhaupt nichts schaden.

Was dazu nötig ist, ist Vertrauen. Nur wer Vertrauen hat, kann sich für Neues öffnen und ist dazu bereit, über seine eigenen Belange hinauszugehen und sich auch für seine Mitmenschen einzusetzen. Nur die Erfahrung gegenseitiger Verlässlichkeit und Fairness setzt jene Flexibilität und Kreativität frei, die für eine bürgerschaftlich engagierte Zivilgesellschaft nötig ist. Menschen brauchen Grundvertrauen sowohl für die mutige Gestaltung ihres privaten Lebens als auch für das Gelingen eines freiheitlichen Gemeinwesens. Vertrauen ist die kulturelle Nahrung, ohne die eine Demokratie verkümmert, ohne die sich die Bürger und Interessengruppen gegenseitig im Wege stehen und blockieren, anstatt die Kraft zur Gemeinsamkeit aufzubringen und etwas zu ihrem gemeinsamen Wohl aufzubauen.

Vertrauen verlangt ganz wesentlich die Zuversicht in eine offene Zukunft. Die kann man nicht herbeireden, die muss man praktisch erfahren.

Dazu brauchen wir die Bereitschaft, aus der Enge unseres Blickwinkels herauszutreten, uns an die Stelle der Anderen zu setzen, ihnen zugewandt und neugierig zuzuhören, das Gemeinsame im Verschiedenen zu suchen und auf diese Weise neue Freunde zu gewinnen. Halten wir uns daran, dann bauen wir Brücken in unserem Land, dann haben wir für die Zukunft das Wichtigste gelernt: das was Kant in seiner »Kritik der Urteilskraft« als die drei Maximen für den Gemeinsinn formuliert: Kant fordert »Selbst denken!« als Ausdruck freiheitlicher Selbstbestimmung, »Jederzeit mit sich einstimmig denken!« als Voraussetzung verlässlicher persönlicher Identität und daraus folgenden gesellschaftlichen Zusammenhalts und »Jederzeit an der Stelle des anderen denken!« als Maxime der Gerechtigkeit in der solidarischen Zuwendung zu unseren Mitbürgern.

Damit hat Kant schon vor über zweihundert Jahren fast alles gesagt, was zum Thema Gemeinsinn und Zusammenhalt zu sagen ist. Für mich bedeuten seine Maximen: Wer mit an der Zukunft einer »guten Gesellschaft« bauen will, der muss persönliche Verantwortung und Freiheit genauso stärken wie die Kräfte des Gemeinsinns. Das eine ist ohne das andere nicht zu bekommen. Es geht darum, frei und selbstbestimmt zu der Einsicht kommen, dass wir gemeinsam mehr erreichen.

2 Mehr Engagement für die Demokratie*

Das Adjektiv »bürgerlich« klingt nicht besonders gut bei uns. »Bürger«, das klingt schon besser, viel besser. Aber würden sich alle, die hier leben, als Bürger bezeichnen? Und was würden sie damit meinen? Haben wir ein gemeinsames Verständnis vom Bürger, gar von der »solidarischen Bürgergesellschaft«? Wohl kaum. Deshalb lohnt es sich, einigen – auch gegensätzlichen – Bedeutungen, die wir mit diesen Worten verbinden, nachzugehen. Sie rühren aus sehr unterschiedlichen Traditionssträngen. Das Interesse an ihnen ist allerdings in meinen Überlegungen kein vornehmlich historisches, sondern ein praktisches: Es zielt auf Verständigung und auf politische Konsequenzen in heutiger Zeit. Zunächst zur sprachlichen Ästhetik: Ein bisschen künstlich wirkt der Begriff »Bürgergesellschaft« in der deutschen Sprache schon. Man merkt ihm die Übersetzung aus dem englischen »civil society« noch an, trotz der Bemühungen, ihn einzugemeinden. Das hat wohl mit der deutschen Konnotation der Begriffe von »bürgerlich« und »Bürger« zu tun. Die Marx'sche Opposition von »bourgeois« und »citoyen« klingt hier durch, zusammen mit der unseligen, von Hegel in die Welt gesetzten Annahme, die bürgerliche Gesellschaft – das »System der Bedürfnisse« – sei ihrem Charakter nach egoistisch, die Engstirnigkeit ihrer Mitglieder könne nur durch einen starken, von ihr unabhängigen Staat oder – so glaubte es Marx – durch die revolutionäre Überwindung des Kapitalismus aufgehoben werden. Dass Bürger auch in einer kapitalistischen Wirtschaft über ihre egoistischen Interessen hinaus denken und handeln können und so einen Beitrag zum Gemeinwohl leisten, schien Hegel und Marx nicht nur schwierig (und das ist es wahrhaftig!), sondern unmöglich. Insofern gibt es in der deutschen Denktradition eine klare Absage an die Fähigkeit der Bürger, das Spannungsverhältnis zwischen Privatinteresse und Gemeinwohlorientierung zwar nicht zu überwinden – dies eben nicht! –, aber doch einigermaßen zuträglich zu gestalten.

Die angelsächsische, westlich-demokratische Tradition des Nachdenkens über die Bürgergesellschaft hat diesen Irrweg nie verfolgt, sie war immer viel weniger philosophisch-systematisch, setzte stattdessen und

---

* Vortrag auf der Konferenz »Wege zur solidarischen Bürgergesellschaft« der SPD-Bundestagsfraktion, Berlin, 3. Dezember 2008

setzt bis heute mehr auf das Überraschungspotential von Erfahrungen – schon Alexis de Tocqueville hat das in seiner Beschreibung der amerikanischen Demokratie prägnant gezeigt. Ohne diese Zuversicht, doch immer wieder einen gangbaren Weg zu finden, das Spannungsverhältnis von Staat und Gesellschaft produktiv zu gestalten und den individuellen Freiheitsambitionen ebenso wie der Gemeinwohlorientierung in einer Bürgergesellschaft genügend Wirkkraft zuzusprechen, haben wir keine plausible Grundlage, über ihre Zukunftsträchtigkeit für eine soziale Demokratie nachzudenken. Prominente Sozialdemokraten haben das schon früh erkannt, wie überhaupt die Sozialdemokratie insbesondere vor und nach dem Ersten Weltkrieg die am meisten westlich orientierte politische Kraft in Deutschland war, von einer kleinen Gruppe Liberaler vielleicht abgesehen.

Aus welchen Traditionen schöpfen wir also, wenn wir heute vom Bürger und von der Bürgergesellschaft sprechen? Mit welchen neuen Herausforderungen müssen wir sie konfrontieren? Wie müssen wir sie fortentwickeln, um diesen Herausforderungen gerecht zu werden? Mit welchen Hindernissen sollten wir dabei rechnen? Und was folgt schließlich daraus für die Zukunft einer sozialen Demokratie?

Meine folgenden Antworten auf diese fünf Fragen – immer nur Versuche! – werden in das für Sozialdemokraten vielleicht verwunderliche Postulat einer Politik münden, die die Förderung einer neuen Familie ins Zentrum ihrer Bemühungen um die Bürgergesellschaft und eine zukunftsträchtige soziale Demokratie stellt.

Das Traditionspotential der Bürgergesellschaft

Freiheit, Gleichheit, Selbständigkeit – diese drei Begriffe wird man wohl auf jeden Fall mit der Bürgergesellschaft assoziieren, wenn man sie im Kontext politischer Orientierungen betrachtet. Allerdings treffen unter diesem gemeinsamen Dach durchaus gegensätzliche Traditionsstränge aufeinander, die sich auch im seit Jahren andauernden und von den USA ausgehenden Streit zwischen Liberalen und Kommunitaristen herausschälen. Der eine Strang hat sein Zentrum in der Hochschätzung individueller Freiheit bzw. Autonomie, der andere, häufig als Republikanismus bezeichnete, in der Forderung nach Pflicht und Gemeinwohlbezogenheit des Individuums.

Zwar teilen beide gemeinsame Grundannahmen: Danach sind alle Menschen frei und gleich geboren und haben das gleiche Recht auf Selbstbestimmung, den gleichen Anspruch, ihr Leben in der Gesellschaft und gerade in ihr nach eigenen Zielen zu regeln. Bürger sind individuelle Rechtsträger, aber eben in einem Gemeinwesen, in dem alle diese Rechte teilen. Aus der damit benannten Gleichheit ergeben sich Pflichten. Dies wird von keiner demokratischen Position bestritten.

Aber wie weit die Pflichten gehen und wie ihre Erfüllung zu erreichen ist – darum geht im Kern der Streit. Ist es nur verboten, die anderen zu schädigen, oder muss man sich auch um sie kümmern; und vor allem: Kommt man zur Gemeinwohlbezogenheit nur durch harte Selbstdisziplin, die die eigenen Impulse, die spontan immer auf den Egoismus zielen, unterdrücken, oder umgekehrt eher durch die Förderung sozialer Anlagen, die uns Menschen auch eigen sind? Dieser Streit spielt sich zwischen einem pessimistischen und einem skeptischen, aber doch vorsichtig optimistischen Menschenbild ab.

Aus Sicht des pessimistischen Menschenbildes, wie es die republikanische Tradition eher vertritt, sind es Zügellosigkeit, Egoismus, Pflichtvergessenheit, Luxus und Genusssucht, gegen die mit Härte und Entschlossenheit zugunsten des Gemeinwohls angegangen werden muss. Der repressive Grundzug dieses Konzepts von Bürgergesellschaft setzt sich auch in der politischen Konkretisierung fort. Im Hinblick auf die Familie oder das Staatsbürgerrecht geht es nicht um freiwillige Anerkennung, Gegenseitigkeit und Partnerschaft, auch nicht um die positiven, letztlich verbindenden Auswirkungen von Konflikten, die dann zum »täglich Brot« gehören, sondern um eine strukturell klare, möglichst hierarchische Kompetenzverteilung, nach der eindeutig entschieden werden kann.

In der liberalen Tradition des Nachdenkens über die Bürgergesellschaft finden wir ein weniger rigides Menschenbild, allerdings auch mehr Konzentration auf die legitimen Partikularinteressen. Die Gefährdung und Endlichkeit des Menschen wird hier nicht übersehen, aber die sozialen, freundlichen Impulse der menschlichen Natur werden stärker herausgestellt. Der Mensch wird nicht nur als des Menschen Wolf betrachtet, sondern auch als jemand, der aus sich selbst heraus Kontakt zu anderen sucht, Gemeinschaft stiftet.

Die Gefahr eines rigiden Republikanismus liegt in seinem latenten Autoritarismus. Die Gefahr eines ungezügelten Liberalismus in der Auflösung des Gemeinwesens in Einzelinteressen.

Soviel zu den Grundlagen des Blicks auf die Bürgergesellschaft, wie ihn Kommunitaristen und Liberale aufspannen. Interessant scheint mir nun vor allem, dass wir Sozialdemokratinnen und Sozialdemokraten uns über unser Menschen- und unser Gesellschaftsbild, das doch notwendig aller Politik zugrunde liegt, nicht genug verständigen und uns in dieser Hinsicht nicht erkennbar positionieren. Von unseren Traditionen her müssten wir an den sozialen Menschen, an die Bürgergesellschaft, die das Zeug zur Kooperation, zum Richtigen hat, glauben. In unserer politischen Praxis handeln wir oft umgekehrt. Wir schlagen uns zuweilen auf die Seite derjenigen, die den Menschen misstrauen oder sie einhegen wollen, damit sie nichts Böses tun, die staatliche Wälle errichten, damit die Leute auf den richtigen Weg geleitet werden, die Druck ausüben, um Menschen zum Handeln zu zwingen. So jedenfalls wurde von vielen Anhängern der Sozialdemokratie die Agenda 2010 wahrgenommen.

Wenn wir als Sozialdemokratinnen und Sozialdemokraten die Bürgergesellschaft wirklich befördern und befähigen wollen, wenn wir mehr Engagement und Verantwortung für die Demokratie von den Bürgerinnen und Bürgern erwarten, dann dürfen wir ihnen nicht mit paternalistischen Weltbildern gegenübertreten. Wir brauchen ein neues, positives Bild vom selbständigen Bürger und von der Bürgergesellschaft. Nur wenn es uns gelingt, Distanz abzubauen, offen und aufgeschlossen auf die Menschen zuzugehen, können wir unsere zunehmend krisenhafte Demokratie befestigen und dem immer größer werdenden Misstrauen gegen die Parteien begegnen.

In den vergangen Jahren ist bereits einiges passiert. Wir haben mit Gesetzesvorhaben und praktischer Politik dazu beigetragen, die Bürgergesellschaft in Deutschland zu stärken. Am Anfang standen die Arbeitsgruppe »Bürgerschaftliches Engagement« der SPD-Fraktion im Bundestag sowie die Enquete-Kommission »Zukunft des Bürgerschaftlichen Engagements«, die wichtige Handlungsfelder aufzeigten. In der Folge haben wir Sozialdemokratinnen und Sozialdemokraten das Bundesnetzwerk Bürgerschaftliches Engagement tatkräftig mitbegründet. Wir unterstützen und fördern Freiwilligenagenturen und auch die Nationale Kontakt- und Informationsstelle zur Anregung und Unterstützung von Selbsthilfegruppen. Vor allem aber: wir haben durch Gesetzesreformen effiziente Hilfen für Helfer geschaffen. In diesem Rahmen haben wir das Gemeinnützigkeitsrecht vereinfacht und transparenter gemacht. Zudem haben wir die steuerliche Honorierung von bürgerschaftlichem Engagement deutlich verbessert: Die Spendenabzugsfähigkeit wurde erhöht, die Steuerfreigrenze angehoben. Auch haben wir die Förderung Bürgerschaftlichen Engagements an sich zu einem Tatbestand gemacht, der als gemeinnützig gilt und damit steuerbegünstigt ist.

Wir brauchen dies alles dringend, denn sozialer Zusammenhalt stiftet sich nicht von allein, sondern bedarf auch institutioneller und gesetzlicher Unterstützung, Und vieles spricht dafür, dass dies künftig eher schwieriger als einfacher wird.

Unerfüllbare Erwartungen an staatliche Politik

Denn mit der Zunahme von Konfliktpotenzialen in unserer Gesellschaft geht eine wachsende Unsicherheit der Menschen einher: Eine Krise der psychischen Befindlichkeit der Bürger, die sich nicht mehr eingebettet, sondern entwurzelt fühlen und die Ängste und Aggressionen entwickeln; auch eine Krise der normativen Orientierungen, die angesichts der kulturellen Vielfalt und einer zuweilen grassierenden normativen Gleichgültigkeit schwer in Einklang miteinander zu bringen sind und die zumindest eine erhebliche Verständigungs- und »Übersetzungs«-Bereitschaft verlangen; eine Unsicherheit aber auch über die Informationen, die für einigermaßen solide politische Entscheidungen vonnöten sind, denn die Großräumigkeit und Komplexität der Entscheidungsgegenstände erlaubt uns nicht mehr, in unserem Urteil auf eigene Erfahrungen zurückzugreifen.

Die Unsicherheiten werden durch eine immer größer werdende Distanz zwischen Politikern und Bürgern verschärft. Das befördert deren Zynismus, entfremdet sie von der Politik und erklärt zum Teil, warum die Bürger sich immer wenig dazu angehalten fühlen, sich ihrerseits dauerhaft politisch zu engagieren. Hier sind wir also beim Gegenteil von »mehr Engagement«.

Die bisher weitgehend nationalstaatlich praktizierte demokratische, Politik erleidet wegen der zunehmenden internationalen Abhängigkeiten ganz allgemein einen »Souveränitätsverlust« und kann sich immer weniger durchsetzen. Die politischen Institutionen werden schwächer und verlieren dadurch an Vertrauen, die Menschen werden einerseits immer abhängiger von wohlfahrtsstaatlichen Maßnahmen und andererseits vom Staat immer mehr – und dies aus einsichtigen Gründen – enttäuscht. Es sieht nicht gemütlich aus mit der Zukunft der vornehmlich um den Staat zentrierten Demokratie. Was also tun?

Die Antwort lautet ganz klar: »mehr Engagement«. Doch genau das scheint alles andere als einfach. Die Hoffnung, die wir seit den 1970er Jahren gehegt haben, wir könnten die demokratische Teilhabe ausweiten, immer mehr Bürger, vor allem durch direkte Demokratie, an politischen Entscheidungen mitwirken lassen, um sie so zu mobilisieren und ihre Kompetenz, das Bestehende richtig zu erkennen und das zu Tuende moralisch richtig einzuschätzen, zu steigern, hat getrogen. Die Erfahrungen der letzten dreißig Jahre haben dies gezeigt. Die Strategie, durch die Öffnung von Institutionen und Verfahren die Demokratie lebendiger zu gestalten, zu stärken und zu stabilisieren, scheint mir gegenwärtig gleichsam »ausgereizt«.

Ich möchte hier dafür plädieren, dass wir bei der Frage nach mehr Engagement und mehr Demokratie künftig weniger auf Regelungen wie Plebiszite und Volksentscheide oder auf Institutionen schauen, als vielmehr auf Verhalten, Stil und politische Kultur im Umgang mit den Bürgerinnen und Bürgern.

Die Idee der »guten« Bürgerschaft

Fasst man die aktuellen Herausforderungen, denen sich die Demokratie, also auch die soziale Demokratie, gegenübersieht, unter dem Aspekt möglicher Antworten zusammen, so wird deutlich, dass wir als Bürger immer höheren Anforderungen an Selbständigkeit, Verständigungsbereitschaft und -fähigkeit, Offenheit und Zuwendung genügen müssen, wenn wir Freiheit und sozialen Zusammenhalt weiterhin verbinden wollen, wenn wir nicht in autoritäre Muster, die gleichsam »wieder Ordnung schaffen« würden, zurückfallen möchten.

Ralf Dahrendorf, der vor 25 Jahren das Ende des sozialdemokratischen Zeitalters verkündet hatte, wurde in seinen letzten Lebensjahren nicht müde, auf diese kardinale Problematik, auf die Gefahr der Trennung von Freiheit und sozialem Zusammenhalt angesichts eines rabiaten, global agierenden Kapitalismus hinzuweisen. Aber reicht das bisher skizzierte Bürgerkonzept aus, den Konfliktpotenzialen, Unübersichtlichkeiten und Enttäuschungen durch staatliche Politik die Stirn zu bieten, ohne auf autoritäre, unfreiheitliche Lösungen zu verfallen? Skepsis ist angebracht. Und dies nicht nur, weil das traditionelle Bürgerkonzept die inzwischen vielfach beklagten Defizite eben nicht hat verhindern können. Überdies haben zahlreiche Studien gezeigt, dass aktive politische Bürgerschaft nicht einfach gelernt, nicht simpel antrainiert werden kann, sondern einer psychischen Verankerung bedarf, die allererst die Energie vermittelt, freiheitlich und solidarisch zu handeln. Dies erfordert bestimmte psychische Dispositionen – vor allem Selbst- und Fremdvertrauen, Selbstsicherheit und

Offenheit, Einstellungen und Werte also, die wir vor allem in unseren frühen Sozialisationserfahrungen gewinnen oder verlieren und die ihre Bestätigung im Alltag brauchen.

Schließlich verlangen die zunehmenden Konfliktpotenziale und die neuen Unübersichtlichkeiten eine Erweiterung des traditionellen Bürgerverständnisses, welches auf Freiheit als individuelle Unabhängigkeit und auf Rationalität konzentriert ist. Sie verlangen die zusätzliche Kompetenz, die aufbrechenden Gegensätze durch eine größere Bindungsbereitschaft und -fähigkeit zu bändigen und die kulturellen Unübersichtlichkeiten durch empathische »Antennen«, durch Einfühlungsvermögen aufzunehmen, besser zu verstehen und auf diese Weise eher zu einem Konsens zu gelangen.

Eine den gegenwärtigen Herausforderungen gewachsene Bürgergesellschaft, die den Staat von manchen Aufgaben entlastet, die unnötige Reibungsverluste – soziale Transaktionskosten, wie man heute zu sagen pflegt – durch vertrauensvolle Kooperation vermeidet, die sich kümmert und verständigt, nicht dauernd zum Gericht rennt, nicht immer nur anfragt oder erwartet, sondern einfach selbst handelt – eine solche Gesellschaft braucht Bürgerinnen und Bürger, die selbstsicher, offen, vertrauend wie auch kontrollierend, unabhängig wie bindungsfähig, rational argumentierend wie einfühlsam sind. Dies wäre für mich die sozialdemokratische Vision der aktiven Bürgergesellschaft. Doch wie bekommen wir die? Welche Hindernisse stehen ihr entgegen?

Allgemeine und besondere deutsche Hindernisse

Natürlich viele! Allgemeine Hindernisse liegen in der Auflösung jener Orte und Institutionen, die traditionell Gesellschaften zusammengehalten haben: der Familie und der auch räumlichen, sinnlichen Arbeitszusammenhänge. Spürbare konkrete gegenseitige Anerkennungen und Interdependenzen, die ein wohlverstandenes Eigeninteresse an der Rücksichtnahme auf andere und den Verantwortungssinn für größere Zusammenhänge begünstigen könnten, nehmen ab. Nicht nur aus Gründen der technologischen Entwicklung, insbesondere auf dem Feld der Kommunikationstechnik. Auch eine freiheitliche Sozial-, Familien- und Rechtspolitik wollte das durchaus so, denn die Kehrseite traditioneller Abhängigkeiten waren oft entwürdigende Beziehungen. Wo man auf Familienmitglieder unentrinnbar angewiesen ist, wo man kein Recht auf »Austritt« hat, ist man häufig schwach und unwürdig ausgesetzt. Eine gemeinwohlorientierte Bürgergesellschaft kann daher auch nicht einfach alte Bindungen reaktivieren, sondern muss dem Prinzip gleicher Freiheit treu bleiben, muss freiwillig einen Zusammenhalt schaffen, der früher durch die Verhältnisse nicht nur erleichtert, sondern oft erzwungen wurde, dabei aber eben auch vielfache Ungerechtigkeiten und Demütigungen erzeugte. Auf die praktischen Konsequenzen komme ich zurück.

Immerhin: dass Selbständigkeit wie Sorge, rationale Argumentation wie Empathie für ein gelungenes Zusammenleben ebenso erforderlich wie möglich sind, dass sie anstrengen, aber auch gelingen, sogar beglücken können, dass Zuverlässigkeit nicht nur drückende Pflicht, sondern auch befreiende Sicherheit bedeuten kann – Orte, dies zu erfahren, werden mit der Erosion der Familie und dauerhafter Arbeitsverhältnisse selten. Wo also können wir die neuen Bürgertugenden einüben, erleben und leben?

Und wie gewinnen wir speziell in Deutschland jenes erforderliche Selbstvertrauen, jene auf eine Gefühlskultur angewiesene Empathie, jene Ich-Stärke? Wie gelingt uns dies, angesichts einer Vergangenheit vielfacher Regimebrüche, komplizierter Verstrickungen in Verbrechen, Verrat und Verlogenheiten, die wir zwar durch Fleiß, Tüchtigkeit, Pflichtbewusstsein und materiellen Wohlstand gleichsam »abgehängt«, aber psychisch noch lange nicht zugunsten einer offenen Selbstprüfung, einer solidarischen Versöhnlichkeit, eines ruhigen neuen Selbstvertrauens und empathischer Gemeinsamkeit verarbeitet und überwunden haben?

Noch immer sind bei uns genaues Hinhören auf die andere Person oder gemeinsames Lernen nicht besonders gefragt. Veränderungen oder Korrekturen früherer Positionen, die Absage an Vergangenes münden noch zu selten in wohlwollend prüfende oder skeptische Offenheit gegenüber abweichenden Haltungen, sondern eher in erneute Abgrenzung und Einsortierung. Darin kommt ein Misstrauen gegenüber anderen und sich selbst zum Ausdruck, weil offenbar nur die radikale Absage an falsche Meinungen wie an früheren eigenen »Unsinn« die Richtigkeit der neuen Position gegen alte Versuchungen zu sichern vermag. Oder man lässt sich gar nicht erst auf Neues ein, um nicht völlig den Kompass oder die Selbstachtung zu verlieren. Im Ergebnis führt das beide Male nicht zu einer offenen Bürgergesellschaft, in der wir erst einmal neugierig erfahren möchten, was andere eigentlich meinen, sondern zu einer verfestigten Kategorisierungs-Gesellschaft, die einer vertrauensvollen Kooperation entgegensteht.

Dies ist ein sehr grundlegendes Hindernis für uns Deutsche: Angesichts von Nationalsozialismus und Kommunismus in unserem Land und der damit häufig einhergehenden biographischen Brüche liegt es für viele nahe, die Rekonstruktion der eigenen, der persönlichen Identität als biographisch schlüssigen Zusammenhang aufzugeben oder gar nicht erst zu versuchen. Würde man das doch tun, würde man individuell wie gegenseitig das vergangene Verhalten redlich prüfen und ein Verständnis für die zurückliegenden Motive von Fehlhandlungen wie für ihre nachträgliche wertgeleitete Beurteilung gewinnen, dann müsste man nicht mehr Angst haben vor sich selbst, vor der eigenen Vergangenheit, auch nicht vor den anderen. Man könnte Meinungsverschiedenheiten gelassener, ohne Rechthaberei und mit dem Vertrauen auf einen normativen Grundkonsens begegnen, der dann auch eine Einigung in Einzelfragen erlaubt. Stattdessen erleben wir eben heute in Deutschland eher, dass die eigene Biographie wie die Mitmenschen und die gesellschaftlichen Gruppierungen um uns herum in getrennte Schubladen gepackt werden, deren Inhalt nichts Gemeinsames verbindet. Ehedem und heute, Irrtümer und Einsichten, konservativ und links verbindet dann nichts mehr. Man kann eine Schublade nur öffnen, wenn man die andere geschlossen hat. Und es ist auch nicht tunlich, frühere Schubladen zu öffnen, weil darin Gefährliches lauern kann, bei sich selbst und bei den anderen. Außerdem muss man dauernd befürchten, seinerseits von anderen einsortiert zu werden. Das ermutigt nicht gerade dazu, sich zu öffnen, auf andere zuzugehen, auf ihre Kooperation zu setzen, sondern legt nahe, sich zurückzuziehen. So wird ein Habitus von Identitätsbrüchen, der jeder Verlässlichkeit entgegensteht, befördert. Das Resultat sind Unsicherheit, Angst, Misstrauen, Abschottung und Unterstellung auf der einen, Rechthaberei auf der anderen Seite. Keine gute Voraussetzung für eine Bürgergesellschaft.

Folgerungen für die Zukunft sozialer Demokratie

So müssen wir sowohl ein grundsätzliches als auch ein aus der deutschen Vergangenheit rührendes Hindernis angehen, um einer Bürgergesellschaft im Dienst der sozialen Demokratie, eines freiheitlichen und solidarischen Zusammenlebens, zum Gelingen zu verhelfen: wir müssen versuchen, den Erosionstendenzen der modernen Gesellschaft auf freiheitliche Weise Einhalt zu gebieten und mit unserer Vergangenheit so offen wie möglich umgehen.

Ich sehe für das grundsätzliche Hindernis vor allem zwei Bereiche, die unser Leben als Bürgerinnen und Bürger schon rein äußerlich prägen und zur Keimzelle eines neuen bürgerschaftlichen Bewusstseins werden sollten: Arbeit und Familie.

Zuerst zur Arbeit: In Arbeitszusammenhängen zu leben, ist nicht nur wichtig für die materielle Unabhängigkeit, für das Gefühl, gebraucht – nicht benutzt! – zu werden, der Gesellschaft einen wertvollen Beitrag zu leisten und ein sinnvolles Leben zu führen, nicht nur wichtig, um persönliche Beziehungen zu knüpfen und um Selbstsicherheit, ein gelungenes Selbstwertgefühl und individuelle Zufriedenheit zu gewinnen. Arbeit ist damit auch eine entscheidende Voraussetzung dafür, eine tragfähige aktive Bürgergesellschaft am Leben zu erhalten. Resignierte unsichere Menschen haben es schwer, als Bürger zu handeln.

Die hohe Arbeitslosigkeit, die unsere Gesellschaft seit Jahren prägt, bietet neben all ihren Verheerungen die aus Krisen zuweilen erwachsene Chance einer Neubesinnung auf kreative Lösungen. Denn wenn wir aus Gründen der hohen strukturellen Arbeitslosigkeit den Wert und die Nützlichkeit von Arbeit über die Markthonorierung hinaus gemeinsam politisch neu bestimmen, wenn wir die traditionelle Erwerbsarbeit neu verteilen und die bisher als »privat« de facto abgewertete Arbeit höher schätzen lernen müssen, dann können wir auch zu unerwartet neuen Horizonten für das andere Problem der Moderne, die Erosion der Familie, vordringen.

Mit Familie meine ich den Ort der Gesellschaft, an dem verschiedene Generationen verlässlich und persönlich einander verbunden sind und für einander sorgen, an dem die entscheidenden Weichenstellungen in der Generationenabfolge geschehen und an dem, wenn sie gelingen, die besten Chancen für eine Sozialisation zum Bürger oder zur Bürgerin besteht. Familiäre Sozialisation gelingt, wenn Eltern – Väter *und* Mütter, aber auch andere nahestehende Menschen – liebevoll, zuverlässig und partnerschaftlich miteinander umgehen und sich gemeinsam ebenso um die Kinder kümmern, mit ihnen zu einer partnerschaftlichen Gemeinschaft heranwachsen. Ich weiß, dass das vielen wie eine weit entfernte Vision klingen wird, dass überdies heute die Zahl der Alleinerziehenden unaufhörlich wächst. Mir liegt fern, diese zu diskriminieren, zumal ich selbst jahrelang meine Kinder allein erziehen musste – oder das zumindest versucht habe. Aber eben deshalb sind mir auch die herben Belastungen, die diese Konstellation für Kinder und Erwachsene einschließt, vertraut. Und so richtig es vielfach ist, unerträglichen Zerwürfnissen durch Trennung zu entgehen, so unumgänglich es auch in der Regel ist, nach dem Verlust des Partners die Aufgabe eben allein weiterzuführen – so wenig leuchtet mir ein, dass wir deshalb die Probleme, die daraus erwachsen, herunterspielen oder die gute Alternative einer gelingenden Familie definitiv aufgeben sollten. Freilich können wir sie nicht erzwingen, und wir *wollen* sie nicht gegen die Freiheits- und Gleichheitserrungenschaften der Moderne realisieren, die eben ganz neue Familienstrukturen – im wesentlichen partnerschaftliche, freiwillig und gemeinsam beschlossene – erfordern. Wir können und dürfen auch nicht politisch regeln, was der persönlichen privaten Entscheidung überlassen bleiben muss. Aber wir können politisch die Rahmenbedingungen so ändern, dass der auch statistisch durchaus belegte Wunsch junger wie älterer Menschen, in stabilen und »bergenden« Familien zu leben, nicht weiter derartig auf (manchmal unüberwindliche) Hindernisse in den äußeren Lebensumständen stößt, sondern sich leichter verwirklichen lässt. Dazu gehören tiefgreifende materielle und ideelle Veränderungen, von denen ich zum Abschluss nur einige, die mir besonders wichtig erscheinen, kurz nennen möchte.

Wenn die Erziehung der Kinder, die in der früheren Rollenverteilung weitgehend den Müttern zufiel, in der neuen Familie zugunsten der Kinder *und* der Eltern (z. B. gemeinsamer Erfahrungen für ihre Lebensgemeinschaft) von beiden wahrgenommen werden soll, und zwar so, dass sie sich nicht nur in einer genau durchkalkulierten Tagesorganisation die Klinke in die Hand geben, sondern sowohl für sich zu zweit als auch gemeinsam für die Kinder Zeit finden, dann müssen beide in der Zeit des Heranwachsens ihrer Kinder weniger Erwerbsarbeit leisten. Angesichts von deren Knappheit hätte das dann rundum günstige Konsequenzen, wenn dadurch nicht unerträgliche finanzielle Engpässe entstünden, sei es für diese akute Lebensspanne, sei es für spätere Rentenansprüche. Eine solche Regelung reduzierter gleichverteilter Erwerbsarbeit müsste deshalb mit einer ganzen Reihe weiterer Regelungen einhergehen, die diese Einbußen und Risiken zugunsten der Familie reduzieren, insbesondere auf dem Versicherungsgebiet. Dies könnte ein weiteres Argument dafür sein, die Arbeitslosen-, Kranken- und Rentenversicherung zukünftig stärker von der Erwerbsarbeit abzukoppeln. Das Elterngeld scheint mir in diesem Kontext nur ein erster, wenngleich ungemein wichtiger Schritt zu sein.

Veränderungen müssten auch auf dem Feld der Wohnungs-, Verkehrs-, Bildungs- und Kulturpolitik erfolgen. Sie alle lassen sich gut begründen, wenn man bedenkt, dass die Sicherung des Fortbestandes einer freiheitlichen aktiven Gesellschaft ein Grundinteresse aller Bürger sein sollte, ja, eine Überlebensbedingung der Demokratie ist, und dass die Generationenweitergabe unter den zunehmend schwierigen Bedingungen rasanten sozialen Wandels eine Stabilitäts-Leistung und geradezu ein »öffentliches Gut« darstellt, dessen Vorrang für die Demokratie gar nicht überschätzt werden kann.

Herausfordernder noch als die hier nur angedeuteten innovativen materiellen Regelungen ist vielleicht die provokative Einsicht, dass wir – wenn wir in neuen Familien leben wollen – unsere Lebensläufe anders gestalten müssen, insbesondere biographisch die Zeit der Familie und der beruflichen Karriere entzerren müssen. Denn wenn das Elternsein und der Höhepunkt der Karriere in dasselbe Lebensalter zwischen dem 30. und dem 45. Lebensjahr zusammenfallen, dann wird die neue Familie notwendig zum Krüppel. Entweder die Kinder, die Mütter, die Väter oder alle zusammen bleiben auf der Strecke bzw. verbiegen sich, auch wenn das nach außen nicht immer sofort ins Auge fällt.

Angesichts der gegenwärtig ganz überwiegenden Tendenz, alles immer früher und so jugendlich wie möglich erreicht haben zu müssen – wie es dann später im Leben der Menschen und für die Gesellschaft als Ganze weitergeht, ist den vehementen Rufern nach jungem, geschmeidigem, leistungsfähigem professionellem Nachwuchs in der Regel unwichtig – wirkt dieses Postulat der Entzerrung für viele vermutlich naiv oder illusorisch. Aber wir haben in der Geschichte immer wieder Veränderungen in den Wertprioritäten erlebt. Die Skandinavier machen uns diese Priorisierung junger Familien im Übrigen schon vor und belegen so deren Realitätstüchtigkeit. Überdies stellen wir alle fest, dass wir immer älter werden, mit fünfzig noch nicht zum alten Eisen geworfen werden möchten und in diesem Alter nicht nur weiter lernen können, sondern zudem ein Erfahrungswissen einzubringen haben, das jugendlicher Intelligenzschnelle oder Experimentierfreude durchaus ebenbürtig oder sogar überlegen sein kann.

Häufig wird dagegen das »Argument« vorgebracht, eine Verlangsamung unserer professionellen Karrieren würde uns zu Verlierern im globalen Wettbewerb machen. Aber die Erosionsprobleme, die am Anfang all dieser Überlegungen standen, sind ebenso global und brennend, und auch in anderen Teilen der Welt wird durchaus eindringlich die Frage gestellt, ob wir den diversen sozialen Problemen, die aus diesen Erosionserscheinungen erwachsen – nicht zuletzt der oft erschreckenden Jugendgewalt –, wirklich nur mit polizeilichen und medizinischen Maßnahmen begegnen wollen. Überdies können wir dann selbst die Rente mit 67 in einem anderen Licht sehen. Wir bleiben dann länger, aber ab Mitte 60 nach freier

Entscheidung abnehmend, im Beruf, unser Lebensverlauf wird organischer, vorausgesetzt, wir sind nicht mit 60 physisch verschlissen – was ohnehin verhindert gehört.

Dennoch, die Einsicht in diese Zusammenhänge ist noch bei weitem nicht so verbreitet, wie dies für rasche und erfolgreiche politische Maßnahmen erforderlich wäre. Aber sie wächst, gerade in der jüngeren Generation, für die die Frage nach einer sinnvollen Lebens- und Politikgestaltung noch von Bedeutung ist.

Es wird damit klar, dass die Bürgergesellschaft für eine soziale Demokratie nicht nur ein historisches Thema, sondern vor allem auch eine konkrete Vision darstellt. Genau betrachtet, liegt die Vision vor dem Hintergrund dieser Tradition auf der Hand: durch viele geduldige kleine Schritte an einer Gesellschaft zu bauen, in der wir uns, auch im Verhältnis der Geschlechter zueinander, nicht gegenseitig austricksen oder attackieren, sondern ergänzen, in der wir Konflikte offen und zugleich mit Sinn für Verständigung austragen, in der eine neue Form des Zusammenlebens uns lehrt, wie reich wir sein könnten und wieviel erfüllter sich unser Leben gestalten könnte, wenn wir unsere Fähigkeiten zusammentäten, mehr gemeinsame Erfahrungen austauschen könnten, aktiv und vertrauensvoll zusammen handelten und uns dadurch eine Welt schafften, in der es, bei aller Einsicht in unsere Endlichkeit, Freude macht zu leben.

Wenn die Politik es sich zur Aufgabe macht, diese Bedingungen auf allen Gebieten herbeizuführen, wenn sie vernetzt denkt und konsistent handelt, dann stellen wir vielleicht ein Klima her, dass nicht nur die Bürgergesellschaft zu mehr Engagement ermutigt, sondern überhaupt zur Stärkung der Demokratie und zu mehr Vertrauen in sie beiträgt. Dafür müssen wir aber auch ein Stück weit loslassen, Kontrollansprüche aufgeben und den Bürgerinnen und Bürgern mit Optimismus, Zutrauen und ganz allgemein dem, was ich ein skeptisch-positives Menschenbild genannt habe, gegenübertreten. Eine solche Haltung wäre aus meiner Sicht ganz im Sinne der Sozialdemokratie.

3 Soziale Marktwirtschaft in der Globalisierung

Kann aus der gegenwärtigen Finanz- und Wirtschaftskrise eine Chance werden? Ja, wenn wir aus ihr für eine bessere Zukunft lernen. Wenn es uns gelingt, die Frage zu beantworten, wie die soziale Marktwirtschaft, die wir als Gegenbild zur gegenwärtigen Entgleisung hochhalten, denn in der Zukunft der globalisierten Wirtschaft aussehen sollte.

Diese Frage nach der Zukunft der sozialen Marktwirtschaft ist allerdings entgegen dem ersten Anschein keine ökonomische, sondern zunächst eine philosophische und eine politische Frage. Denn sie richtet sich darauf, wie wir leben und wie wir uns darüber in unserem Land, in Europa und global – verständigen wollen. Die Philosophie – für gläubige Menschen auch die Theologie – und natürlich unsere Lebenserfahrung geben uns Aufschluss über ein gelungenes Leben. In der Politik entscheiden wir über unsere gemeinsamen Angelegenheiten. Die Ökonomie hat ihre eigenen Erkenntnisse, aber die können uns kein Ziel setzen. Sie können uns freilich dabei helfen, unsere Ziele an der Realität zu prüfen und so weit wie möglich zu verwirklichen.

Die Väter der sozialen Marktwirtschaft – Ludwig Erhardt und sein Staatssekretär Alfred Müller-Armack sowie Wilhelm Röpke, Walter Eucken, Alexander Rüstow –, die ihre politische Entwicklung wissenschaftlich, auch kritisch, begleiteten, wussten um die dienende Funktion der Wirtschaft. Sie sollte für den Menschen da sein, nicht umgekehrt. Der so genannte Ordoliberalismus, die Freiburger Schule – sie standen in der volkswirtschaftlichen Tradition derer, die die Wirtschaft in einen größeren Zusammenhang von Politik, Staat und »Menschenbild« einordneten, die sich, bei aller Spezialkenntnis, nicht in Spezialistentum verloren. Es lohnt sich, hier anzuknüpfen, um Anhaltspunkte für eine Zukunft der sozialen Marktwirtschaft in der Globalisierung zu finden.

1. Was heißt »soziale Marktwirtschaft«?

In ihrer Entstehung lag der sozialen Marktwirtschaft kein einheitliches Konzept zugrunde. Überdies war sie politisch umstritten. Aber ihre ordoliberalen konzeptionellen Vorbereiter Alexander Rüstow, Wilhelm Röpke, Walter Eucken und Franz Böhm ebenso wie die Politiker, die sie durchsetzten, gingen gemeinsam von einem Menschenbild aus, auf das sich sowohl Liberale als auch die Traditionen der katholischen Soziallehre und einer sozialdemokratischen Subsidiaritätsidee einigen konnten: Menschen sind auf Freiheit angelegt und tragen als Individuen persönliche Verantwortung für sich selbst und für das soziale Umfeld, in dem sie leben. Sie kann und soll ihnen um ihrer Würde und um des freiheitlichen sozialen Zusammenhalts willen nicht abgenommen werden. Aber es gibt Risiken, die nicht allein subsidiär, also durch die jeweils kleinsten sozialen Einheiten wie die Familie oder die Kommune, getragen werden können. Für sie braucht es staatliche Solidarität, in der katholischen und der sozialdemokratischen Tradition: den Sozialstaat. Zur Sicherung der persönlichen Freiheit und Verantwortung in der Wirtschaft ist der Markt das beste Regelungssystem. Allerdings sollen die Menschen nicht zu machtlosen Anhängseln des Marktes werden. Deshalb sind Armut oder Arbeitslosigkeit durchaus eine Herausforderung für die soziale Marktwirtschaft und für den Staat. Sie steht in diesem Sinne im Gegensatz zu einem »Laissez-Faire-Liberalismus«. Über den Staat und seine Rolle in der Wirtschaft waren die Ansichten schon weniger einheitlich. Ordoliberale wie Alexander Rüstow wollten einen »neutralen«, über den Interessengruppen stehenden Staat, der schon der politischen Wirklichkeit, in der Ludwig Erhard und Alfred Müller-Armack handelten, nicht mehr entsprach. Deren Rahmen war das Grundgesetz, das zwar ausdrücklich keine Wirtschaftsordnung, wenn auch die Sozialpflichtigkeit des Eigentums, festschrieb, das aber die pluralistische Gesellschaft mit ihren legitimen Interessengruppen akzeptiert. Es trägt den Parteien auf, als legitime Akteure der politischen Willensbildung mit ihren jeweiligen sozialen Prioritäten im Staat abwechselnd die Regierung zu bilden. Eine solche staatliche Exekutive, die wirtschaftspolitische Entscheidungen treffen soll, kann nicht »neutral« sein.

Diesem Staat oblag im Konzept der sozialen Marktwirtschaft vor allem die Aufgabe, Regeln gegen Monopole zum Schutz der Konkurrenz durchzusetzen. Für Ludwig Erhard bot die möglichst vollkommene Konkurrenz – gegen die historische deutsche Tradition des kooperativen Wettbewerbs und der korporativen Marktwirtschaft – den besten Weg, Chancengleichheit für alle zu schaffen und eine korrigierende oder absichernde Sozialpolitik weitgehend überflüssig zu machen. Wohlstand für alle durch Verteilung von Produktivvermögen und wirtschaftliches Wachstum – das war seine Devise.

Sein Staatssekretär und engster Mitarbeiter Alfred Müller-Armack stand in der Tradition der katholischen Soziallehre und war sowohl einer staatlichen Wirtschaftspolitik, etwa zur Sicherung von Arbeitsplätzen, als auch einem nachträglichen sozialstaatlichen Ausgleich von Gegensätzen und Risiken geneigter als Ludwig Erhard. Damit bot er eine konzeptionelle Brücke zur Weiterentwicklung der sozialen Marktwirtschaft durch die Sozialdemokraten Ende der sechziger und in den siebziger Jahren.

In den ersten Jahren der Bundesrepublik Deutschland hatten die Sozialdemokratie und die Gewerkschaften gegen die soziale Marktwirtschaft Stellung bezogen zugunsten eines freiheitlichen Sozialismus, in dem Gemeineigentum an wichtigen Produktionsmitteln, indirekte Investitionslenkung sowie eine Keynesianische Konjunktur- und Steuerungspolitik eine wichtige Rolle spielten. Hauptvertreter dieser Politik waren Gerhard Weisser und der spätere Wirtschaftsminister Karl Schiller. Als Schiller mit der sozialliberalen Koalition 1969 Wirtschafts- und Finanzminister wurde, hatte sich bereits gezeigt, dass Ludwig Erhards »Sozialpolitik« durch Verteilung von Produktivvermögen in Aktien gescheitert war. Stattdessen hat die von Konrad Adenauer durchgesetzte dynamische Rentenversicherung im Wahljahr 1957 sowie eine erhebliche staatliche Vermögensförderung der Bevölkerung das Gefühl der Sicherheit und einer gleichberechtigten Teilhabe am Vermögen vermittelt. (Obwohl die Verfügung über Produktivvermögen natürlich besondere Macht verleiht, nämlich über Arbeitsplätze und damit über Menschen, nicht nur Sachgüter.)

Überdies war durch die wirtschaftliche Mitbestimmung und eine Politik des Flächentarifvertrages die Tradition der deutschen korporativen und kooperativen Marktwirtschaft, die Ludwig Erhard nicht wollte, wieder aufgenommen worden. Im Zuge der erweiternden Reform des Betriebsverfassungsgesetzes und der qualifizierten unternehmerischen Mitbestimmung in den siebziger Jahren wurde so das Prinzip der »Sozialpartnerschaft« bzw. der »antagonistischen Kooperation« aus der Erfahrung einer erfolgreichen Praxis sichtbar verankert. Es gewann auch gesellschaftspolitisch eine große Bedeutung, weil es die gegenseitige partnerschaftliche Anerkennung von Kapital und Arbeit bekräftigte. Das reichte bis in die persönliche gegenseitige Anerkennung von Arbeitgeber- und Arbeitnehmervertretern, die sich auf ihre jeweilige politische Geschicklichkeit und Intergrations- wie Verantwortungsfähigkeit verlassen konnten. Ein Beispiel dafür war trotz ihrer politisch gegensätzlichen Biographien das Verhältnis zwischen IG-Metall Chef Otto Brenner und Arbeitgeberpräsident Hanns Martin Schleyer.

Als sozialdemokratischer Wirtschafts- und Finanzminister in der sozialliberalen Koalition kurbelte Karl Schiller mit der Konzertierten Aktion auf der Grundlage einer Keynesianischen Konjunkturpolitik zunächst erfolgreich das wirtschaftliche Wachstum an und weckte Hoffnungen auf die Finanzierbarkeit eines fortschreitenden Sozialstaates. Lohnpolitische Zurückhaltung sollte durch Sozialpolitik ausgeglichen werden. Dabei sah er, anders als Ludwig Erhard, seine Politik in Kontinuität zur sozialen Marktwirtschaft und nannte sie in Anspielung an die Freiburger Schule eine »Synthese von Freiburger Imperativ und Keynesianischer Botschaft«.

Aber die Konzertierte Aktion hielt den verteilungspolitischen Herausforderungen nicht stand. Helmut Schmidt versuchte als Bundeskanzler, diese durch erweiterte Mitbestimmungsregelungen zu kompensieren. Die Gewerkschaften sahen in der konzertierten Aktion aber am Ende eine Zementierung ihrer Unterlegenheit und kündigten sie 1979 auf, nachdem die Arbeitgeber erfolglos beim Bundesverfassungsgericht gegen ein Kernstück gewerkschaftlicher Forderungen, die qualifizierte Mitbestimmung, geklagt hatten.

So ließ sich dieser erneuerte Kurs der sozialen Marktwirtschaft ordnungspolitisch nicht über die siebziger Jahre hinaus erfolgreich fortsetzen. Das Nachkriegswachstum, das Defizite über längere Zeit kompensiert hatte, kam auch wegen der Grenzen des Arbeitsmarktes an sein Ende, und der konjunkturellen Stabilisierung von Sozialpolitik gelang es nicht, die in den siebziger Jahren beginnenden Beschäftigungskrisen, die nicht mehr dem herkömmlichen Konjunkturzyklus folgten, zu überwinden. Die Arbeitslosigkeit stieg an. Der Preis für die Fortsetzung der sozialen Marktwirtschaft war eine markante Erhöhung der Sozialausgaben.

Immerhin aber war auf diese Weise *ein auch durch institutionelle Kooperation begründetes Vertrauensnetz* entstanden, das die Mehrheit der Bevölkerung hinsichtlich ihrer Entlohnung, ihrer sozialen Sicherheit (einschließlich ihrer Rente) und insgesamt ihrer persönlichen Anerkennung zufriedengestellt und zu loyalen Bürgern der westdeutschen Bundesrepublik gemacht hat. *Die historisch-politisch gewachsene, konzeptionell durchaus uneinheitliche soziale Marktwirtschaft wurde so gleichwohl (oder vielleicht gerade deswegen) im Laufe von 40 Jahren Erfahrung zu einem entscheidenden Bestandteil des (westdeutsch)bundesrepublikanischen Grundkonsenses, der eben aus politischen Kompromissen entsteht.* Politisch unumstritten war sie allerdings nie.

2. Herausforderungen des Grundkonsenses über die soziale Marktwirtschaft

Das zeigte sich Ende der siebziger Jahre, als die konzeptionellen und empirischen Defizite der sozialen Marktwirtschaft nicht mehr durch Wirtschaftswachstum und erweiterte Sozialpolitik kompensiert werden konnten und sich die Rückkehr des mit der Wirtschaftskrise 1929/31 abgebrochenen Globalisierungsprozesses bemerkbar machte. Die auch durch die zunehmende Konkurrenz des Weltmarktes wachsende Arbeitslosigkeit wurde zur entscheidenden Herausforderung der kommenden Jahre. Sie zog eine Gefährdung der Sozialkassen nach sich, die durch die demographische Entwicklung verschärft wurde. Zugleich schwächte sie die Gewerkschaften und ermutigte diejenigen auf der Arbeitgeberseite zu Forderungen nach einem »roll back«, die die sozialdemokratische und Schiller'sche Weiterentwicklung von Erhards sozialer Marktwirtschaft immer schon für einen Sündenfall gehalten hatten. Nach der deutschen Vereinigung verschärfte sich die Gefährdung der Sozialkassen noch einmal dramatisch, weil die Regierung die Kosten dieser Vereinigung praktisch den Sozialkassen und das heißt überwiegend den Arbeitnehmern aufbürdete.

Die 1990er Jahre zeichneten sich weltweit durch wirtschaftliche Herausforderungen und Krisen aus, für die es keine erprobten Antworten, nicht einmal Analysen gab. Da die ordnungspolitischen Konzepte, die eine politische Gestaltung von Wirtschaft oder zumindest einen starken Staat anstrebten, allesamt auf nationalstaatlich wirkende Politiken zielten – auf verschiedene Weise galt dies für den Keynesianismus ebenso wie für den nachfolgenden Monetarismus, aber auch für den »klassischen« Neoliberalismus der Nachkriegszeit –, erwiesen sie sich in einer global agierenden Wirtschaft als hilflos. Das erklärt die seit den neunziger Jahren zunehmend und am Ende monopolistisch herrschende so genannte Angebotsökonomie: Sie trat zunächst nur gegen den nachfrageorientierten Keynesianismus an und konzentrierte sich »betriebswirtschaftlich« (anstelle volkswirtschaftlicher Systemanalyse) auf den Abbau von Produktions- und Sozialkosten, durch den sie die Arbeitslosigkeit zu überwinden versprach. Aber mit ihrem Verzicht auf eine umfassende nationale politische Wirtschaftspolitik passte sie zu einer Situation, in der weltweite Abhängigkeiten der Volkswirtschaften und globale Märkte den Privatsektor dem Einfluss staatlicher Politik immer mehr entzogen. So jedenfalls die plausible Deutung von Jürgen Kromphardt.

3. Erosion der sozialen Marktwirtschaft in Deutschland

Damit wandelten sich die Staaten von wirtschaftspolitischen Akteuren zu »Standorten«, zwischen denen der Privatsektor zu seinen Gunsten wählen konnte und die einen Wettlauf um Investitionen starteten, in dem sie sich durch Steuer- und Abgabenerleichterungen mehr und mehr um ihre Einnahmequellen und um Sozialstandards brachten. »Deregulierung« wurde zum alles umfassenden Imperativ, der theoretisch alles für dysfunktional erklärt, was einer rein betriebswirtschaftlich kalkulierten Kapitalrendite im Wege stand. Die gemeinwohlorientierte Begründung dafür versprach den Ausbau von Arbeitsplätzen oder zumindest deren geringeren Abbau. Der Standortwettbewerb brachte den Staaten keinen nachhaltigen Erfolg, weil weniger günstige Standorte verständlicherweise bald versuchten, bei den komparativen Vorteilen nachzuziehen. Die Arbeitslosigkeit in Deutschland stieg weiter an.

Angesichts der aktuellen, wie Phönix aus der Asche steigenden weltweiten Renaissance Keynesianischer Nachfragepolitik, die aus der globalen Finanzkrise erwachsen ist und deren neue Chance in der internationalen politischen Koordinierung vermutet werden kann, stellt sich die Frage, woher die jahrelange weltweite Vorherrschaft der Angebotsökonomie rührte. Über den bereits angeführten Grund hinaus, dass sie zur erneut aufziehenden Globalisierung passte, lag sie sicher auch im betriebswirtschaftlichen Interesse der Arbeitgeber, angesichts des globalen Wettbewerbs und der aufziehenden Billigpreiskonkurrenz den auf den ersten Blick naheliegenden Weg der Kostensenkung gegenüber dem langwierigeren der Innovation und des fantasievollen Schumpeterschen Unternehmertums vorzuziehen. Parallel dazu hatte sich der Einfluss der deregulierten und spekulationsfördernden Finanzmärkte, auf denen freies Kapital Anlagen suchte, verstärkt und zunehmend auch die Unternehmen der Realwirtschaft auf diese Imperative ausgerichtet. Damit veränderten sich die Entscheidungsprioritäten.

Die soziale Verantwortung des Eigentums, die in unserem Grundgesetz verankert ist und eine zentrale Grundlage der sozialen Marktwirtschaft war, betrachtet Wirtschaftsunternehmen als Organisationen, die gegenüber den Kapitalgebern wie den Arbeitnehmern und der sozialen Umgebung, in der sie arbeiten, verantwortlich sind. Infolge der genannten Entwicklungen hat sich diese Verantwortung seit den neunziger Jahren mehr und mehr auf die Rendite für die Kapitalgeber reduziert. Im Ergebnis verkürzte sich die unternehmerische Perspektive insbesondere bei börsennotierten Unternehmen auf schnelle Gewinne. So verlor der Finanzsektor zugleich seine dienende Rolle für die Realwirtschaft und wurde zu einem Akteur, der sich von der Realwirtschaft vielfach abgekoppelt und Finanzierungsgeschäfte zum Gegenstand selbständigen Gewinnstrebens gemacht hat. Auch diese neue Tendenz passte zur Angebotsökonomie, die als Hauptmotivation für die Ankurbelung von Investitionen zur Belebung der Wirtschaft hohe und möglichst kurzfristig realisierbare Gewinnaussichten des Kapitals annimmt.

Die offenkundige Schwäche der Gewerkschaften infolge der hohen Arbeitslosigkeit und die Hilflosigkeit der nationalen Politik beförderten die Vorherrschaft der Angebotsökonomie, die zunehmend als »alternativlos« galt. Ihr Monopol legte für die deutschen Unternehmen den Einstieg in den Preiswettbewerb anstelle des bis dahin bevorzugten diversifizierten Qualitätswettbewerbs nahe mit nachteiligen Folgen für die langfristige Konkurrenzfähigkeit der deutschen Wirtschaft, für ihren traditionell hohen Ausbildungsgrad und vor allem für eine Perspektive, die in der Globalisierung eine Gewinnchance für alle hätte erkennen lassen können. Stattdessen förderten Austerity-Parolen und der aussichtslose Vergleich mit den Billiglohnländern insbesondere bei Arbeitnehmern Resignation und innere Rebellion und zerstörten die kreative Motivation, sich für eine erfolgreiche Wettbewerbsposition Deutschlands in der Globalisierung einzusetzen. Dass zum ersten Mal in der Geschichte der Bundesrepublik die Lohnquote ebenso wie die Reallöhne in einer Wachstumsphase gesunken sind, passt zu dieser Weichenstellung.

Allerdings hat uns diese Entwicklung nun weltweit in eine Krise gestürzt, die bei aller Gefahr auch die Chance enthält, dem vorangegangenen grassierenden Verzicht auf politische Gestaltung der Wirtschaft, gerade auch der globalisierten Ökonomie ein Ende und die Menschen wieder instand zu setzen, ihre Lebensbedingungen selbst zu bestimmen. Die Menschen wären dann nicht mehr ein hilfloses Anhängsel des anonymen globalen Wettbewerbs, sondern könnten und müssten die Anstrengung unternehmen, ihre gemeinsamen Angelegenheiten politisch zu verhandeln und über sie zu entscheiden. Freiheit heißt demnach heute vor allem erst einmal Befreiung von einem anonymen und undurchsichtigen Marktgeschehen zugunsten von politischer Gestaltung unserer Lebensverhältnisse. Dies ist der erste entscheidende Schritt, dem der zweite einer inhaltlichen Aktualisierung der Sozialen Marktwirtschaft in der Globalisierung folgen muss.

4. Soziale Marktwirtschaft in der Globalisierung

Welche philosophischen Ziele und ordnungspolitischen Einsichten der sozialen Marktwirtschaft können und sollen unter der Bedingung der ökonomischen Globalisierung Geltung bewahren? Von welchen müssen wir uns verabschieden? Darüber wird es vermutlich nicht auf Anhieb Einvernehmen geben, denn konzeptionell wie politisch war sie ja, wie gezeigt, nicht aus einem Guss. Handelt es sich nur um die Vorstellungen Ludwig Erhards? Oder gehören Müller-Armacks Überzeugungen aus der katholischen Soziallehre immerhin noch dazu? Ist die sozialdemokratische und gewerkschaftliche Weiterentwicklung in den 1960er und 1970er Jahren in Bezug auf Keynesianismus, soziale Sicherung, wirtschaftliche Mitbestimmung und Flächentarifverträge ihr Bestandteil geworden, oder wurde mit ihnen, wie manche Kommentatoren behaupten, der Pfad der ursprünglichen Tugend bereits verlassen? Muss Ludwig Erhard vor der SPD gerettet werden?

Man kann das so sehen, wird dann allerdings kaum noch von einem bundesrepublikanischen Grundkonsens zur sozialen Marktwirtschaft sprechen können, sondern diese für ein parteipolitisches Profil reklamieren. In meiner folgenden Skizze füge ich statt dessen, wo irgend möglich, alle Elemente des früheren bundesrepublikanischen Grundkonsenses zusammen, weil sonst in Deutschland, erst recht im globalen Maßstab, kaum Chancen bestehen, sie zu einem umfassend attraktiven Modell weiterzuentwickeln.

a. Leitideen der sozialen Marktwirtschaft, an denen angeknüpft werden sollte
Gültig bleibt die *Idee der Freiheit und der komplementären persönlichen Verantwortung* in einem sozialen Umfeld, das nach dem Subsidiaritätsprinzip geordnet ist – ein Prinzip, das auch von der Europäischen Union vertreten wird. Ergänzend dazu ist die gesamtstaatliche, aber nun auch darüber hinausgehende Solidarität unverzichtbar. Beider Verhältnis zueinander kann nicht ein für allemal bestimmt, sondern muss immer wieder politisch ausgehandelt werden. Der globale Wettbewerb kann in ihr jedenfalls nicht als »Argument« gegen Gerechtigkeit und Solidarität als politische Grundwerte eingesetzt werden.

Gültig bleibt auch die ordoliberale Idee, dass *Märkte nicht dem Laissez-Faire überlassen* werden dürfen, sondern *starker politischer Akteure bedürfen, die ihnen Regeln setzen* – insbesondere gegen Monopole, aber insgesamt auch für Transparenz – und deren Einhaltung effektiv überwachen.

Gültig bleibt auch, wie gesagt, der *solidarische Gedanke der Absicherung von Menschen,* die ohne eigenes Verschulden infolge von strukturellem Wandel arbeitslos geworden sind. Es wird, um einen Gedanken des Columbia-Professors Jagdish Bhagwati aufzunehmen, immer Kehrseiten der Globalisierung geben, die durch Anpassungshilfen kompensiert werden müssen. Eine Wirtschaft, bei der strukturell und definitiv Menschen auf der Strecke bleiben, genügt den Prinzipien der sozialen Marktwirtschaft jedenfalls nicht. Hier geht es also um die Anknüpfung an kompensierende Sozialpolitik in der sozialen Marktwirtschaft.

Von zentraler Bedeutung ist zudem der Gedanke der *Partnerschaft,* insbesondere als *Sozialpartnerschaft bzw. antagonistische Kooperation zwischen Kapital und Arbeit.* Dazu gehört auch der Gedanke der *wirtschaftlichen Mitbestimmung,* schon um das notwendige, möglichst institutionell abgestützte Vertrauen zu schaffen, das flexible, kreative und konstruktive Antworten auf den unaufhörlichen Strukturwandel in einer globalisierten Wirtschaft ermöglicht. Darüber hinaus braucht demokratische Politik selbständige und urteilsfähige Bürger, in einer zukünftigen *good global governance,* wie noch zu zeigen sein wird, mehr denn je. Wer aber den größten Teil seines Tages oder Lebens nur als Objekt anderweitig getroffener Entscheidungen, ohne eigene Mitwirkung, lebt, wird sich nicht zugleich als Bürger in einem demokratischen Gemeinwesen betätigen.

Ein zusätzliches *Element dieser Partnerschaft sind die Flächentarifverträge,* die in der ursprünglichen sozialen Marktwirtschaft erhebliche Lohnspreizungen zugunsten von Rationalisierung und von Marktbereinigungen hinsichtlich nicht existenzfähiger Betriebe einerseits sowie von Investitionen in Bildung statt in mögliche noch höhere Lohnzahlungen andererseits eingeschränkt haben. Dies kam dem diversifizierten Qualitätswettbewerb zugute und hat die zunehmende *Diskrepanz zwischen arm und reich,* die zur Diskreditierung der ungeregelten Globalisierung und zur Aufblähung der volatilen Finanzmärkte beigetragen hat, *eingedämmt.*

Persönliche Freiheit und Verantwortung als Fundament, starke politische Regeln zur Erhaltung des Wettbewerbs, soziale Absicherung, Mitbestimmung und Partnerschaft bzw. antagonistische Kooperation zwischen Kapital und Arbeit und Eindämmung der Diskrepanz zwischen arm und reich sind die wesentlichen Orientierungen der sozialen Marktwirtschaft, die den bundesrepublikanischen Grundkonsens über sie herbeigeführt haben und die in ihrer zukünftigen globalen Gestaltung Geltung behalten müssen.

Aber die Welt hat sich verändert. Deshalb muss dies unter neuen Bedingungen erfolgen. Unter welchen?

b. Neue Bedingungen
1. Die entscheidende Veränderung im Vergleich zu den fünfziger und sechziger Jahren der westdeutschen Bundesrepublik liegt darin, dass *nationalstaatliche Politik heute nicht mehr die Reichweite hat,* die Rolle, die ihr der Ordoliberalismus zugedacht hat, wirksam zu spielen. Auch sozialstaatliche Regelungen müssen über den nationalen Rahmen hinausreichen. Deshalb *müssen alle früher nationalstaatlich konzipierten Instrumente nun hinsichtlich der Institutionen, der Akteure und der Verfahren neu bestimmt werden.*
2. Zu den *neuen Herausforderungen* für eine soziale Marktwirtschaft in der Globalisierung gehört fundamental die *sprunghaft gewachsene globale Interdependenz.* Sie hat zur Folge, dass wir uns nicht mehr abschotten können, sondern bis hin zu den Bedingungen unseres Überlebens gemeinsam und in globaler Abstimmung handeln müssen. Daraus folgt die Notwendigkeit, weltweit koordiniert Prioritäten in Bezug auf *Klima, Energieverbrauch* und *überhaupt öffentliche Güter* wie saubere Luft und insgesamt Nachhaltigkeit zu setzen. Dies stellt insofern eine erhebliche ordnungspolitische Herausforderung an eine globale soziale Marktwirtschaft dar, als diese ursprünglich zwar unter Karl Schiller und Helmut Schmidt auch die Praxis Keynesianischer Global- und Konjunktursteuerung einbezogen hat, aber nicht inhaltliche Prioritäten in Bezug auf Produktion und Konsum setzen wollte. Ganz wesentlich wird es darauf ankommen, so genannte externe Effekte von Produktionsentscheidungen, die öffentliche Güter wie saubere Luft, Gesundheit, Bildung, Sozialausgleich etc. tangieren, zunehmend in die Verantwortung der Verursacher zu legen, um den Sinn für die Kosten zu steigern und sie gegebenenfalls zu kompensieren.
3. Zu den neuen Herausforderungen zählt auch, dass die *Diskrepanzen zwischen arm und reich,* sowohl innerhalb der Nationalstaaten als auch zwischen der Ersten und der Dritten Welt drastisch angewachsen sind und sowohl das Rebellions- als auch das Migrationspotenzial massenhaft gesteigert haben. Überdies hat diese Diskrepanz zur Entstehung frei schwebenden Kapitals beigetragen, das nicht für einen angemessenen Konsum verwendet werden kann und deshalb die Aufblähung, Volatilität und leichtfertige Risikobereitschaft der Finanzmärkte gesteigert hat.

4. In den vergangenen Jahren hat die Globalisierung in den entwickelten Ländern vor allem Sorgen ausgelöst, weil unter der Vorherrschaft von Angebotsökonomie und Deregulierung der Abbau von Sozial- und Lohnstandards unumgänglich schien und für Arbeitnehmer in den fortgeschrittenen Ländern somit nur eine Verliererperspektive übrig blieb. Nachdem erkennbar wurde, dass die Industriegesellschaften nicht in eine echte Lohnkonkurrenz zu Südostasien treten konnten und die mittelosteuropäischen Länder sich hinsichtlich ihrer Standards in einer überschaubareren Zeit den westeuropäischen angleichen würden, hat diese Perspektive ihr Monopol verloren. Stattdessen gewinnen Ansätze an Plausibilität, die – wenn auch in einer langfristigen Perspektive – eine weltweite Angleichung nach oben anstreben. Auch dafür muss eine globale soziale Marktwirtschaft Institutionen, Akteure und Verfahren finden.

c. Neue politische Arrangements von Institutionen, Akteuren und Verfahren
Um diesen neuen Aufgaben der Gestaltung von Wirtschaft zugunsten der Menschen unter radikal veränderten Bedingungen gerecht zu werden, brauchen wir angesichts der begrenzten Möglichkeiten nationalstaatlicher Politik *neue Institutionen, Akteure und Verfahren*.

Auf den ersten Blick kommen als politisches Pendant zur globalisierten Wirtschaft *regionale Staatenbündnisse wie die Europäische Union, Regierungskonferenzen, internationale Organisationen* wie die Vereinten Nationen, die Weltbank, der Weltwährungsfonds oder die Welthandelsorganisation sowie *Wissenschafts- und Medientreffen* in Betracht. Insbesondere die Europäische Union bietet hier ein wichtiges Handlungsfeld, auf dem Regierungen, aber auch zum Beispiel Gewerkschaften sich zu gemeinsamem Handeln zusammenfinden müssen. Eine der dringlichen Herausforderungen liegt darin, die EU trotz der nationalstaatlichen Verantwortung für die Sozialpolitik im Bewusstsein der Bürger nicht nur als Repräsentant eines eisigen Globalisierungswindes, sondern zugleich als politischen Raum sozialer Grundsicherung erfahrbar zu machen. Sonst verliert sie die Loyalität der Bürger zugunsten einer erneuten und verschärften Renationalisierung.

Allerdings reichen solche internationalen Zusammenschlüsse wie die wichtige Europäische Union nicht aus. Zum einen sind nationale wie internationale Parlamente und Regierungen oft an kurzfristige Legislaturperioden gebunden, was nachhaltige Entscheidungen erschwert. Zudem dauert die Herstellung internationaler Vereinbarungen oft sehr lange.

Überdies würde eine weltweit zentralisierte politische Institution, wenn sie effektiv agieren soll, zugleich eine beachtliche Macht konzentrieren müssen, die ihrerseits einer erheblichen Kontrolle bedürfte. Wer kontrolliert dann die Kontrolleure? Und schließlich sind dezentrale Akteure und Kontrolleure oft näher am Geschehen und daher viel effektiver als zentrale. Deshalb braucht die traditionelle Politik Hilfe.

Dafür gibt es auch neue Chancen. Zu ihnen gehört vorrangig die technologische Entwicklung, die neuen politischen Akteuren wie gemeinnützigen Nichtregierungsorganisationen früher ungeahnte Handlungsmöglichkeiten eröffnet hat. Sie ermangeln zwar – anders als die demokratisch gewählte Politik – der Legitimation durch Wahlen, bieten aber durch vertrauenswürdiges Handeln die Möglichkeit, jenseits von Wahlperioden eine politisch legitime Gestaltung der Wirtschaft anzuregen, Koalitionen dafür über nationalstaatliche Grenzen hinweg aufzubauen und die Einhaltung vereinbarter Regelungen zu überwachen.

Auch Teile des global agierenden Privatsektors beginnen angesichts ihres drastisch gewachsenen Einflusses nicht zuletzt aus wohlverstandenem eigenem Interesse ihre zunehmende Verantwortung für eine den Menschen bekömmliche Wirtschaft zu erkennen und wahrzunehmen. Herausragende Unternehmerpersönlichkeiten bringen über ihre eigenen Unternehmen hinaus in ihren Verbänden Verabredungen in Bezug auf Sozialstandards, Arbeitsbedingungen oder Umweltschutz zum Tragen, deren Realisierung über die traditionelle Politik, die sich grenzüberschreitend koordinieren müsste, sehr viel schwerer fallen würde.

Mit seiner Aufforderung, sich einem »Global Compact« für die Sicherung von Arbeits- und Menschenrechten sowie für den Schutz der Umwelt und gegen Korruption anzuschließen, hat der frühere Generalsekretär der Vereinten Nationen Kofi Annan sowohl dem Privatsektor als auch gemeinnützigen Nichtregierungsorganisationen eine Basis für globale Regelungen der Wirtschaft geschaffen. Denn Unternehmen können sich auf Normen festlegen, wie sie im *Global Compact* vorgesehen sind und aus den allgemeinen Menschen- und Bürgerrechtserklärungen folgen, und die Einhaltung dieser Normen kann von Nichtregierungsorganisationen mit Vertrauenskapital überprüft werden. Auf diesem Feld etwa hat sich die NGO »*Global Reporting Initiative*« eine wertvolle Reputation erworben, die Kriterienkataloge für die Überprüfung der Nachhaltigkeit von Unternehmensentscheidungen ausgearbeitet hat und von der sich namhafte Unternehmen wie Allianz, Volkswagen oder der Springer-Konzern »zertifizieren« lassen. Dahinter steht die Einsicht der Unternehmen, dass auch aus wohlverstandenem wirtschaftlichem Interesse ihr Reputationskapital sorgfältig gepflegt und vermehrt werden muss.

Nichtregierungsorganisationen können auch wichtige Anstöße geben für gesetzliche Regelungen oder internationale Konventionen z. B. gegen umweltschädliche Produktionen oder Korruption, indem sie Unterstützerkoalitionen bilden und im Anschluss an Festlegungen durch die legitimierte Politik professionell die Durchführung kontrollieren. Dazu sind sie u. a. dadurch besser fähig als die herkömmliche Politik, weil sie oft mehr Vertrauen genießen, gerade weil sie sich anstößig oder widerspenstig verhalten.

Das neue politische Arrangement für die Globalisierung der sozialen Marktwirtschaft liegt deshalb in einem *Zusammenspiel der drei Akteure Politik* (einschließlich der genannten verschiedenen Zusammenschlüsse), *Privatsektor und organisierte Zivilgesellschaft* (einschließlich z. B. der besonderen Rolle der Gewerkschaften), das wir gemeinhin global governance nennen und das zur *good global governance* gestaltet werden muss, um den Zielen der sozialen Marktwirtschaft gerecht zu werden. Dabei wäre die Rolle der beiden zusätzlichen Akteure Privatsektor und organisierte Zivilgesellschaft nicht, die legitimierte Politik zu ersetzen, sondern ihr – wie ehedem in der früheren sozialen Marktwirtschaft – in einer antagonistischen Kooperation, die Konflikte einschließt, bei der produktiven Lösung von Problemen zu helfen.

d. Unsere nächsten Aufgaben

Wie dabei im Einzelnen verfahren werden soll, ist Sache der Erfahrung und der Verständigung, die zunehmend auf Freiwilligkeit angewiesen ist. Die oben angesprochene Frage, wie wir die Globalisierung nicht als allgemeine Entwicklung nach unten, sondern hinsichtlich der Löhne, der sozialen Sicherung und der Mitbestimmung als Gewinn für alle »nach oben« gestalten können, lässt verschiedene Wege offen. Ob dies in sanktionsfähige Bedingungen gekleidet werden soll, die etwa im Zuge der Aufnahme von neuen Ländern in die Welthandelsorganisation realisiert werden müssten, oder, wie Jagdish Bhagwati dagegen argumentiert, als freiwillige Verabredung mit regionalen Gewerkschaften und NGO's, die die Verhältnisse vor Ort besser kennen und durch ein freiwilliges Verfahren eher als Partner anerkannt würden, ist offen. Bhagwatis Vorzug für die Vorschläge der International Labour Organization, die kenntnisreicher ausgearbeitet und daher für die Partner vor Ort eher zustimmungsfähig wären als Konditionalitäten der Welthandelsorganisation, hat einiges für sich. Letztlich steht sein Plädoyer für Freiwilligkeit im Einklang mit der Einsicht, dass globale Regelungen nicht mehr durch ein nationales Gewaltmonopol sanktioniert werden können und dass daher der Überzeugungskraft universaler Werte und der Bekräftigung von Partnerschaftlichkeit in der freiwilligen Aushandlung immer mehr Bedeutung zukommen wird: »Wir müssen uns wirklich darauf besinnen, dass Gott uns nicht nur Zähne, sondern auch eine Zunge gab. Und eine gute Standpauke zu einer moralischen Frage ist heute eher erfolgreich als ein Biss.« (Jagdish Bhagwati: »Verteidigung der Globalisierung«, München 2008, S. 392) Die Bekräftigung der Vorschläge der International Labour Organization und die Anerkennung der international agierenden Gewerkschaften ebenso wie der gemeinwohlorientierten NGO's als Partner in der good governance gerade auch von wirtschaftspolitischen Entscheidungen sind jedenfalls ein wichtiges funktionales Äquivalent für die frühere innerstaatliche Sozialpartnerschaft.

Hinsichtlich der notwendigen Regelungen für den globalen Markt ist vor allem die Unterscheidung zwischen dem gewünschten Freihandel auf den Gütermärkten einerseits und der zerstörerischen Deregulierung auf den Finanzmärkten andererseits von herausragender Bedeutung.

Akut dringlich und vorrangig erscheint für eine globale soziale Marktwirtschaft die Rücknahme der Deregulierung der Finanzmärkte, die sich von den Gütermärkten durch eine besondere Volatilität, Unübersichtlichkeit, Kurzfristigkeit der Handlungsperspektive und Bindungslosigkeit hinsichtlich der Verantwortung unterscheiden. Durch Kapitalentzug können zum Beispiel auf einem völlig deregulierten Finanzmarkt ganze Währungen abgewertet und Volkswirtschaften ruiniert werden. Deshalb ist eine Regulierung und Kontrolle der Finanzströme und von Kapitalimporten notwendig, auf die sich Regierungen einigen können, sofern sie nicht, wie die britische, auf die überwiegende Umwandlung ihrer Güterproduktion in eine Finanzwirtschaft gesetzt haben. Die bisherige Unübersichtlichkeit der Finanzmärkte hat zu hochriskanten Handlungen verführt, die von heute auf morgen durch einen Vertrauenseinbruch in Panik und in ein zerstörerisches Herdenverhalten umschlagen können, das weltweite Rezessionen auslöst. Je ungedeckter das Risiko, desto eher. Die generelle Aufgabe lautet: alles einzuschränken, was Unternehmen vor den Risiken des Wettbewerbs bewahrt, weil sie darauf zählen können, bei Fehlentscheidungen oder

Scheitern vom Staat oder von der Staatengemeinschaft gerettet zu werden. Solche systemischen, das heißt de facto öffentlichen Gewichte müssen auch öffentlich stärkerer Kontrolle unterliegen oder »entflochten« werden, damit Fehlentscheidungen nicht ohne vorherige Handlungsmöglichkeit von der Öffentlichkeit »ausgebadet« werden müssen.

Eine besondere Aufmerksamkeit verlangt in diesem Zusammenhang, wie Nobelpreisträger Joseph Stiglitz unterstreicht, eine neue Regelung der Reservewährung, die eng an Vertrauenswürdigkeit der garantierenden Volkswirtschaft und an ein ungefähres Gleichgewicht der Leistungsbilanzen gebunden ist. Während entsprechende Einzelfestlegungen den Rahmen dieser Überlegungen sprengen, ist es wichtig, leitende Prinzipien dafür zu formulieren. Dazu gehört die beharrliche Überwindung der Diskrepanz zwischen arm und reich, innerhalb der Staaten und zwischen den Staaten, weil sonst immer wieder überschüssiges Kapital entsteht, das sich wegen zu geringer Nachfrage nicht produktiv anlegen lässt. Hier wirkt sich der systematische und langfristige Verstoß gegen das moralische Postulat der Gerechtigkeit wirtschaftlich unmittelbar aus. Wichtig ist auch, Währungsspekulationen zu unterbinden, gegebenenfalls durch nationale Einfuhrkontrollen, besser noch durch feste Währungsrelationen und schrittweise Währungsunionen. Darüber hinaus braucht es institutionelle Regelungen, die Verantwortung durch Transparenz und spürbares Eigenrisiko der Akteure stärken.

Die Kontrolle solcher Regelungen muss nicht unbedingt und allein durch zentrale Institutionen wie den Weltwährungsfonds erfolgen, weil jede dieser Institutionen durch die Interessen ihrer wichtigsten Träger geprägt ist und die Gefahr von Machtkonzentrationen die Chancen durchsichtiger Kontrollen übersteigen kann. Auch hier vermögen Nichtregierungsorganisationen einen wertvollen Part zu spielen, weil sie häufig freier handeln können und näher am Geschehen sind.

Fazit
Soziale Marktwirtschaft in der Globalisierung wird unübersichtlicher und komplizierter werden als unter nationalstaatlichen deutschen Bedingungen. Aber sie ist möglich. Sie verlangt die Bereitschaft, globale mit regionalen Loyalitäten zu verbinden und ganz allgemein in Zusammenhängen zu denken und zu handeln, sich auf Argumente einzulassen und unterschiedliche Rollen einzunehmen, die Toleranz und Nachdenklichkeit gegenüber Komplexität und das Aushalten von Spannungen erfordern.

Hannah Arendts Machtverständnis, bei dem Macht die Fähigkeit bedeutet, Menschen für gemeinsame Projekte zusammenzuführen, wird angesichts des Verlusts eines alle zwingenden Gewaltmonopols wichtiger als Max Webers »Gegenmacht«, mit der ich Menschen meinen Willen aufdränge.

In der Globalisierung muss es keine Verlierer geben. Die Erste Welt kann und darf sich zwar nicht mehr auf Kosten der Dritten bereichern, aber sie muss nicht an Lebensqualität verlieren, vor allem wenn man bedenkt, dass diese immer mehr an immateriellen Gütern wie Vertrauen, Freundschaft, gelungenen Beziehungen liegt, was Menschen auch zunehmend spüren.

Mit genug Verstand, Geduld, Fantasie und Beharrlichkeit können wir soziale Marktwirtschaft in der Globalisierung weiterentwickeln und diese damit so gestalten, dass wir alle gewinnen. Dieses Ziel ist wahrlich alle Anstrengungen wert!

4 Grundgesetz, deutsche Einheit und innere Liberalität[*]
Eine Erkundung nach 20 bzw. 60 Jahren

Hat sich die deutsche Demokratie bewährt?
Zunächst ein Blick zurück: Die herausragende, auch sorgenvolle Frage, der die bundesrepublikanische Demokratie seit ihrer Gründung und bis weit in die 1980er Jahre ausgesetzt war, hieß: Wird sie Bestand haben oder wird sie wie die Weimarer Republik zusammenbrechen? Als historische Folie war die Erinnerung an 1933 prägend (»Bonn ist nicht Weimar!«), unbedingtes Ziel war die Wahrung der Stabilität des politischen Systems. Diese wurde in der Regel nicht als graduelle Stabilität, sondern als klares »Entweder-Oder« begriffen; dies zumal jede reflektierte Definition von System-Stabilität Elemente der Flexibilität einschließt, deren Potenzial zu gradueller Veränderung deshalb nicht im Gegensatz zur Stabilität gedacht werden kann, vielmehr als deren Bedingung. Das Ende von Stabilität schien dann gekommen, wenn das politische System zusammengebrochen bzw. durch ein anderes abgelöst war. Wir lebten damals also in klaren theoretischen Verhältnissen.

Gemessen an diesen hat sich die deutsche Demokratie bewährt. Sie hat sich im Westen fünfzig Jahre lang gehalten, der Gesellschaft zu unerwartetem Wohlstand verholfen, gemäß einer großen Zahl von Umfragen in der Bevölkerung auch immer mehr Zustimmung erworben. Und sie hat sich nach 1989 auf den bis dahin undemokratischen Teil Deutschlands ausgestreckt, diesen, so scheint es, ohne sich zu verheben, integriert. Zwar zeigen jüngere Untersuchungen, dass die Bevölkerung, insbesondere, aber beileibe nicht nur in den neuen Bundesländern, immer pointierter eine Kluft zwischen nach wie vor bejahter Norm und der Wirklichkeit der deutschen Demokratie moniert. Aber mit einem baldigen Zusammenbruch der Demokratie ist deswegen keinesfalls zu rechnen. Dies gilt auch dann, wenn im Zuge der Krise die Arbeitslosigkeit wieder steigt. Die hohe Zahl der Arbeitslosen aber war und ist traditionell der Faktor, mit dem der Untergang der Weimarer Republik begründet wird. Verglichen damit hat die Hoffnung der demokratietheoretischen »Institutionalisten« in der frü-

---
[*] Dieser Beitrag erschien erstmals in: Brigitte Zypries [Hg.], Verfassung der Zukunft. Ein Lesebuch zum 60. Geburtstag des Grundgesetzes, Berlin 2009.

hen Bundesrepublik nicht getrogen, dass man nach dem Ende einer Diktatur schnell und beherzt demokratische Institutionen einführen solle und dann, möglichst flankiert durch ökonomischen Wohlstand, soziale Sicherheit und internationale Integration (z. B. Westdeutschlands in die EWG), auf »Eingewöhnung« der Gesellschaft in die Demokratie bauen könne.

In diesem Sinne sind der Aufbau der deutschen Demokratie und auch ihre Ausdehnung auf Ostdeutschland also gelungen. Sie ist kein Gegenstand der Sorge mehr. Alle Unkenrufe haben sich als falsch erwiesen. Schwierigkeiten gibt es natürlich, wie immer in der Politik, aber sie weisen nicht auf ein Defizit der deutschen Demokratie hin. Ist also bei uns alles in Ordnung?

Kann man Demokratie wertfrei betrachten?

»Um jedoch die politische Freiheit zu verlieren, genügt es, sie nicht festzuhalten, und sie entflieht« – diese Mahnung hat uns der französische Soziologe Alexis de Tocqueville schon Anfang des 19. Jahrhunderts in seinen Beobachtungen zur »Demokratie in Amerika« ins Stammbuch geschrieben. In ihrem Licht, so scheint mir, ist mit der Feststellung des sechzigjährigen Bestands der Bundesrepublik und der geglückten Vereinigung über die deutsche Demokratie, auch über ihre Zukunft noch nicht alles gesagt. Wenn es stimmt, was der große französische Liberale Tocqueville unermüdlich anmahnt, dann hat man die Freiheit, den Grundstein der Demokratie, nie sicher in der Tasche. Vielmehr erfordert sie immer erneute Bemühungen, wenn sie nicht verloren gehen soll. Ein anderer Liberaler, Lord Dahrendorf, sah ganz allgemein, nicht nur in Deutschland, die Freiheit durch einen schrankenlosen globalen Kapitalismus bedroht, der auch traditionell westlich-demokratischen Ländern die Versuchung nahelegen könnte, die neuen sozialen und moralischen Probleme autoritär zu lösen. Wie man kapitalistischen Wohlstand und soziale Zusammengehörigkeit in einer freien Gesellschaft vereinbaren kann: die Antwort auf diese Frage betrachtete Dahrendorf als eine zentrale Aufgabe der gegenwärtigen Politik.

Dahrendorfs Überlegungen geben uns einen Hinweis darauf, dass mit Blick auf die Stabilität der deutschen Demokratie die traditionelle Fragestellung nach der »Entweder-Oder«-Alternative unergiebig oder zumindest unseren gegenwärtigen Problemen unangemessen sein könnte. Verstärkt wird dieses Fragezeichen durch einen neuen Aufschwung demokratietheoretischer Bemühungen, die im Zusammenhang der so genannten Transformationsforschung die Unzulänglichkeit des Stabilitäts-Paradigmas konstatieren, weil die dichotomische Fassung: »Demokratie ja oder nein« nicht genau überprüfbar ist, die empirische Wirklichkeit ungenau und unzulänglich wiedergibt und auch für politisch-strategische Hinweise, wo man zugunsten neuer Demokratien Prioritäten setzen sollte, zu wenig erbringt. Denn nach wie vor ungelöst ist das theoretische Problem, ob man Demokratie »wertfrei«, rein analytisch verbindlich definieren kann. Einerseits besteht dazu der Wunsch, weil man mit jeder Wertentscheidung schwankenden Boden betritt. Andererseits erscheint eine Wertentscheidung unumgänglich, wenn man nicht minimalistisch das Bestehen einer Demokratie allein daran messen will, ob demokratische Institutionen theoretisch unwiderrufen auf dem Papier stehen, unabhängig davon, wie undemokratisch deren praktische Handhabung ist und das politische und gesellschaftliche Leben sonst auch immer abläuft (so galten in den kommunistischen Staaten auf dem Papier weitgehende Grundrechte, deren Bedeutung in der Praxis ziemlich marginal war). Die minimalistische Version gerät zumal dadurch in Schwierigkeiten, dass die organisatorisch-institutionellen Regelungen der Demokratie ja ihrerseits nicht neutral, sondern dazu bestimmt sind, das urdemokratische Grundrecht auf gleiche Selbstbestimmung aller Bürger eines politischen Gemeinwesens zu ermöglichen, ja sicherzustellen. So bleibt zur Vermeidung der unfruchtbaren »Entweder-Oder«-Dichotomie nur eine wertende und insofern qualitativ urteilende Betrachtung ihrer Praxis, wenn man zu einer differenzierteren Einschätzung der Demokratie, auch der deutschen – vor und nach der Einheit – gelangen möchte.

Demokratie und Liberalität
Um auf diesem weiten Feld nicht verlorenzugehen, wähle ich für meine weiteren Überlegungen eine immerhin fundamentale Qualität, die überdies in der deutschen politischen Tradition eine besondere Hypothek mit sich führt: die Liberalität. Damit meine ich nicht eine Haltung des indifferenten Laissez-Faire, die sich für die Mitbürger und ihr Handeln so lange nicht interessiert, wie es die eigene Person unberührt lässt. Im Gegenteil: Liberalität speist sich wesentlich aus einer grundlegenden Achtung und einem ebenso grundlegenden Wohlwollen gegenüber den Mitmenschen, also nicht der Gleichgültigkeit, sondern einer Zugewandtheit, die Konflikte nicht tilgt oder verdeckt, sondern aushält und zu überbrücken sucht. Sie wird von der Überzeugung getragen, dass die Freiheit der privaten wie

der politischen Selbst- bzw. Mitbestimmung den Grundstein der menschlichen Würde darstellt, die ich nicht nur für mich, sondern – untrennbar damit verwachsen – für alle Menschen reklamiere. Sie ist der Kompass, der mich auch in den scheinbar unwichtigsten Situationen des Umgangs mit meinen Mitmenschen leitet. Sie schließt in der Tradition der westlichen Demokratie nicht nur das Recht auf Privatheit und auf Dissens, die ausdrückliche Verteidigung meiner Freiheit wie der der Andersdenkenden oder -handelnden ein, sondern auch den Willen zur Verständigung. Der wäre illusionär, wenn ich dafür nicht auf eine tragende Gemeinsamkeit mit den anderen baute, in allem Widerstreit von Überzeugungen und Interessen. Liberalität bedeutet daher, den anderen nicht nur als Kontrahenten, gar misstrauisch als Feinden zu begegnen, sondern auch als Partnern, die zu überzeugen gelingen kann. Ohne einen solchen Glauben – das Wort ist absichtlich gewählt – kommt Liberalität in der Praxis nicht aus. Das hat nichts mit Blauäugigkeit zu tun und steht nicht im Gegensatz zur Kontrolle, einem anderen Grundstein der Demokratie. Denn selbst sie machte keinen Sinn, wenn man vom anderen nur das Negative, den Bruch des Gesetzes oder des Grundkonsenses erwarten könnte. Dann brauchte man gar nicht erst zu kontrollieren, man wüsste es immer schon.

So umfasst Liberalität eine Reihe von Glaubensannahmen, Tugenden, psychischen Dispositionen und »Gewohnheiten des Herzens«, ohne die sie verdorrt: Sie glaubt an die gleiche Würde aller Menschen (trotz aller Endlichkeit und allen Scheiterns), sie engagiert sich dafür und baut prinzipiell auf die eigene wie die Fähigkeit der anderen zu vernünftiger, auch vertrauensvoller Kooperation, zur Selbstdistanz gegenüber den eigenen Interessen und Anschauungen, zur wohlwollenden Toleranz auch im Streit. Eine liberale Person öffnet sich und allen anderen immer erneut die Chance, Einsichten zu gewinnen und zu lernen. Sie lehnt Vorurteile und ungeprüfte »Einsortierungen« von Menschen ab. Sie gibt – bei allem Realismus – aus prinzipieller Überzeugung nicht auf, weil sie weiß, dass es unmöglich ist, zu einer freiheitlichen Übereinkunft zu gelangen, wenn man diese Chance von vornherein misanthropisch ausschließt, anstatt sie aktiv anzustreben.

Das klingt wie eine Sonntagsrede, ist wohl auch eine. Aber so, wie die Woche ohne Sonntag keinen Anfang hätte, kann die Demokratie auf Liberalität als ihr Prinzip nicht verzichten. Zwar ist auch hier – wie bei der Operationalisierung von »Stabilität« – demokratietheoretisch nicht präzise bestimmbar, in welchem Maße sie verbreitet sein muss und wie intensiv die Bürger ihr gemäß leben müssen, damit eine Demokratie »funktioniert«. Aber dass ohne sie die westliche gewaltenteilige Demokratie nicht funktionieren kann, lässt sich sogar logisch belegen.

Rufen wir uns einen diesbezüglichen Veteranen, Charles de Montesquieu, ins Gedächtnis. Über die Gewaltenteilung schreibt er in seinem großen Werk »Vom Geist der Gesetze«: »Das also ist die Grundverfassung, von der wir reden. Die Legislative setzt sich aus zwei Teilen zusammen. Durch ihr wechselseitiges Verhinderungsrecht wird der eine den anderen an die Kette legen. Beide zusammen werden durch die exekutive Befugnis gefesselt, die ihrerseits von der Legislative gefesselt wird. Eigentlich müssten diese Befugnisse einen Stillstand oder eine Bewegungslosigkeit herbeiführen. Doch durch den notwendigen Fortgang der Dinge müssen sie notgedrungen fortschreiten und sind daher gezwungen, in gleichem Schritt zu marschieren.« Montesquieu erläutert uns nicht, was er mit dem »notwendigen Fortgang der Dinge« meint. Man kann seinen Optimismus entweder als Folge eines mechanistischen Weltbildes oder seines historischen Kontextes deuten, in dem die Krone einfach auf Finanzierungen des Parlaments angewiesen war. In unserer modernen pluralistischen Massendemokratie liegen die Dinge erheblich komplizierter.

Immerhin macht Montesquieu deutlich, dass die natürliche Folge der institutionellen Konstruktion von »checks and balances« die Blockade ist, wenn kein anderer intervenierender Faktor sie auflöst. Dafür gibt es zwei logische Möglichkeiten: die Erpressung der einen durch die andere Seite – was die Aufhebung des Prinzips der Gewaltenteilung bedeuten würde – oder Gemeinsamkeiten, die die Blockade der Gegensätze überwinden. Das können z. B. gemeinsame äußere Feinde einer Gesellschaft sein. Die historische Erfahrung zeigt einerseits die Wirksamkeit eines solchen gemeinsamen Feindbildes. Sie legt aber auch die antipluralistische und antidemokratische Logik offen, die aus einer gesellschaftlichen Integration durch Feindbilder für das Gemeinwesen im Innern folgt. Dies ist mithin keine demokratische Lösung des Blockade-Problems, das sich aus dem Prinzip der Gewaltenteilung ergibt. Der originär demokratische Ansatz ist vielmehr eine Gemeinsamkeit als lebendiger Grundkonsens der Bürger, der in der beschriebenen Haltung der Liberalität verwurzelt ist. Wer daher ihre Notwendigkeit prinzipiell oder in der Praxis leugnet, gerät mit dem Grundsatz der Gewaltenteilung in Schwierigkeiten. Eben dies erleben wir seit einiger Zeit in Deutschland. Ich komme darauf zurück.

Historische Liberalitätsdefizite in der deutschen politischen Kultur

Zuvor scheint es mir angebracht, kurz auf die Hypothek hinzuweisen, mit der Liberalität in Deutschland belastet ist. Im 20. Jahrhundert kann man sie u. a. an drei Befunden erkennen. Der erste sind die sogenannten Ideen von 1914. Namhafte und repräsentative deutsche Gelehrte haben nach Ausbruch des Ersten Weltkrieges den Gegensatz zwischen der »deutschen« und der angelsächsischen, westlichen Freiheit herausgestellt und dabei nicht nur das traditionelle, schon von Hegel wirkkräftig verbreitete Missverständnis vertreten, die Angelsachsen hätten bei dem Wort Freiheit nur Atomismus, Egoismus und Materialismus im Sinn (Gierke, Troeltsch). Bei ihnen kommt auch deutlich zum Ausdruck, dass der Gemeinschaftsvorrang, in den die deutschen Denker »ihre« Freiheit kleiden, Abweichung, Dissens, die Legitimität von Interessenkonflikten nicht einbezieht, sondern diskriminiert. Eine Balance zwischen Dissens und Konsens, zwischen Abgrenzung und Zugewandtheit, die von Liberalität gerade gehalten und ausgehalten wird, ist hier nicht formuliert oder gefordert. Diese »deutsche« Freiheit legt den Akzent auf autoritative oder autoritäre Gemeinwohlanordnung, nicht auf freiwillige Übereinkunft.

Ein zweites Indiz sind die bis in die 1960er Jahre zurückreichenden Befragungsergebnisse in Westdeutschland, denen zufolge eine Mehrheit der Deutschen den Nationalsozialismus für eine theoretisch gute Sache hielt, der nur in der Praxis schlecht ausgeführt worden sei. Man kann mit guter Plausibilität vermuten, dass sich das »Schlechte« auf den Holocaust und den Krieg bezieht und das Gute auf den nationalsozialistischen Vorrang der Gemeinschaft und die so legitimierte »wohlfahrtsstaatliche« Politik. Dass auch sie von Anfang an mit der Ausschaltung von Dissens und von Gruppen der Gesellschaft (ganz zu schweigen von den kriminellen Maßnahmen der Nazis) verbunden, dass sie auch theoretisch nicht demokratisch-liberal, sondern diktatorisch und diskriminierend angelegt war, wird von den bejahenden Deutschen nicht als fundamentaler Geburtsfehler wahrgenommen. Liberalität zählt hier nicht.

Schließlich gab und gibt es analoge Befragungsergebnisse in Bezug auf das kommunistische System in der DDR. Der Kommunismus sei eine theoretisch gute, aber praktisch schlecht ausgeführte Sache gewesen, hieß es zehn Jahre nach dem Ende der DDR mehrheitlich von Seiten ehemaliger DDR-Bürger. Und wieder meinen sie soziale Sicherheit, staatliche Fürsorge, ohne den – auch theoretischen! – Preis der Antiliberalität, die – auch theoretisch fundiert! – Ausschaltung politischer Gegner und vielfache Verlogenheit überhaupt wahrzunehmen.

Fern liegt mir mit diesen knappen Reminiszenzen eine Diskreditierung von Gemeinwohlorientierung! Aber die beiden entscheidenden Aspekte demokratischer Liberalität: der Einbezug von als legitim erachtetem Dissens und die Konsensfindung durch die Bürger – nicht als Ergebnis staatlicher oder allgemein autoritativer Anordnung – haben in den genannten empirischen Fällen eben keinen Rang.

Von 1968 zu 1989
Die studentische Rebellion von 1968 hat in dieser Hinsicht eine ambivalente Gestalt und ebensolche Folgen gehabt. Ihr radikaler, oft forcierter Anti-Autoritarismus zielte der Absicht nach wohl auf Liberalität, auf den Abbau duckmäuserischer Unterordnung und angemaßter, nicht gerechtfertigter Autorität. Oft übertrieb er allerdings kindisch in der naiven Illusion, eine Demokratie käme ohne Autorität aus. Vor allem aber traten viele Rebellen der Form nach ihrerseits autoritär, intolerant, ja oft inhuman auf. Inhaltliche Forderungen und formales Verhalten klafften hier weit auseinander. Übrigens zuweilen auch bei »liberalen« professoralen Kontrahenten der Rebellen. Auch sie verteidigten die liberale Demokratie – mit der Weimarer Erfahrung oder derjenigen der ersten NS-Jahre im Nacken und ihrerseits aufgewachsen in einer nicht gerade liberalen Mittelstandskultur – immer wieder intolerant, aufbrausend und autoritär.

Eine ganze Reihe ehemaliger 68er hat das inzwischen auch öffentlich eingeräumt. Die »Gegenseite« verfährt in der Regel weniger selbstkritisch. Dies mag eine Frage des Alters sein oder daran liegen, dass sich die Verteidigung der damals als nur »formal« attackierten liberalen Demokratie zumal nach dem Zusammenbruch des Kommunismus sachlich als richtig erwiesen hat. Andererseits gilt inzwischen auch die communis opinio, dass die 68er-Rebellion bei aller inneren Widersprüchlichkeit insgesamt einen Liberalisierungsschub in die deutsche Gesellschaft gebracht hat, jedenfalls in dem Sinne, dass sich Autoritäten viel mehr als früher befragen lassen und argumentieren müssen, dass Mentalitätsbestände oder Redeweisen aus der NS-Zeit nicht mehr einfach tradiert werden, dass man leben und die anderen leben lassen, ihnen keine Wahrheiten mehr vorschreiben will. Dieser letzte Aspekt nähert sich oft der Indifferenz, nicht aus genereller Gleichgültigkeit, sondern weil der Glaube an überzeugende, sich auch im Leben der Älteren und vor allem in der Politik ausweisende Wahrheiten drastisch zurückgegangen ist. Der alte Autoritarismus wird in der Generation der ehemaligen 68er heute oft durch einen Modus fundamentaler Selbstironie bis hin zum Zynismus ersetzt.

Eine gute Basis für Liberalität im oben genannten Sinn bietet das auch nicht, weil die Überzeugungsgrundlage für eine positive Zuwendung zum Mitbürger dabei fehlt und das Verhalten häufig privatistisch-unpolitisch wird. Vielfach werden diese Reaktion sowie die Folgen des früheren Verhaltens daher von traditionellen Gegnern und seit einiger Zeit auch von enttäuschten 68ern als »Werteverfall« beklagt und kritisiert. Dabei zeigen die letzten häufig eine Vehemenz, die dem Verhalten von »Renegaten« gleicht und gegen die es aus der Sicht der Liberalität angezeigt erscheint, die liberalen Intentionen von 68 sowie deren liberalisierende Wirkungen gegen ihre abtrünnigen Urheber zu verteidigen. Denn oft erfolgt die Verdammung vergangener Irrtümer als Rückfall in undemokratische Denkmuster, so wenn frühere anarchistische Illusionen über eine ursprüngliche Güte der Menschen (die gar keine Demokratie als politische Ordnung mehr brauchte) nun durch »wölfische« Annahmen über den Menschen in der Tradition des Thomas Hobbes ersetzt werden (mit denen man vielleicht einen monarchischen Absolutismus, aber keine Demokratie gestalten kann). Ein Lernprozess im Sinne gradueller und reflektierter Korrekturen früherer Irrtümer kommt in diesem Elitendiskurs – den ich hier vornehmlich im Blick habe – nicht zum Ausdruck; vielmehr ein Pendeln von einem Extrem zum anderen, jedesmal an der Liberalität vorbei. Mit ihren früheren konservativen (nicht liberalen!) Gegnern von ehedem und in Wiederholung der 68er Unart, nicht die konkreten Personen und ihre Argumente zu prüfen, sondern anhand von Code-Wörtern immer schon zu wissen, in welche Schublade sie gehören, suchen sie nicht nach einer gemeinsamen Basis im Gespräch (auch nicht für ihre eigenen biographisch unterschiedlichen Einstellungen), sondern nach der neuen »Front«, die klärt, wo der Gegner steht, und vor allem sichert, dass man selbst jetzt richtig steht.

Auffällig ist dabei wiederum die Kontinuität des illiberalen Habitus, der Kontrahenten, die die Liberalität (diesmal von der anderen Seite her) verteidigen, unbedacht mit eigenen früheren Illusionen gleichsetzt und so vehement wie die ehemalige eigene Position abwehrt. Genaues Hinhören, gemeinsames Lernen sind nicht gefragt, sondern das Rechtbehalten. Dem liegt ein Misstrauen zugrunde dem anderen und sich selbst gegenüber, weil nur die radikale schneidende Absage an früheren »Unsinn« die Befreiung davon und eine komplette Richtigkeit der nun eingenommenen

Position zu ermöglichen scheint. Aus der früheren Illusion folgen nicht Zweifel, nicht prüfende oder skeptische Offenheit gegenüber (auch eigenen ehemaligen) abweichenden Positionen, sondern erneute Abgrenzung und Einsortierung. Dies lässt sich leider auch mit Blick auf 1989 beobachten: zu viele haben sich verbittert zurückgezogen, reden die Vergangenheit schön und geben der Gegenwart gar keine Chance, ihre positive Wirkung zu entfalten. Vermutlich ist der Rückzug so vieler Bürgerinnen und Bürger aus dem politischen Raum, aus der Gemeinschaft, der höchste Preis, den wir für die Einheit entrichten mussten: der globale Epochenbruch von 1989 geriet auch zum individuellen Identitätsbruch, der bei vielen irreparabel ausfiel.

Identitätsbrüche hindern Liberalität

Hier kommt ein grundlegendes Problem der deutschen politischen Kultur zum Ausdruck, das insbesondere aus der Geschichte des 20. Jahrhunderts rührt und der Entwicklung von Liberalität im Wege steht. Angesichts von Nationalsozialismus und Kommunismus in Deutschland, angesichts mehrfacher Regimebrüche und damit einhergehender biographischer Brüche liegt es für viele nahe, die Rekonstruktion von Identität als biographischer Kohärenz, wozu das redliche Prüfen der Gründe für diese Brüche gehörte, als zu schwierig aufzugeben oder gar nicht erst zu versuchen. Stattdessen werden die eigene Biographie wie die Menschen um einen herum und die gesellschaftlichen Gruppierungen in getrennte Schubladen gepackt, deren Inhalt nichts Gemeinsames verbindet. Ehedem und heute, Irrtümer und Einsichten, konservativ und links verbindet dann nichts mehr. Man kann eine Schublade nur öffnen, wenn man die andere geschlossen hat. Und es ist auch nicht tunlich, frühere Schubladen zu öffnen, weil darin Gefährliches lauern kann, bei sich selbst und bei den anderen. Außerdem muss man jederzeit befürchten, seinerseits von anderen einsortiert zu werden. Das ermutigt nicht gerade dazu, sich zu öffnen, sondern legt nahe, sich zurückzuziehen, gegebenenfalls Rechtfertigung im Selbstmitleid zu finden.

So wird ein Habitus von Identitätsbrüchen befördert und damit eine Haltung von Unsicherheit, Angst, Misstrauen, Abschottung und Unterstellung auf der einen, Rechthaberei auf der anderen Seite. Den Boden für gelassene und zugewandte Liberalität bereitet das nicht. Allenfalls für Indifferenz oder Zynismus.

Reformblockaden wegen mangelnder Liberalität
Eine Reihe von Verwerfungen, die in den letzten Jahren allgemein in der deutschen Politik und Gesellschaft beklagt werden, führe ich auf diese Schwierigkeit reflektierter Identitätsbildung zurück. Erhebliche öffentliche Finanznot angesichts krass zunehmender sozialer Diskrepanzen und der Vernachlässigung wichtiger öffentlicher Aufgaben stellt für anstehende Reformen ganz andere Anforderungen an Verständigungsbereitschaft und Gemeinsamkeit der Deutschen als zu Zeiten, da der Kuchen immer größer wurde. Die Folge sind vielfach entmutigende Blockaden.

Auffällig oft werden deshalb institutionelle Reformen gefordert, die das System der Machtbalance zwischen Bund und Ländern oder in den verschiedenen Subsystemen der Gesellschaft (z. B. in den Universitäten) zugunsten einliniger Entscheidungs- oder Anordnungsstrukturen einebnen sollen. Widerhaken oder gegenseitige Macht-Bremsen gilt es in diesem Verständnis zu überwinden, damit man die eigenen Konzepte, auch die eigenen Interessen besser durchsetzen kann. Viele Repräsentanten der Wirtschaft, der Politik, auch der Kultur glauben nach den Erfahrungen der letzten Jahre nicht mehr daran, Kontrahenten überzeugen zu können, glauben nicht mehr an einen tragfähigen Grundkonsens oder common sense. Stattdessen streben sie nach »glatteren« Institutionen, in denen sich das Überzeugen erübrigt. Das Stichwort heißt »Deregulierung«. Es bietet die Möglichkeit, das Gesagte kurz zu illustrieren.

Denn dass der Abbau von Unübersichtlichkeiten auf einer Reihe von Feldern der Gesetzgebung (z. B. im Steuerrecht, vor allem aber im Bereich der konkurrierenden Gesetzgebung zwischen Bund und Ländern) geboten erscheint, kann man als abwägender Zeitgenosse kaum bestreiten. Aber solche Vereinfachung impliziert in der Regel Vor- oder Nachteile für unterschiedliche soziale Gruppen, und sowohl diese Unterscheidung als auch die Regelung des unvermeidlichen Interessenausgleichs wären Gegenstand der Verständigung und praktizierter, nicht nur rhetorisch proklamierter Gemeinsamkeit. Sie ist offensichtlich nicht sehr lebendig, und das liegt meiner Auffassung nach nicht einfach am normalen Parteienwettbewerb oder am Versagen einzelner Politiker, auch nicht daran, dass plötzlich unser Grundgesetz zu viele *checks and balances* enthielte, sondern daran, dass die Schubkraft eines gemeinsamen Willens, eines gemeinsamen Zukunftsprojekts, überhaupt des Glaubens an politische Gemeinsamkeit unter den Eliten nicht stark genug ist, um eine Einigung unter nun schwierigeren Bedingungen zustande zu bringen.

Ein Blick auf die Zukunft der deutschen Demokratie
Dass die deutsche Demokratie wegen mangelnder Liberalität demnächst zusammenbräche, ist nicht zu vermuten. Sie genießt auch nach 60 Jahren genug Vertrauen in der Bevölkerung wie bei den Eliten, sie bietet einer Mehrheit in der Gesellschaft deutliche Vorteile, ihre Institutionen und ihre Einbindung in internationale demokratische Systeme sind stabil genug, um sie zu halten. Aber für viele ist sie hässlicher, enttäuschender, entmutigend geworden. Begeisterung oder Engagement löst sie kaum aus, Churchills Einschätzung, sie sei das schlechteste aller politischen Systeme mit Ausnahme aller anderen, wird nicht mehr als witziges Understatement, sondern als resignative Realitätsbestimmung genommen.

Dies scheint mir nicht einfach das Ergebnis einer »Normalisierung« zu sein. Wer derzeit aufmerksam das politische Leben in den älteren angelsächsischen Demokratien beobachtet, kann erkennen, dass sich dort viele Enttäuschungen, Ermüdungen, Korruptionen und Zynismen ebenfalls finden. Aber daneben und dagegen gibt es sowohl auf der politischen als auch auf der gesellschaftlichen Ebene immer neue Aufbruchsstimmungen, stimulierende Erinnerungen an vorbildliche Initiativen in der Vergangenheit, vielleicht auch naive »Erweckungsbewegungen«, die aber immerhin verhindern, dass Resignation oder Zynismus die Oberhand gewinnen.

Aber nicht nur das. Der Gegenpol immer erneuter – in der alt-kontinentalen, desillusionierten Welt oft belächelter – Begeisterungsfähigkeit und Initiativebereitschaft, insgesamt: eines erheblich größeren Selbst-, Fremd- und Zukunftsvertrauens ist auch ein wichtiger »Produktivfaktor« bei der Lösung ökonomischer und sozialer Probleme. Robert Putnam hat das empirisch und demokratietheoretisch in seiner Analyse der Ursachen für die radikalen sozialen Unterschiede zwischen Nord- und Süditalien zu explizieren versucht. Die größere politische und soziale Stabilität im Norden ist demnach nicht Folge des größeren ökonomischen Wohlstands, sondern umgekehrt. Der größere Wohlstand, der seinerseits durchaus stabilisierend wirkt, rührt aus solideren, vertrauensvolleren sozialen Beziehungen, aus dem »Sozialkapital«. Es speist sich aus einer Erfahrung gegenseitiger Verlässlichkeit und Fairness und gibt jene Flexibilität und Kreativität frei, auf die Reformen unter Bedingungen der Knappheit und unabwendbarer Einschränkungen wie Risiken angewiesen sind. Sonst hält man ängstlich fest, was man hat, und blockiert auf diese Weise die Anpassung an neue Herausforderungen und die Vorbereitung einer gemeinsamen Zukunft. Wenn Erneuerungsfähigkeit zum Fortbestand nicht nur eines lebendigen Organismus, sondern auch eines politischen Systems gehört – und das ist eine plausible Annahme –, dann würden politisch-kulturell begründete Blockaden auch der deutschen Demokratie langfristig schaden.

Die Deutschen können ihre historischen Hypotheken nicht einfach abwerfen und sich in eine künstliche demokratische Begeisterung flüchten. Das wäre sogar gefährlich. Aber es scheint mir wichtig, den Zusammenhang zwischen den historisch begründeten Identitätsbrüchen und einem erheblichen Vertrauensdefizit, damit einer mangelnden politischen Bereitschaft, ja Fähigkeit zur Verständigung auf Reformen in der Gegenwart zu verdeutlichen. Vielleicht können wir ein neues gegenseitiges Vertrauen und damit einen neuen lebendigen Grundkonsens gewinnen, wenn es uns gelingt, diese Identitätsbrüche individuell und gemeinsam in einem gesellschaftlichen Klima der Klarheit wie der Versöhnlichkeit zu überwinden. 60 Jahre nach Verabschiedung des Grundgesetzes und 20 Jahre nach dem Mauerfall ist es höchste Zeit, uns an eine neue Selbstverständigung unserer Gesellschaft zu machen.

5 Soziale Gerechtigkeit jenseits des Nationalstaates[*]

Ein großer Denker hat einmal gesagt, dass Europa die Menschen so fasziniere, weil es eine konkrete Utopie sei. Ich will das auch gar nicht in Frage stellen. Im Gegenteil. Als Friedens-, Freiheits- und Fortschrittsprojekt ist Europa sicherlich eine der größten Errungenschaften, die wir zustande gebracht haben.

Umso schlimmer, dass dieses Projekt Europa jetzt bei immer mehr Menschen auf Ablehnung stößt. Europa, das ist in der Wahrnehmung vieler Beschäftigter vor allem der verlängerte Arm des Marktradikalismus, dem überall auf dem Kontinent bewährte Schutzrechte der Arbeitnehmer zugunsten einer rigoros interpretierten Kapitalverkehrsfreiheit geopfert werden.

Diese Wahrnehmung ist bei näherer Betrachtung vielleicht nicht ganz richtig, ganz falsch ist sie aber auch nicht. Lassen Sie mich nur zwei Stationen des zu Ende gehenden Jahres 2008 Revue passieren: eine, wo Europa nicht gehandelt hat, obwohl es das hätte tun müssen, und eine, wo Europa viel zu viel handelt.

Zunächst zu den Unterlassungen: Am 15. Januar 2008 gab der finnische Technologiekonzern Nokia bekannt, die Produktion von Handys am Standort Bochum einzustellen. Das Unternehmen plane, die Produktion an andere, kosteneffizientere Orte in Europa zu verlagern. Insgesamt waren 2.300 Mitarbeiter betroffen. Als Grund für die Schließung von Bochum führte Nokia die mangelnde Wettbewerbsfähigkeit des Werkes an. Die Fabrik zu modernisieren erfordere hohe Investitionen, »doch selbst diese hätten nicht zur Folge, dass Bochum global konkurrenzfähig wäre«.

In den folgenden Tagen berichteten Zeitungen, dass Nokia 2.000 der 2.300 Bochumer Arbeitsplätze ins rumänische Cluj (Siebenbürgen) verlagern wolle. Bald kam die böse Vermutung auf, die Verlagerung nach Rumänien könne direkt aus dem EU-Strukturfonds gefördert worden sein. Obwohl dies offensichtlich nicht der Fall war, hat das »Nokia Village« in Cluj 33 Millionen Euro aus öffentlichen Geldern erhalten, welche die rumänische Regierung zur Verfügung gestellt hat – über den Anteil europäischer Gelder an dieser Summe lässt sich nur spekulieren.

---

[*] Referat auf der Betriebs- und Personalrätekonferenz der SPD-Bundestagsfraktion, Berlin, 3. Dezember 2008

Fakt ist, dass Nokia mit dem Werksaufbau in Rumänien bereits begann, während ein deutsches Subventionspaket für Bochum in Höhe von 60 Millionen Euro noch lief. Mit anderen Worten: Nokia packte die Koffer und reiste ab, sobald die öffentliche Förderlandschaft in Deutschland abgegrast war.

Musste Nokia so handeln? Ging es dem Unternehmen schlecht? Zwei Tage nach der angekündigten Werksschließung legte Nokia die Zahlen für das 4. Quartal 2007 vor: Der Gewinn war um 44 Prozent auf 1,84 Milliarden Euro gewachsen. Im Gesamtjahr stieg der Umsatz von Nokia um 24 Prozent auf 51 Milliarden Euro und der Jahres-Nettogewinn um 67 Prozent auf 7,2 Milliarden Euro. Nach Bekanntgabe der Quartalsergebnisse legte die Nokia-Aktie übrigens um über 13 Prozent zu.

Das Bochumer Werk hatte dazu seinen Beitrag geleistet. Einem Bericht des Wirtschaftsmagazins »Capital« zufolge soll es 2007 ein Betriebsergebnis vor Zinsen von 134 Millionen Euro erzielt haben. Damit erwirtschaftete jeder der 1.500 Mitarbeiter in der Produktion einen Gewinn von 90.000 Euro.

Belegschaft und Management haben in Bochum intensiv an der Modernisierung des Standorts gearbeitet. So gab es ein Konzept der Werksleitung, um mit Investitionen in Höhe von 14 Millionen Euro noch im ersten Halbjahr 2008 zu Lohnstückkosten zu kommen, wie sie eine Nokia-Fabrik in Ungarn aufweist. 2007 hat es in Bochum Sonderschichten und auch Wochenendarbeit gegeben.

Genützt hat es den Beschäftigten dort nichts. Die Karawane ist weiter gezogen. Nokia produziert nun in Cluj.

Der Fall Nokia zeigt uns, dass Europa keinerlei Instrumentarium bereit hält, um die Arbeitnehmerinnen und Arbeitnehmer vor Lohndumping und innereuropäischer Unterbietungskonkurrenz zu schützen. Das ist eine klare Unterlassungssünde, denn Verlagerungen sind überall in Europa die größte Gefahr für die Arbeitsplätze. Kapital ist halt mobiler als Menschen es sind. Dies soll kein Argument gegen den Freihandel sein, denn der ist prinzipiell zu begrüßen. Doch gegen innereuropäisches Lohndumping müssen wir unbedingt politische Barrieren setzen.

Ich komme zum Fall zwei des Jahres 2008: Volkswagen. Hier war Europa sehr wohl tätig.

Zum Hintergrund: Bei Volkswagen arbeiten weltweit 360.000 Beschäftigte, rund 130.000 davon in Deutschland. Volkswagen ist eines der erfolgreichsten deutschen Industrieunternehmen und dies nicht obwohl, sondern weil es bei Volkswagen seit Jahrzehnten eine besonders ausgeprägte Kultur der Mitbestimmung und der Arbeitnehmer-Konsultation gibt. Diese fand ihre juristische Absicherung fast fünfzig Jahre lang im Volkswagen-Gesetz, das bei der Privatisierung des Unternehmens im Jahre 1960 erlassen worden war und – wie ich finde – geradezu paradigmatisch für gute und sinnvolle Regelungen der sozialen Marktwirtschaft in der Ära von Ludwig Erhard stand. Das Volkswagen-Gesetz wurde damals erlassen, um den Aktienbesitz an Volkswagen möglichst breit zu streuen und die Arbeitnehmer in der von Volkswagen geradezu monostrukturell beherrschten Region Südniedersachsen, die schwerlich woanders Arbeit gefunden hätten, möglichst wirksam zu schützen. Deswegen sieht das Volkswagen-Gesetz eine 2/3-Mehrheit im Aufsichtsrat für Werkschließungen und Produktionsverlagerungen sowie ein 80-Prozent-Erfordernis für grundlegende Entscheidungen auf Hauptversammlungen vor. Das schärfste Schwert des VW-Gesetzes bildete freilich die Beschränkung der Stimmrechte jedes Investors auf 20 Prozent – gleichgültig, wieviele Anteile am Unternehmen ihm gehören – eine Schutzbestimmung, die Kleinaktionäre vor einem alles beherrschenden Großinvestor schützen sollte. Mit dieser besonderen Konstruktion sind sowohl Volkswagen als auch das Land Niedersachsen, das lange größter Aktionär von Volkswagen war, viele Jahre lang gut gefahren.

Im März 2005 allerdings hat die Europäische Kommission die Bundesrepublik Deutschland vor dem Europäischen Gerichtshof verklagt, weil das Volkswagen-Gesetz gegen die Europäischen Verträge verstoße. Es gehe hierbei um eine Verletzung des grundlegenden Rechts auf freien Kapitalverkehr: Durch die Sonderregelungen des Gesetzes werde das Unternehmen Volkswagen für Investoren weniger attraktiv, weil diese nicht den sonst üblichen Einfluss auf die Unternehmenspolitik ausüben könnten. Zudem habe der Staat einen dominierenden Einfluss auf das Unternehmen. Dies war insofern ein bemerkenswerter Akt, weil die Kommission den Begriff der Kapitalverkehrsfreiheit mehr als extensiv auslegte: in ihren Augen ist jede nationale Besonderheit dazu geeignet, den freien Fluss des Kapitals durch die Mitgliedsstaaten zu behindern.

Der Europäische Gerichtshof (EuGH) hat dann am 23. Oktober 2007 Teile des Volkswagen-Gesetzes für nichtig erklärt und auch den von der Bundesregierung in ihrer Klageerwiderung vorgebrachten Wert des Arbeitnehmerschutzes für nicht relevant befunden. Mit diesem und mit anderen Urteilen greift der EuGH nicht nur in jahrzehntelange Koordinaten der deutschen Wirtschaftsordnung ein, sondern diskriminiert auch jedes öffentliche Eigentum an Produktionsmitteln. Das im Grundgesetz vorgesehene Sozialstaatsprinzip wird aus meiner Sicht durch die Überbetonung der Kapitalverkehrsfreiheit klar in Frage gestellt, auch die in der Verfassung vorgesehene Pluralität von Wirtschaftsformen wird so Schritt für Schritt auf die deregulierte, marktradikale Wirtschaftsordnung als einzig denkbare Wirtschaftskonzeption reduziert.

Zur Überraschung von vielen hat der EuGH in Sachen Volkswagen allerdings ein differenzierteres Urteil gefällt als es die Kommission gefordert hatte. Denn die Richter kritisierten nicht die einzelnen Schutz- und Sperrbestimmungen des Gesetzes, sondern nur deren Zusammenspiel. Entsenderechte, Stimmrechtsbeschränkung, 2/3-Erfordernis im Aufsichtsrat und 80-Prozent-Quorum gemeinsam würden Volkswagen für Investoren unattraktiv machen und dadurch den freien Kapitalverkehr behindern. Hierin unterscheidet sich das Urteil erheblich von der Argumentation der Klageschrift der Kommission, die auch alle Einzelbestimmungen als europarechtswidrig bezeichnet hatte.

Insofern entstand hier ein Spielraum für politisches Handeln, denn es oblag ja nun der Bundesregierung, das Volkswagen-Gesetz europarechtskonform umzugestalten. Ich selbst bin wie viele andere Bundesjustizministerin Brigitte Zypries mehr als dankbar dafür, dass sie sich im nun zu Ende gehenden Jahr hartnäckig für eine Neufassung des VW-Gesetzes eingesetzt hat, die dem Urteil des EuGH Rechnung trägt, die positiven Schutzbestimmungen des VW-Gesetzes aber weitgehend erhält. Die Bundesregierung tat dies in dem Wissen, dass es sich hierbei nicht um eine Einzelfrage handelt, sondern um eine prinzipielle Weichenstellung für das europäische Sozialmodell. Deshalb wird dieser Entscheidung und auch der Politik nachfolgender Bundesregierungen in dieser Hinsicht – zumal im Zusammenspiel mit einer erneuerten Europäischen Kommission – in Zukunft eine große Bedeutung zukommen.

Das Bundesjustizministerium hat für die Neuauflage des Volkswagen-Gesetzes einen sehr einfachen Weg gewählt: In seinem Gesetzesentwurf hat es das Höchststimmrecht aus dem Paragrafenwerk gestrichen. Fortan kann jeder Investor auf Hauptversammlungen gemäß seinem Stimmenanteil Einfluss ausüben. Die Entsenderechte entfallen im Gesetz, können aber in der Unternehmenssatzung festgelegt werden. Und die wichtige Mehrheitserfordernis von 2/3 der Stimmen im Aufsichtsrat für Werksschließungen und Verlagerungen bleibt erhalten; ebenso das Hauptversammlungsquorum von 80 Prozent für wichtige Unternehmensentscheidungen. Die Beschäftigten von Volkswagen standen die ganze Zeit hinter unserer Justizministerin. Mehr als 40.000 Volkswagen-Mitarbeiter haben im September 2008 in Wolfsburg für den Erhalt des VW-Gesetzes demonstriert, 80.000 Unterschriften hat der Betriebsrat des Konzerns für das Gesetz gesammelt. Kanzlerin Merkel machte sich das Vorhaben zu eigen und reiste nach Wolfsburg. Berthold Huber forderte ein »VW-Gesetz für alle« als effizienten Schutz vor Verlagerungen. Und vor zwei Wochen hat der Deutsche Bundestag das neue Gesetz beschlossen.

Die EU-Kommission allerdings reagierte prompt mit der Ankündigung einer erneuten Klage. Manchmal kann man an Europa richtiggehend verzweifeln.

Ich will in diesem Zusammenhang einen bemerkenswerten Vorgang erwähnen. Fritz Scharpf, der langjährige Direktor des Max-Planck-Instituts für Gesellschaftsforschung und einer der renommiertesten Sozialwissenschaftler Deutschlands, hat im Juli 2008 der Zeitschrift »Mitbestimmung« ein Interview gegeben, in dem der erstaunliche Satz fiel: »Der einzige Weg ist, dem EuGH nicht zu folgen.«

Scharpf zufolge hat sich Europa, das als Wirtschaftsunion gegründet wurde und die Verantwortung für das Soziale explizit an die Mitgliedsstaaten verwies, nach und nach die Hoheit über die Ausgestaltung der nationalen Sozialmodelle erschlichen. Dies geschah eben nicht politisch, sondern durch das Richterrecht des EuGH und die Vertragsverletzungsverfahren der Kommission – beides Instrumente, die nicht der demokratischen Teilhabe und der öffentlichen Kritisierbarkeit zugänglich sind, obwohl sie vielfach nationale Souveränitätsrechte beschneiden – so zuletzt bei den Urteilen zu Laval, Viking und dem niedersächsischen Tariftreue-Gesetz.

Hier sehen wir den Konstruktionsfehler von Europa! Aus der Taufe gehoben wurde die europäische Zusammenarbeit unter dem Eindruck des Zweiten Weltkriegs und der durch ihn entstandenen Verheerungen des Kontinents. Doch sie begann nicht als umfassendes Integrationsprojekt, sondern als ökonomische Verflechtung der Wirtschaftssphären, die die Politik nur technokratisch – etwa beim Abbau von Zollschranken – steuern musste.

Die Folge war – ich bleibe bei den Thesen von Fritz Scharpf – eine Entkoppelung der sozialen Politik von der wirtschaftlichen Verfassung Europas. Das »Soziale« spielte in der europäischen Diskussion keine Rolle und deswegen waren die Defizite von Anfang an vorprogrammiert. Denn die zugrundeliegende Idee, man könne eine »unpolitische« Wirtschaftsverfassung auf europäischer Ebene und »politisierte« Sozialmodelle auf der Ebene der Mitgliedsstaaten zugleich haben, erwies sich wegen der zahlreichen Verflechtungen zwischen den beiden Ebenen mehr und mehr als Chimäre.

Dies zeigte sich spätestens beim Fortschreiten des Integrationsprozesses. Der Europa-Rechtler Christian Joerges hat darauf aufmerksam gemacht, dass das Weißbuch der Delors-Kommission an den Europäischen Rat von 1985 als Wendepunkt im Integrationsprozess gesehen werden kann. Europa sollte damals eine lange Phase der Stagnation überwinden und »wettbewerbsfähiger« werden. Damit wurde der Markt zum eigentlichen Zentrum Europas. Dies reflektierte auch der Maastricht-Vertrag von 1992, der ganz auf die Schaffung des Binnenmarktes abzielte.

Wir haben also eine Union geschaffen, die kein sozialpolitisches Mandat hat, dieses aber trotzdem immer selbstbewusster auszuüben versucht. Und sie tut dies unter der einseitigen Priorität von Wettbewerbsfähigkeit und Marktorientierung. Für ein soziales Europa sind dies keine guten Voraussetzungen.

Insofern bedeutet der Vertrag von Lissabon einen echten Fortschritt, denn dieser ist kein marktradikales Gebilde, wie seine Kritiker behaupten, sondern enthält echte Ansätze für mehr Soziales in Europa. Hier geht es vor allem um drei Pfeiler: die Verpflichtung der Mitgliedstaaten auf eine »soziale Marktwirtschaft« – was immer dies im Detail heißen mag –, die Erklärung sozialer Rechte für die Bürgerinnen und Bürger Europas und die Verpflichtung der Mitgliedstaaten zur Koordinierung der Arbeitsmarkt- und Sozialpolitik. Auch ist eine Gesetzesfolgenabschätzung für alle politischen Projekte vorgesehen, die die Sozialverfassungen der Mitgliedstaaten berühren. Was diese recht undefinierten Absichtserklärungen angesichts der vielfach marktradikalen Spruchpraxis des EuGH – dieses Gericht fällt allerdings, das sei der Fairness halber angemerkt, auch ganz anders gelagerte Urteile – bedeuten, vermögen selbst Experten im Moment nicht zu sagen.

Was folgt aus all dem? Ich möchte mich hier an einigen Thesen zur »sozialen Gerechtigkeit jenseits des Nationalstaats« versuchen.

1. Politisch muss es uns, so meine ich, darum gehen, den deutschen Sozialstaat einschließlich seiner Mitbestimmungsregelungen zu verteidigen und europäisch weiterzuentwickeln, auch um die Demokratie zu stär-

ken. Das verlangt mühsame Gespräche auf europäischer Ebene, weil wir in den verschiedenen Ländern unterschiedliche Traditionen haben. Aber wir haben ja durchaus bereits erste Erfolge, trotz der sperrigen Rechtsprechung des Europäischen Gerichtshofs. Und die Finanzkrise hat die Gefahr unverantwortlichen Wirtschaftens und mangelnder sozialer Regelungen des Marktes allen europäischen Ländern drastisch vor Augen geführt. Über unser Ziel sind wir uns einig: Gemeinsame Märkte brauchen gemeinsame Regeln. Diese wollen wir durchsetzen. Wir engagieren uns deshalb für eine europäische Sozialunion, die den gleichen Rang wie die Wirtschafts- und Währungsunion haben muss. Der Vorrang des Kapitals vor der Arbeit muss beseitigt werden.
2. Einen europäischen Sozialstaat wird es aber nicht geben. Sowohl die Wirtschafts- als auch die Sozialmodelle Europas sind zu unterschiedlich, als dass man sie anders als im Rahmen eines »race to the bottom« harmonisieren könnte. Trotzdem gilt: Ein soziales Europa kann den Rahmen schaffen, in dem sich die Nationen eine sozialstaatliche Ordnung geben können. Soziale Regeln und Grundrechte auf europäischer Ebene sichern den nationalen Sozialstaat zusätzlich ab. Deswegen wollen wir sie! Dieses Zeichen hat dann auch eine über-europäische Wirkung und strahlt auf andere Weltregionen ab.
3. Vermutlich brauchen wir in der Europäischen Union eine Politik der gemeinsamen Maximen und »Korridore«, die es den einzelnen Staaten überlassen, ihre je spezifische Umsetzung der einmal vereinbarten Leitlinien – die z. B. einen verbindlichen Anteil des Bruttosozialprodukts für Sozialausgaben festschreiben können – selbst vorzunehmen. Wichtig aber ist, dass der so genannte Standortwettbewerb zwischen den europäischen Ländern aufhört, der für die Mitgliedsstaaten in vielerlei Hinsicht zu einer Nivellierung nach unten geführt hat. Auch die seit 2004 neu in die EU gekommenen Länder haben inzwischen gemerkt, dass sie ohne angemessene Steuereinnahmen Mühe haben, soziale Stabilität zu sichern. Dabei ginge es auch um rechtliche Regelungen, die den absoluten Vorrang des Wettbewerbs vor dem sozialen Ausgleich einschränken.
4. Wir können aber auf der europäischen Ebene nicht Halt machen. Denn unternehmerische Entscheidungen können inzwischen alle Grenzen unterlaufen. Damit Gewinne nicht ohne jede Rücksicht auf die politischen und sozialen Folgen möglich bleiben, damit deren Kosten nicht einfach auf die strukturell immer schwächeren nationalen

Politiken abgeschoben werden können, müssen die Unternehmen zum Beispiel durch Governance-Strukturen dazu angehalten werden, die Mindeststandards der ILO (International Labor Organization) zu akzeptieren. Man könnte dies langfristig zur Bedingung des Beitritts zur Welthandelsorganisation machen. Man könnte mit mutigen NGO's in noch nicht demokratischen Ländern zusammenarbeiten, die sich gegen einen Raubtierkapitalismus in ihren Ländern, gegen die Zerstörung der Umwelt und jeglicher sozialer Sicherungsnetze wehren. Übrigens mit guten volkswirtschaftlichen Argumenten! Man könnte innerhalb der Unternehmen auf einen Beitritt zu Kofi Annans »Global Compact« dringen und ein Zurückbleiben hinter den versprochenen Standards öffentlich ächten – wozu möglicherweise NGO's mehr Freiheit haben als Gewerkschaften.

Nur wenn wir diesen Weg gehen und die Menschen davon überzeugen, dass Europa keine Gefahr für den sozialen Grundkonsens, für den Ausgleich in unseren Gesellschaften darstellt, gewinnen wir die Köpfe und Herzen der Menschen für das europäische Projekt. Erste Fortschritte zeichnen sich ab. Zu nennen sind die europäischen Regeln und Standards in den Bereichen der Gleichstellung und Antidiskriminierung, im Arbeitsrecht oder beim Arbeits- und Gesundheitsschutz. Vor allem die sozialen Grundrechte, die wir Sozialdemokraten gegen massive Widerstände in die EU-Grundrechtecharta hineingeschrieben haben, spielen hier eine herausragende Rolle.

Bei aller Mühsal: Wir sollten Hoffnung haben auf das Gelingen des Projekts Europa. Und wir sollten dafür kämpfen! Der italienische Schriftsteller Claudio Magris schreibt: »An den Orten, wo europäische Hoffnungen und Utopien entzaubert sind, braucht es Menschen, die die Entzauberung realistisch beschreiben und auf diese Weise die Kraft der Hoffnung erhalten.« Genau darum geht es.

GESINE SCHWAN
geb. 1943, Professorin für Politikwissenschaft, 1999–2008 Präsidentin der Europa-Universität Viadrina in Frankfurt (Oder), 2005 und 2009 kandidierte sie für das Amt der Bundespräsidentin.

Der Politik aufs Maul geschaut

Sprache wird in politischen Debatten strapaziert, verbogen, oft missbraucht. Mit entlarvender Präzision und treffenden Pointen schreibt Erhard Eppler über Begriffe, die Politik und Öffentlichkeit nutzen, um Meinungen durchzusetzen, Sachverhalte zu vernebeln und Gegner bloßzustellen. Wer sie hört, sollte kritisch sein!

»Bierdeckel«, »Elite«, »Experte«, »Gerechtigkeit«, »Leistungsträger«, »Maßnahme«, »Neid«, »Gewissen« oder »Ideologie« zählen zum festen Repertoire von Sonntagsreden, Interviews, Bundestagsansprachen oder Leitartikeln. Doch welche Absichten oder Ansichten stecken hinter solchen Wörtern? Der frühere Bundesminister, SPD-Bundestagsabgeordnete, Germanist und Lehrer Erhard Eppler hat jahrelange Erfahrungen mit dem politischen Gebrauch der Sprache gesammelt. Er legt gekonnt ihren ursprünglichen Gehalt frei und nimmt ihre Abwege

Erhard Eppler
Der Politik aufs Maul geschaut
Kleines Wörterbuch zum
öffentlichen Sprachgebrauch

193 Seiten, Broschur
14,80 Euro
ISBN 978-3-8012-0397-9

www.**dietz-verlag**.de

Verlag J. H. W. Dietz Nachf. – Dreizehnmorgenweg 24 – 53175 Bonn
Tel. 0228/23 80 83 – Fax 0228/23 41 04 – info@dietz-verlag.de